榮歸君國

香港戰役中的加拿大軍團

榮歸君國

香港戰役中的加拿大軍團

周家建 著

策劃編輯　梁偉基

責任編輯　梁偉基

書籍設計　吳冠曼　陳朗思

書籍排版　陳朗思

書　　名　榮歸君國：香港戰役中的加拿大軍團

著　　者　周家建

出　　版　三聯書店（香港）有限公司

　　　　　香港北角英皇道四九九號北角工業大廈二十樓

香港發行　香港聯合書刊物流有限公司

　　　　　香港新界荃灣德士古道二二〇至二四八號十六樓

印　　刷　美雅印刷製本有限公司

　　　　　香港九龍觀塘榮業街六號四樓A室

版　　次　二〇二四年二月香港第一版第一次印刷

規　　格　十六開（168×230 mm）三二〇面

國際書號　ISBN 978-962-04-5314-4

目錄

1941 年 12 月 8 日爆發的香港戰役，將加拿大和香港的關係緊密地連接在一起，兩地民眾成為命運共同體，休戚與共，生死相依，為戰勝共同敵人而奮鬥。

地理上，香港與加拿大在海洋空間內，同屬於泛太平洋地區（Pan-Pacific area），兩地的航運和人員往來頻繁。兩地皆曾受英國管治，社會結構和法律制度相近。兩地淵源可以追溯至十九世紀中葉。1879 年，橫跨卑詩省的加拿大太平洋鐵路分成四份合約招標，該四份合約全被美國人翁德堂（Andrew Onderdonk, 1848－1905）投得。當翁德堂開始興建加拿大太平洋鐵路耶魯（Yale）路段時，他透過在香港和卑詩省均設有分公司的聯昌公司，於三藩市（San Francisco）招聘了一批熟手華工，又從香港招聘另一批華工，開啟

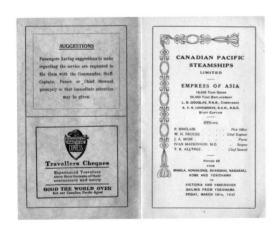

昌興輪船公司（Canadian Pacific Steamship Limited）經營往返香港與溫哥華海上航線。圖為 1927 年亞洲皇后號（RMS *Empress of Asia*）的乘客名單摺頁冊。

1918 年，昌興輪船公司轄下的俄羅斯皇后號（RMS *Empress of Russia*）穿越鯉魚門海峽。

了華人從香港遷往加拿大的步伐。[1]

　　加拿大曾向華人開徵人頭稅，把不平等的財政負擔加諸華裔移民身上，試圖限制新移民。1910 年末，曾經有大批華人以商人和學生身份進入加拿大，並且同時申請豁免繳付五百加元人頭稅。根據司法部（Department of Justice）派遣特別調查團的報告，乘搭中國皇后號（RMS *Empress of China*）來加的三百九十名華裔乘客，他們手持由香港政府發出的有效文件。[2]

　　晚清革命運動期間，孫中山（1866 – 1925）曾前往加拿大多個城鎮演講，詳述反清的原因和革命的道理。訪加期間，孫中山得知廣州起義失敗，急需資金接濟逃港革命黨人。多倫多致公堂義不容辭，效法域多利致公堂，將致公堂物業抵押予道明銀行（Dominion Bank），並立刻電匯款項往香港，以接濟逃港革命黨人。[3]

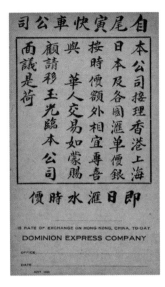

華人移居加拿大已有百年歷史，
僑匯是主要的商業活動。

加拿大是香港人熱門移民地點之一。
圖為 1960 年 8 月出版的《華埠》雜
誌，講述來自香港的過埠新娘。

　　第二次世界大戰爆發後，香港曾出現多次移民潮現象，根據香
港特別行政區政府在 2015 年發表的《人口政策：策略與措施》報
告，估計自 1980 年以來，約有八十萬港人移居外地，而加拿大是香
港人熱門移民地點之一。[4]

　　移居加拿大的香港人積極融入社會各階層，個別人士更獲委任
公職貢獻社會。1988 年，林思齊（1923－2010）獲委任為第二十五
任卑詩省督（Lieutenant Governor of British Columbia），這可算是
他在社會服務上的最高榮譽，亦是首位華裔加拿大人獲委任此職。
加拿大是採用聯邦制，各省元首皆為加拿大君主的代表。省督是一
個「虛位元首」，只是形式上有權任命省長（Premier），及有權召
集、停止和解散省議會，地位純粹是象徵性，真正權力掌握在省議
會和省內閣手中。作為加拿大君主的代表，在國家元首缺席下，省

督承擔了君主在省內禮儀性的所有職責。[5]

自加拿大女皇伊利沙伯二世（Queen Elizabeth II, 1926－2022）委任林思齊為卑詩省督，多位華裔人士相繼出任省督職位，包括在香港出生的李紹麟（1944－）。李紹麟在九龍華仁書院完成中學課程後，於 1962 年移居溫尼伯，並且入讀曼尼托巴大學，選修化學為主科。1999 年，李紹麟獲頒發加拿大員佐勳章（Order of Canada），表揚他對加拿大的貢獻。2009 年 6 月 19 日，加拿大總理史提芬．夏柏（Rt. Hon. Stephen Joseph Harper, 1959－）會見李紹麟，推薦他出任第二十四任曼尼托巴省督（Lieutenant Governor of Manitoba）。2009 年 8 月 4 日，李紹麟宣誓成為加拿大歷史上第二位香港出生的華裔省督。

林思齊和李紹麟成為加拿大君主在個別省份的代表，而加拿大憲法上，君主在自治領的全權代表是加拿大總督（Governor General of Canada），只有他才能使用國璽（Our Great Seal of Canada）。另外，總督在憲政上兼任三軍統帥（Commander-in-Chief of the Canadian Forces）。根據 1947 年 10 月 1 日刊憲的《英皇制誥》（Letters Patent）修訂本，列出了總督的權力，包括委任法官、駐外領事、首相和內閣成員。他亦有赦免囚犯和免除罰款的權力。[6]

出生於香港的伍冰枝（1939－）於 1999 年 10 月 7 日宣誓成為加拿大總督，她是加拿大首位華裔和第二位女性總督。伍冰枝的父親伍英才（1907－2002）是一名澳洲華人，母親亦同樣在海外地方成長。[7] 伍英才曾在香港防衞軍服役，並曾參與香港戰役。[8] 香港淪陷後，伍英才並沒有被關進戰俘營，由於他曾在加拿大商務專員公署（Canadian Trade Commission）工作，他嘗試與加拿大商務專員聯絡，希望能夠逃離香港。1942 年中，伍英才一家便透過一次英國與日本交換敵國僑民的情況下，舉家遷往加拿大。[9]

加拿大與香港的軍事聯繫

加拿大與香港的軍事聯繫較為被動，主要是加拿大在第一次世界大戰後，時任加拿大總理羅拔‧伯頓爵士（Rt. Hon. Sir Robert Laird Borden, 1854－1937）代表加拿大在《凡爾賽條約》（*Treaty of Versailles*）上簽字，加拿大成為新成立的國際聯盟（League of Nations）成員國。1931 年，英國國會通過《西敏法令》（*Statute of Westminster*, 1931），賦予加拿大、南非、澳洲和紐西蘭更大自治權。

第一次世界大戰後，英軍在太平洋地區建立軍事情報網，以便掌握敵友的意圖，為緊張局勢做好準備。1925 年，皇家加拿大海軍（Royal Canadian Navy）於卑詩省埃斯奎莫爾特（Esquimalt）設立一所測向中心（direction-finding station），作為皇家海軍在環太平洋地區的情報收集網絡之一。[10]

此外，整個北美洲境內，來自遠東的電報必須途經溫哥華。早在 1939 年，加拿大經此途徑蒐集有用的訊息，並將訊息送往英國的軍事情報局第五處（Military Intelligence, Section 5）。為蒐集更多情報，加拿大亦暗地裏複印日本駐渥太華使領館的電報，供加拿大國家研究局（National Research Council of Canada）內的「調查小組」（Examination Unit）研究。1941 年 10 月，加拿大成功破解日本密碼。雖然只是低級至中級的密碼，但已是加拿大首次成功自行破解密碼，此舉有利為戰爭作準備。加拿大國會利用該等資料來討論軍備的種類和生產量，以及衡量派兵到遠東地區的可能性。除了情報外，加拿大亦從日本的報章和社論中窺探日本的意圖。[11]

隨着亞太地區戰雲密佈，加拿大駐港人員開始提交一份題為《香港海陸空三軍情報報告》（*Hong Kong Naval, Military, and Air Force Intelligence Report*）的每月匯報，直至 1942 年 2 月。[12]

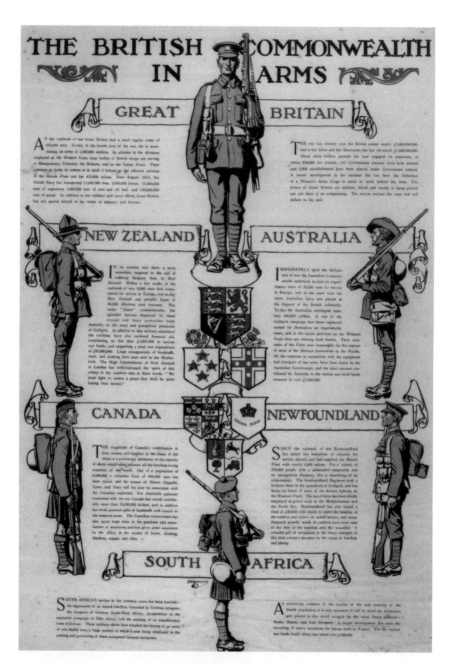

第一次世界大戰期間，加拿大作為大英帝國的一個自治領，
當宗主國向德國宣戰，加拿大自動成為參戰國的一員。

大英帝國下的加拿大

1939 年 9 月 1 日拂曉，德國軍隊進入波蘭。按照先前與德國的協議，蘇聯軍隊越過了東部邊境。波蘭受到東西兩面夾擊下，於 10 月 6 日投降。英國和法國為了兌現對波蘭的承諾，於 9 月 3 日對德國宣戰。有別於第一次世界大戰，加拿大國會於 9 月 7 日舉行特別會議來商討對策。兩天後，國會議決支持英法兩國。9 月 10 日，加拿大元首喬治六世（George VI, 1895－1952）宣佈加拿大向德國宣戰。同年 12 月，加拿大第一步兵師啟程前往英國，這是自第一次世界大戰後，加拿大軍隊再次前往海外服役。[13]

加拿大獨自向德國宣戰，體現出加拿大作為大英帝國內的一員，其身份已有所變化。如前述，《西敏法令》賦予加拿大更大自治權，加拿大對參戰與否，取決於加拿大國會的決定，而非因英國參戰，必然自動地與德國進入了戰爭狀態。

1941 年香港戰役

自第二次世界大戰在波蘭拉開序幕後，加拿大引用《戰爭措施法案》（*War Measures Act*）來管理國家。但隨着戰爭形勢轉趨惡化，英裔加拿大人開始向政府施壓，要求國家總動員參戰。有見及此，加拿大總理麥堅時·金（William Lyon Mackenzie King, 1874－1950）在 1941 年引用《國家資源動員法案》（*National Resources Mobilization Act*）登記合資格參軍的男性，以「義務兵役」來履行國家防務。因此，自 1941 年 4 月開始，合資格參軍的加拿大男子便要負起國家防務的職責。[14]

隨着太平洋的局勢開始緊張，西方國家為遏止日本的軍事擴

THE LONG TRAIL

"Hey, chum, when are they going to stage a party for me?"

英國政治漫畫雜誌 *Punch* 在 1941 年 11 月 26 日刊登了一幅加拿大陸軍前往詢問處的漫畫，標題：「漫長的路徑」，圖說：「嘿，朋友，他們甚麼時候為我舉辦派對？」寓意加拿大軍隊派駐海外，只負責防守任務。諷刺的是，衛港加軍在十數天後，便要面對生死存亡的戰爭。

張，決意加強遠東防務。根據部署，澳洲軍隊前往馬來亞協防，美國在菲律賓加強防禦，加拿大亦派兵香港，以此營造出國際壓力，令虎視眈眈的日本卻步。

1941 年 7 月，加拿大出生的駐港英軍司令亞瑟·加拉錫中將（Lieutenant-General Arthur Edward Grasett, 1888－1971）卸任調回英國，途經加拿大之時，特意說服加拿大派兵增援香港。1941 年 11 月，一千九百九十七名加拿大官兵乘船抵達香港協防。當時抵港的加拿大官兵，主要來自溫尼伯榴彈營（Winnipeg Grenadiers）和皇家加拿大來福槍營（Royal Rifles of Canada），部隊內大部分都是年輕軍人。

鑑於英軍估計日本不會於短期內進攻香港，認為加拿大士兵抵達香港後，可在當地接受訓練，為戰事作準備。加拿大軍方派遣曾任渥太華軍事訓練總監的羅遜准將（Brigadier John K. Lawson, 1886－1941）出任駐港加拿大軍司令，可見當時加拿大軍方部署的思維。

不過事與願違，日本於 1941 年 12 月 8 日向香港展開攻擊。香港守軍奮戰十八天後，在彈盡糧絕的情況下，於 25 日向日軍投降。十八天的保衛戰，加拿大官兵曾參與發生在九龍半島和香港島的多場戰役，共有二百九十名加拿大官兵在戰役中戰死，當中包括羅遜准將，以及戰後獲頒發大英帝國最高榮譽「維多利亞十字勳章」（Victoria Cross）的約翰·奧士本二級准尉（Warrant Officer II John R. Osborn, 1899－1941）。[15]

1941 年 12 月 30 日，英國首相邱吉爾爵士（Rt. Hon. Sir Winston Churchill, 1874－1965）在加拿大國會發表演說，當中提及加拿大官兵在香港戰役的貢獻：

Already at Hong Kong, that beautiful colony which the industry and mercantile enterprise of Britain had raised from a desert isle and made the greatest port of shipping in the whole world—at Hong Kong, that Colony wrested from us for a time until we reach the peace table, by the overwhelming power of the Home Forces of Japan, to which it lay in proximity—at Hong Kong, Canadian soldiers of the Royal Rifles of Canada and the Winnipeg Grenadiers, under a brave officer whose loss we mourn, have played a valuable part in gaining precious days, and have crowned with honour, with military honour the reputation of their native land.[16]

衛港加軍戰俘

香港戰役結束後,加拿大官兵先關押在北角戰俘營,後遷往深水埗戰俘營。戰俘入營時,日軍准許他們攜帶個人物品,如裝備袋、筆、醫療用品等。[17] 為着維持士氣和紀律,戰俘被安排每天進行步操,部分戰俘入營時攜帶了樂器,方便步操時的指揮。當時戰俘營內物資缺乏,獲分配的主食是白米。[18] 營內指揮官基斯杜化‧莫庇少將(Major General Christopher Michael Maltby, 1891－1980)曾下達了不准私下逃亡的命令,主要是避免日軍因有戰俘逃亡,而對留下的戰俘進行處分。[19] 雖然如此,戰俘營內亦曾發生加拿大戰俘逃亡的情況,逃走者最終被日軍捕獲和處決。

加拿大戰俘關押期間,除了被安排前往九龍城協助興建啟德機場外,亦飽受病痛傷患,以及獄吏的無理折磨。對加拿大戰俘而言,在深水埗戰俘營內臭名遠播的日裔加拿大人井上加奈雄(Kanao

Inouye, 1916－1947）印象最為深刻。諢名「甘祿小孩」（Kamloops Kid）的井上加奈雄，被日軍派遣到戰俘營內當翻譯。他之所以對加拿大戰俘特別嚴苛，主要是出於報復心態。據羅拔‧基頓上士（Sergeant Robert Clayton, 1922－2015）憶述，井上加奈雄針對加拿大戰俘的主要原因，是因為他兒時在甘祿市（Kamloops）生活時飽受歧視，白種人更罵他是「小黃色雜種」（little yellow bastard）。[20]戰後，井上加奈雄在香港軍事法庭受審，但因他是加拿大國籍（Canadian subject），因此軍事法庭不能審訊他。最終，井上加奈雄移交香港高等法院審理，並依叛國罪被判處環首死刑。[21]

第二次世界大戰期間，因應戰線擴張，以及軍事物資需求增加，日本對勞動力需求相應提高。1942 年 8 月，日本決定從海外運送戰俘到日本本土，以解決勞動力不足的問題。[22]一千一百多名加拿大戰俘，分批移送到日本本土不同地區的戰俘營關押，他們被逼在建築工地、礦場、船廠和鑄造廠接受繁重的奴役，身心俱受到折磨。

日本投降後，曾參與香港戰役的加拿大官兵陸續回國，縱使得到政府資助，可選擇入讀專上學府或重投職場，但部分軍人長期受到戰爭的傷患影響，當中神經損傷和腸胃疾病成為餘生面對的健康問題。根據 1987 年一份報告，相比起同齡人士，曾參與香港戰役的加拿大退伍軍人，老齡化更快，死亡率亦然。

香港戰役研究

香港戰役對加拿大來說，是一個沉重的記憶，而時至今日，加拿大每年都會在首都渥太華、曼尼托巴省首府溫尼伯，以及香港舉行盛大的悼念儀式，以此傳承歷史。香港戰役和衛港加軍被關押的遭遇，該等研究在中國香港、加拿大、日本都受到不同程度的重視，主要是第二次世界大戰對三個地區都牽連甚廣，亦對三地在戰後的發展影響深遠。

　　三地的相關研究呈現出不同路向，加拿大的著作比較多，包括衛港加軍書寫的回憶錄，例如 Kenneth Cambon 的 *Guest of Hirohito*、Robert J. 的 *"Flash"*、Clayton 與 Howard W. Raper 的 *Hoping in Hell*、Georges "Blacky Verreault 的戰時日記 *Journal d'un prisonnier de guerre au Japon 1941-1945*、William Allister 的 *Where Life and Death Hold Hands* 和 *A Handful of Rice*，以及 Thomas S. Forsyth 的 *From Jamaica to Japan: The Diary of a Hong Kong Prisoner of War* 等等。

　　此外，衛港加軍的親屬依據軍人的回憶和日記，書寫多本有關他們事蹟的書本，包括 John Reid 兒子 Jonathon Reid 的 *The Captain Was a Doctor: The Long War and Uneasy Peace of POW John Reid*、Ralph MacLean 外孫 Mark Sakamoto 的 *Forgiveness*、George Thomas Palmer 孫兒 Michael Palmer 的 *Dark Side of the Sun: George Palmer and Canadian POWs in Hong Kong and the Omine Camp*、Leonard Corrigan 女兒 Gladys Corrigan 的 *A Hong Kong Diary Revisited*，以及 Philip J.M. Gallie 姪女 Betsy Dickey 根據他的手稿編撰的 *Uncle Mac's Hong Kong Diary* 等等。而 Lieutenant Victor Dennis 女兒 Margaret Dennis Owen 則在 *The Home Front: Hopscotch and Heartache While Daddy was at War* 內，以自身經歷，記載軍人家眷如何在加拿大渡過三年零八個多月的生活。

　　衛港加軍在第二次世界大戰期間面對的困境，亦受到加拿大學者的注意，二十世紀後期，加拿大國內出版了多本著作，剖析加軍在香港戰役的成敗得失，以及被關押時，身心遭受着何等痛苦的煎熬。專題著作包括 Charles G. Roland 的 *Long Night's Journey into Day: Prisoners of War in Hong Kong and Japan, 1941-1945*、Grant Garneau 的 *Royal Rifles in Hong Kong 1941-1945*、Carl Vincent 的

No Reason Why、Brereton Greenhous 的 *'C' Force to Hong Kong: A Canadian Catastrophe*、Andy Flanagan 的 *The Endless Battle: The Fall of Hong Kong and Canadian POWs in Imperial Japan*，以及 Nathan M. Greenfield 的 *The Damned: The Canadians at the Battle of Hong Kong and the POW Experience, 1941-45* 等等。Canadian Research and Mapping Association 的 "Project" 44，更透過電子互動地圖，闡述衛港加軍的歷史事蹟，以及官兵的來源。

相比起加拿大的研究，香港學者則着重於戰役的事態發展。鄺智文的《東方堡壘：香港軍事史（1840－1970）》、《孤獨前哨：太平洋戰爭中的香港戰役》和《老兵不死：香港華籍英兵（1857－1997）》等著作，剖析香港在大英帝國防衛體系下，如何面對突如其來的攻擊。《圍城苦戰：保衛香港十八天》作者邱逸、葉德平、劉嘉雯則用中國兵家經典來則審視戰況，檢討雙方作戰的得失。劉蘊遜神父書寫的《烽火十八日》，記下了親身經歷。民間組織 Watershed Hong Kong 的《香港保衛戰紀：18 個需要記住的香港故事》則寫下各部隊如何竭力死守，抵抗日軍的來襲。而香港浸會大學歷史系的「1941 年香港戰役空間史研究計劃」，利用英日兩軍的攻防計劃等檔案資料，透過電子互動地圖顯示兩軍部隊的行軍路線、交戰位置等。而在香港出版有關香港戰役的英語書籍，涵蓋範圍包括戰事、日佔時期生活，以及拘留營和戰俘營的苦況。

日本方面，有關香港戰役的專書並不多，最具研究價值的是日本防衛廳防衛研修所戰史室編撰的《香港・長沙作戰》，書內透過官方檔案來分析攻守雙方的分野，以及戰時事態的發展。而小林英夫、柴田善雅的《日本軍政下の香港》，則着重探討當年日本佔領香港時期的情況。有關盟軍戰俘營的研究，包括內海愛子的《日本軍の捕虜政策》，以及她與宇田川幸大、Mark Caprio 合著的《東京裁判：捕虜関係資料》。此外，笹本妙子的《連合軍捕虜の墓碑銘》，記述了二戰期間被送到日本關押的盟軍戰俘歷史，而工藤洋三、奧住喜重、福林徹的《捕虜收容所補給作戰：B-29 部隊最後の作戰》，則講述日本投降後，盟軍營救戰俘的情況。

假設第一次世界大戰是「全球史觀」的開端，第二次世界大戰是將「全球史觀」的研究範圍推展至另一個層面。站在時間和空間而言，香港戰役的戰爭空間不只限於香港，戰俘在港日兩地戰俘營面對的苦難，正是一場生死存亡的戰爭。在加拿大政治層面，香港戰役的戰敗，以及衛港加軍裝備不足情況，成為了政客互相攻擊的因由。時間維度方面，「三年零八個月」不只是一個概念認知，該段黑暗時期的苦難，對加拿大戰俘和家眷的影響實質地超越「三年零八個月」。戰俘在戰爭和關押期間，所受到的身心損害，猶如石上銘刻，終生不滅。軍人家眷承受的困擾，沒有因二次大戰結束而休止下來。而每年 11 月在加拿大和香港舉行的悼念活動，亦令紀念香港戰役得以跨越世代承傳下去。

加拿大官兵參與香港戰役發生在上世紀中葉，作為參與戰役的一方，加拿大本土的情形亦應受到重視。因此，加拿大戰俘和家眷如何渡過人生困境值得探討，而他們對日本和加拿大的提控，切實地透過法律程序來尋求公義同樣值得注視。

註釋

1　蘇紹興《加拿大太平洋鐵路華工建路史實》（多倫多：紀念加拿大鐵路華工基金會，1987），頁 49。

2　"New Regulation for Chinamen" The Daily Colonist, 27 September, 1910: 1.

3　劉偉森《孫中山與美洲華僑》（台北：近代中國出版社，1999），頁 50-52。

4 政務司司長辦公室《人口政策：策略與措施》（香港：政府物流服務署，2015.1），
頁 28。

5 Legislative Assembly of Alberta, *On Behalf of the Crown–The Role of the Lieutenant Governor*,
http://www.assembly.ab.ca/lao/library/lt-gov/PDF/role.pdf，瀏覽日期：2013 年 8 月 12 日。

6 *Canada Gazette*, 12/LXXXI, (1 October 1947).

7 Adrienne Clarkson, *Heart Matters* (Toronto: Penguin, 2006), p.3.

8 Evan Stewart, *Hong Kong Volunteers in Battle* (Hong Kong: Blacksmith Books, 2005), p.84.

9 *Heart Matters*, pp.8-9, 43.

10 Timothy Wilford, *Canada's Road to the Pacific War* (Vancouver: UBC Press, 2011), pp.34-35.

11 John Bryden, *Best-Kept Secret: Canadian Secret Intelligence in the Second World War* (Toronto:
Ontario Lester Publishing, 1993), pp.8-10, 85-91.

12 *Canada's Road to the Pacific War*, p.60.

13 Veterans Affairs Canada, *The War Begins*, https://www.veterans.gc.ca/eng/remembrance/
history/second-world-war/canada-and-the-second-world-war/warbeg，瀏覽日期：2020 年 12
月 12 日。

14 *Canadian War Museum, Canada and the War–Politics and Government: Conscription*, http://
www.warmuseum.ca/cwm/exhibitions/newspapers/canadawar/conscription_e.shtml，瀏覽日
期：2013 年 10 月 10 日。

15 Suzannah Linton, *Hong Kong's War Crimes Trials* (Oxford: Oxford University Press, 2013),
p.21, 49, 187.

16 International Churchill Society, *Preparation–Liberation–Assault–Canadian Parliament,
30 December 1941*, https://winstonchurchill.org/publications/finest-hour/finest-hour-154/
preparationliberationassault-canadian-parliament-30-december-1941/，瀏覽日期：2020 年
12 月 30 日。

17 Oliver Lindsay, *The Battle for Hong Kong, 1941-1945: Hostage to Fortune* (Hong Kong: Hong
Kong University Press, 2005), p.159.

18 Ibid., pp.162-163.

19 Ibid., p.167.

20 Merrily Weisbord and Merilyn Simonds Moir, *The Valour and the Horror* (Toronto: Harper
Collins, 1991), p.45.

21 *Hong Kong's War Crimes Trials*, p.21, 49, 187.

22 The United States Strategic Bombing Survey, *The Japanese Wartime Standard of Living and
Utilization of Manpower* (Washington, DC: Manpower, Food and Civilian Supplies Division,
1947), pp.63-67, 130.

01

香港戰俘營生活

　　1941 年 12 月 25 日，香港總督楊慕琦（Mark Aitchison Young, 1886－1974）於九龍半島酒店簽署投降書，香港宣告淪陷。對於參與香港戰役，而僥倖生還的加拿大官兵而言，當年的聖誕節，拉開了他們人生悲慘歲月的序幕。

1941 年 12 月 28 日，日軍在香港島舉行入城式。

1941 年 12 月 22 日的滿地可報章《祖國報》（*La Patrie*）報導日本宣稱攻佔香港。

　　戰俘營的生活，可分為多個階段和不同角度來探討，當中關押在香港的戰俘營，是他們面對生死煎熬的開端。如何在營內保持紀律和士氣，更是加拿大官兵共同面對的問題。

北角戰俘營

　　香港戰役結束後，加拿大官兵頓成階下囚。日軍最初以守軍部隊為單位，將俘虜分別關押在港九兩地不同的戰俘營，他們被關押在位於北角海傍的北角戰俘營。[1]

設施簡陋的北角戰俘營，前身是難民營，根據 1938 年的工務局報告：

> 北角難民營於 1938 年 11 月建成，以便容納來自中國大陸湧入的難民。該營地建有二十六棟配以水泥地面的木屋，廚房則是磚牆。進入營地的門口分別設於琴行街和馬寶道。[2]

戰爭期間，難民營受到戰事摧殘外，大部分木製門窗被盜。皇家加拿大來福槍營（Royal Rifles of Canada）的喬治・麥當勞上士（Sergeant George MacDonell, 1922－2023）在他的自傳 *The Soldier's Story (1939-1945)* 中，憶述當初抵達北角戰俘營的情況：

> 北角營地曾經是日本人最初登陸的戰場，到處都是死屍，腐爛的殘骸和動物屍體。污穢和惡臭令人震驚，完全是蒼蠅繁殖的理想地。木屋內都是亂七八糟的東西，營內亦沒有自來水、廁所，以至煮食工具。他們亦沒有給予我們發放食物或食水，營地佈滿彈坑。[3]

由於營房的空間不足，每間營房擠滿一百二十五至二百人。七個人睡在原是三個人佔用的空間，一張雙層的牀，兩名戰俘睡在上格，三名戰俘睡在下格，其餘兩名睡在地上。

戰事的殘酷，以及北角難民營的情況，令部分戰俘情緒受到嚴重衝擊，有些更加喪失求生意志。Mark Sakamoto 記錄他外祖父雷夫・麥克林（Ralph MacLean, 1922－2020）被關押的經歷時，指出有些人不能接受成為戰俘的事實，艱苦的生活摧毀個人意志和軀體，亦未能在思想上轉向求生模式。此外，缺乏食物、藥物，以及合適的營房，

1941 年 12 月 22 日的《卡加利先驅報》（*Calgary Herald*）報導了日軍俘虜部分加拿大官兵。

因身心創傷而離世。[4]

　　隸屬皇家加拿大通訊團的約瑟・韋羅（Joseph Verreault, 1920 – 1966）在他的戰爭日記裏，亦記述了兩名同袍的狀況：

　　　　1942 年 2 月 21 日：我們的能耐和困苦對許多人產生影響。我們其中一名中士，在這種身心折磨中，變得臉色蒼白，他開始稍微失去願景，總像活在自己的世界裏。他已婚，是兩個孩子的父親。另一個，名字叫比頓的同袍，正在慢慢步向死亡。我們每天吃的是米飯和一片半麵包，但他拒絕吃米飯。他的生活形同行屍走肉般，像惡魔一樣抽煙。他用手錶換了幾包香煙。他的頑固性格，可能會導致他死亡。他將沒有氣力抗衡霍亂。這種可怕的疾病將影響這裏的許多人，特別是因為所有醫院已擠滿病人。[5]

　　那些戰俘的經歷，與英國樸茨茅斯大學約翰・利奇（John

Leach）所提出的「放棄一切」理論（Give-up-itis Theory）非常吻合。「放棄一切」理論源於 1950 年代韓戰的戰俘行為研究，及後，該研究推展至第二次世界大戰和越南戰爭。約翰·利奇指出人們會因生活被環境變得惡劣而喪失求生意志，而「放棄一切」可分為五個階段：社會退縮（Withdrawal and loss of initiative）、淡漠（Apathy）、喪失意志（Aboulia）、精神失能（Psychic akinesia）和精神死亡（Psychogenic death）。[6] 對意志薄弱者而言，短時間內失去一切，並且成為階下因，必定帶來沉重打擊，繼而變得對生存失去動力。

戰敗令衛港加軍士氣低落，而戰俘營的惡劣環境更猶如雪上加霜，為了保持士兵心境健康來應付未來的苦難日子，軍官下達命令

被俘虜的香港守軍。

着手改善營內的設施，包括廁所和水管。此外，他們亦收集一些材料來建造一間簡單實用的廚房。皇家加拿大來福槍營的查理斯‧派斯上尉（Captain Charles Price, 1921－1982）回憶起這種早期合作，使士兵在身份過渡期保持了紀律。他寫道：「我們的人表現得非常好。在被關押的最初幾個月裏，團隊得以維持紀律，所有事務有條不紊地進行，以便食物、營房等得公平分配。我相信減輕了往後需要承受的巨大痛苦……。」[7]

喬治‧麥當勞上士解釋大部分戰俘能接受該種劇變，主要是嚴守紀律，而軍官仍然繼續下達命令，並對不遵守命令的戰俘施予處分來保持士氣。他在自傳內寫道：「我們是一個軍事單位，結構和軍銜完好無損，並且可以全面運作……每個人都被提醒，他是一名加拿大士兵，只是暫時受日本人關押。」戰俘在互相支持和鼓勵下，得以調整心態和改善心理質素。他又寫道：「求生意志是要強烈，不要讓你的制服蒙羞，或讓你的軍官和同袍，因個人軟弱而失望。」他確信這種堅持不懈的紀律，有助戰俘保持求生意志。[8]

戰俘繼續履行軍人職責的安排，重燃他們的求生意志。1942年1月上旬，湯馬士‧霍璽（Thomas Forsyth, 1910－2007）在日記裏記錄了堅尼夫‧拜亞特少校（Major Kenneth Baird, 1890－1957）鼓勵戰俘，告訴他們不要沮喪。兩週後，他的連隊進行了十分鐘的小隊訓練，主要是為了讓戰俘不要忘記使命。數週後，湯馬士‧霍璽再次記錄了軍官如何決心維持軍紀，包括嚴厲警告士兵不可以留鬍子，並勒令在二十四小時之內剃掉。[9]軍官的指令，主要是要確保紀律秩序得到維持，以此消除混亂或自私自利的心態。

1942年3月中旬，日本遵守1929年《日內瓦公約》（*Geneva Convention*）第二十三條規定，開始向加拿大軍官發薪酬。[10]Brereton Greenhous 在 *"C" Force to Hong Kong* 中指出，扣除了「食

宿」費用後，少校每月收到一百四十円，中尉收到五十八円。[11] 其他級別的戰俘則需要透過勞動工作才有薪酬。為了平衡戰俘營內的和諧，以及維持士氣，軍官自願成立一個「基金」，並將百分之六十的薪酬注入基金內來惠及各人。這項政策平衡了各方利益，軍官既有餘款來購買額外物品外，其他戰俘亦受益。[12]

縱使戰俘營內實行紀律秩序措施，亦難免發生衝突。哈里·韋特中尉（Lieutenant Harry White, 1907－2004）在日記裏，記述了1942 年 7 月 14 日，因惡劣天氣以及膳食質量每況愈下，部分隸屬溫尼伯榴彈營（Winnipeg Grenadiers）D 連的士兵，以絕食來表示抗議。該次事件，大約十二名戰俘受到處分，包括褫奪軍銜。[13]

生活在壓逼的環境下，幽默感成為部分戰俘在濁世中用來平衡心理。1942 年 4 月 24 日，亞瑟·史基爾斯（Arthur Squires, 1912－2002）自豪地宣稱他留了一把「八字鬍」，但同袍不甚欣賞，鼓勵他把它剃掉。數天後，同袍鼓勵他再一次留蓄。[14] 堅尼夫·拜亞特少校在信件和日記亦曾幽了食物一默，戲謔「早飯燒焦的米飯」是一種在食譜中永遠不會提及的食物。[15]

逃出戰俘營

北角戰俘營曾發生加拿大戰俘逃走事件，根據威廉·貝爾下士（Lance Corporal William Bell, 1917－2013）憶述，當關押在北角時，一些士兵決定逃離日本魔掌。參與這次逃亡計劃的，包括約翰·佩恩上士（Sergeant John Payne, 1918－1942）、喬治·貝爾岑斯基下士（Lance Corporal George Berzenski, 1915－1942）、約翰·亞當斯（John Adams, 1915－1942）和珀西·埃利斯（Percy Ellis, 1917－1942）。

約翰·佩恩上士一行五人，以抽籤來決定誰嘗試逃亡，抽中最短稻草的四個人將擔當逃亡者。整個規劃工作,加拿大軍官亦參與其中。四位逃亡者獲分配了良好的衣服、鞋子、口糧和小刀。為了逃亡順利,他們從廚房偷來一些蔬菜,亦用竹子搭建了一種梯子來攀越籬笆。

1942 年 8 月 21 日晚上,逃亡小組的四名成員在營地關燈後,背着背囊逃離北角戰俘營。離開時,正下着暴風雨,營地被水包圍,使逃亡變得更加艱巨。

翌日晚上十一時許,日軍命令加拿大戰俘前往操場列隊,他們站立至清晨五時許。期間,許多人被守衛毆打和喝罵。最終,戰俘被允許離開操場,回到營房。日軍將戰俘分成十個人一組,命令他們在誓章上承諾不會逃走,並且明白嘗試逃走,將被處以死刑。戰俘在軍官的建議下,簽署那份文件。他們最終得知四位逃亡的同袍,已被日軍捕獲及斬首。[16]

深水埗戰俘營

1942 年 9 月 26 日,加拿大戰俘移送至位於九龍半島的深水埗戰俘營。對他們而言,該營房並不陌生。他們初抵港時,曾在該軍營駐紮。深水埗戰俘營前身是深水埗軍營,於 1928 年建成。兵營內分漢口營房(Hankow Barracks)和南京營房(Nanking Barracks),另建有多座儲存室和衛兵室。[17]

深水埗戰俘營環境擠擁,生活條件同樣惡劣。喬治·彭馬中士(Corporal George Palmer, 1909－1991)在自傳中記述:「晚上睡覺的時候,我把所有的衣服都穿上,裹如一個氣墊,躺在水泥地上,用靴子當枕頭。我們睡不着,因為木蝨整夜都在咬人,早上起來,就像一個麻疹病人。」[18]

加拿大軍團曾進駐的深水埗軍營,在香港淪陷期間,改為深水埗戰俘營。

日佔初期,日軍二二八聯隊一名士兵拍攝的深水埗戰俘營。

隸屬溫尼伯榴彈營的薛尼‧瓦高（Sidney Varcoe, 1916－1972）更寫下一首題為 *THE BED-BUG BARRAGE* 的詩，幽默地反映出戰俘營的惡劣居住環境。

THE BED-BUG BARRAGE

The bed-bug season's here again,
Hence hear this mournful sound;
Bugs, Bed, Mk. 1, terrific scent,
A Chinese bed-bug's normal bent,
Is fraught with murderous intent;
They do not give up meat for Lent,
They eat meat all year 'round!

They multiply alarmingly,
Their breeding speed is crass;
God knows why God wrought any ---
Their love-life (If they've got any!)
Is simply grim monotony;
Asexual, like botany,
They reproduce en masse! [19]

食物供應

戰俘營內，食物短缺更是日常問題。被關押數天後，日軍運來一些汽油桶和約有十天的食物，包括一些發霉的食材。縱使部隊內的廚師對煮米飯缺乏知識，但為了同袍的健康着想，只好硬着頭皮嘗試烹煮。他們利用汽油桶來煮米飯，卻煮成一些聞起來帶有汽油味的「糊狀物」，內裏更夾雜着沙石、昆蟲和老鼠排泄物。1942 年春末，糧食短缺變得明顯，廚師嘗試把白米搗成麵粉來做麵包，但對從事體力勞動的人來說，能攝取的營養顯然不夠。[20]

關押的首兩星期，食物的質與量成為戰俘的生活重心。每天配給的食物，主要是白米、麵包、蔬菜和茶等物品。肉類、魚類或水果，只是間歇性提供。[21] 戰俘對白米的反應不一，主要是白米並非加拿大人的主要食糧。當日軍佔領香港後，白米儲備全被充公。這些庫存白米，大多是高度拋光的品種，拋光的白米，雖然賣相好，但其養分價值不如糙米。由於戰俘通常一天吃兩到三頓飯，有些討厭米飯的戰俘以此換取不同的食物或香煙。但在別無選擇下，為了生存，部分戰俘不得不以米飯來充飢。

為了獲得額外的食物，部分戰俘千方百計在廚房找一份工作，從而有機會在造飯或打掃時，從鍋裏撈點能吃的食物。此外，黑市交易成為另一渠道。北角戰俘營的圍欄只有約七英呎的帶刺鐵絲網，他們在關押初期，曾通過圍欄與華人進行交易。哈里·韋特中尉在其日記曾記載：「儘管有十幾名日本守衛巡邏，但圍欄前的人群不斷試圖向戰俘兜售香煙、餅乾和鹹牛肉。」[22] 由於日本守衛對這種貿易活動漠不關心，貿易亦因此而蓬勃起來。1942 年初，這種買賣開始引起日軍注意，決定採取打擊行動，包括射殺販賣貨品的華人。湯馬士·霍璽在 1942 年 2 月 3 日記述一名戰俘通過圍欄購買物品時被抓獲，物品被沒收外，更被日本守衛掌摑，及後被押到指揮官辦公室接受盤問。[23] 自此，持續個多月的圍欄貿易亦停止了。

遷往深水埗戰俘營後，魚頭、米飯、本土蔬菜和綠茶是日常的配給。約翰·普洛克（John David Pollock, 1820－2005）觀察到香港防衛軍（Hong Kong Volunteer Defence Corps）的葡裔軍人得到家人接濟後，他決定創立一盤小生意，為葡裔軍人洗衣服，以食物為報酬。[24]

香煙供應

戰俘營內，香煙比食物更有價值，恰如戰俘營內的金錢。一根香煙可換取一些蔬菜或一些糖。亞瑟·史基爾斯在日記裏亦曾記述最初一包香煙可以換取一件襯衫、一雙襪子或一個食品罐頭，而兩包香煙，更可以換取一件軍服或剃鬚刀片。[25]

為了鼓勵戰俘參加活動，軍官會以香煙作為獎品。以 1942 年 7 月 1 日的「自治領日」（Dominion Day）為例，加拿大戰俘舉辦「運動日」，比賽包括棒球、排球和長距離投擲，而香煙則作為獎品。[26] 1942 年 12 月 24 日，堅尼夫·拜亞特少校用錢買了一些香煙，於聖誕節那天前往三所醫院，探望了四十名傷兵，並且每人分發了幾根香煙作為聖誕禮物。[27]

日本守衛亦以香煙來作為奴役的報酬，雷蒙·艾利洛（Raymond Elliott, 1918－1983）在日記裏，記載 1942 年 10 月在啟德機場工作期間，每天薪水為十仙和三根香煙。[28] 他們亦很樂意向戰俘購買香煙，主要是戰俘吸食的是外國品牌。加拿大戰俘亦利用香煙來換取日本守衛從市區帶回來的食物。哈里·韋特中尉在其日記中提及 1945 年 5 月，以手上最後一包香煙來換取雞蛋，他更在重光前數天，賣掉他的大衣和戰衣夾克換取一些豆子。[29]

香煙在關押期間，具有慰藉心靈的作用，它有助於應對無聊、匱乏或壓力，緩解焦慮和緊張。[30] 香煙除了用作提高部隊士氣外，更重要的是香煙擁有者能用它換取食物，以便攝取額外營養。

醫療和衛生

戰俘食不果腹，長期飢餓導致體重減輕，體質亦因而變得孱弱。蘭斯洛‧羅斯中士在加拿大時，體重達二百一十六磅，但到1943年2月，體重減輕了近一半。恩斯特‧鶴健臣少校（Major Ernest Hodkinson, 1907－1989）的病歷顯示，他在1941年12月的體重為一百八十九磅，到了1945年7月，體重只餘一百一十八磅。[31] 戰後，賀利士‧謝拉特（Horace "Gerry" Gerrard, 1922－2019）接受《沙尼治新聞》（*Saanich News*）訪問時，指出：「我曾在1943年量過一次體重，我的平均體重大約是一百五十磅至一百五十五磅，但是那時降至一百一十三磅。」[32]

食物短缺導致營養不良，以及營房環境惡劣，令大部分戰俘染上不同疾病。作為部隊內的軍醫，約翰‧卡佛少校（Major John Crawford, 1906－1997）每月都記錄傷患的情況。從1941年12月28日到1942年1月31日，他記錄了一百一十七名戰俘因各種疾病轉往戰俘營內的醫護間，當中十五人是患有腹瀉和痢疾（dysentery），十三人是因瘧疾（malaria）和發燒而留下來接受治療。[33]

染病的戰俘，大多身患痢疾、白喉（diphtheria）等疾病，健康狀況令人擔憂。眾多傳染病中，桿菌痢疾（bacillary dysentery）是由人體腸道內的志賀氏桿菌所引起的腸道感染，患者通常會突然發燒、腹瀉、腹部絞痛、噁心或嘔吐，糞便或會帶血及黏液。[34] 桿菌痢疾通常進入人體十二至九十六小時後，患者開始發病，徵狀通常持續四至七天。[35] 為了讓患者得到適當治療，藥物供應成為了關鍵。當磺胺類藥物（sulfa drugs）和牙粉（tooth powder）用完後，醫治痢疾的方法，只能依靠喝四天的茶。[36]

為了集中照顧患者，戰俘將北角戰俘營內一個舊倉庫，改建為痢疾醫護間來照顧患者。隸屬皇家加拿大來福槍營的謝菲‧馬斯頓（Geoffrey Marston, 1916－2006）曾患上痢疾被送到醫護間。他憶述了該處的景況：「氣氛很可怕！患者沿着狹窄的過道以蝸牛的步伐蹣跚前進到達病房末端的廁所。那些無力離開他們所謂的『牀』的人，只好躺在泥地上。骯髒和血跡斑斑的衛生紙散落在地板上。」[37]

病情嚴重者，則被送往「戰俘營 A」（即戰時的「英軍醫院」）。起初，戰俘被安排由在戒備森嚴卡車送往醫院，及後，只使用了一輛有人看守的公共汽車。康復的戰俘，返回北角戰俘營前，必須經過徹底搜查。[38] 相比起北角戰俘營，被轉移到「戰俘營 A」的患者比較幸運，因為該處有更好的食物和療養條件。在醫護人員悉心照顧下，痢疾患者大多能痊癒。

另一種肆虐戰俘營的傳染病是白喉，該疾病可透過與帶菌者接觸而感染，戰俘營的惡劣環境成為傳播溫牀。以深水埗戰俘營為例，每五百名病人共用十二個廁所，因此疾病得以迅速傳播。此外，約五十名病人擠在一間只能容納三十二人的營房內，這意味着沒有足夠的牀位供病人休息，導致病情更趨嚴峻。[39]

白喉是感染白喉棒狀桿菌所引致，主要影響呼吸道，以及偶爾影響皮膚，症狀取決於受感染的部位。白喉患者會有發燒、喉痛，喉嚨出現一片片淺灰色的薄膜及呼吸困難。嚴重者會令呼吸道閉塞、心臟衰竭和神經受損，甚至死亡。[40]

除痢疾和白喉外，劣質食物亦導致戰俘營養不良，繼而引發不同的疾病，包括腳氣病（beriberi）、糙皮病（pellagra）和電足綜合症（burning feet syndrome，亦稱為 Grierson-Gopalan syndrome。戰俘普遍稱該病患為 electric feet）。

電足綜合症的病因，主要是缺乏維生素、黃素菸酸、硫胺素和吡哆醇。患者因缺乏維生素 B，導致組織內細胞代謝紊亂。[41] 電足綜合症的傷害，嚴重影響患者身心健康。堅尼夫·拜亞特少校在 1942 年 5 月，記錄了戰俘受到電足綜合症困擾的痛苦。他寫道：「他們感覺有如燒傷和疼痛，看到他們坐着，抱着雙腳，像孩子一樣來回搖晃和哭泣。」[42]

腳氣病是因維生素 B1 缺乏所造成，病徵包括周邊神經病變，如欠缺適當治療，可引致心臟衰竭，以致中樞神經病變。[43] 糙皮病的症狀包括食慾減退、倦怠乏力、體重下降、腹痛不適、消化不良、容易興奮、注意力不集中、失眠等非特異性病症。皮炎為糙皮病最普遍症狀，常在肢體暴露部位對稱出現，以手背、足背、腕、前臂、手指、踝部等最多，其次則為肢體受摩擦處。兩種疾病常與維生素 B2 缺乏症，以及其他營養缺乏症同時存在。[44]

戰俘營內的醫護人員，面對不同程度的困難和壓力，例如 1942 年 3 月，日本守衛檢查醫療箱時，沒收了醫療和技術書籍，進一步增加了治療戰俘的難度。基於藥物供應缺乏，醫生只能在黑市獲取某些藥物，例如抗白喉血清和用於治療糙皮病的維生素 B3。除此之外，日本守衛患上性病時，為免被長官警告或懲罰，私下向加拿大軍醫作諮詢和接受治療。加拿大軍醫則利用奎寧或硫胺素來治療他們，藉此機會換取更多的黑市藥物。[45]

1942 年秋天，致命的流行病已造成至少五十八名加拿大戰俘死亡。軍醫約翰·卡佛少校在報告內指出，日本人忽視他的警告，並拒絕提供任何抗毒素的藥物。[46]

雪中送炭

對加拿大戰俘來說，紅十字會包裹內的醫療物品和食物，猶如維持生命的「及時雨」。戰俘在關押期間，幸運的話，可以收到約五至六個包裹。[47] 雖然許多食物、香煙、衣服和醫療用品運來，但日軍卻從中竊取一部分。[48]

1942 年秋天，戰俘營內白喉肆虐，許多戰俘受到感染。日軍於 1942 年 10 月上旬通知加拿大軍官，加拿大紅十字會的包裹已抵達。[49] 一個月後，戰俘獲發放包裹，內含十四類食物和一塊肥皂。11 月 28 日，日軍再向戰俘發放包裹，內有鹹牛肉（Bully Beef）和葡萄乾。對戰俘來說，包裹猶如「來自天堂的禮物」。[50]

這些食物和藥物舒緩了營內的緊張情況，對戰俘的健康和士氣亦產生了立竿見影的正面效果。隸屬皇家加拿大陸軍醫療團（Royal Canadian Army Medical Corps）的軍醫約翰．卡佛少校形容這些補給品讓這些人對前景感到樂觀，如能恆常收到配給，必能提高戰俘的生存率。[51]

戰俘得以補充營養，令他們在苟延殘喘的生活中，得到延續生命的機會。以當奴．謝格拉提（Donald Geraghty, 1923－2007）為例，他虛弱不堪的身體，在攝取幾天營養後，腿部發炎情況有所好轉。[52] 占士．麥美倫上士在 1943 年 1 月 1 日的日記內，描述收到紅十字會的包裹，是去年唯一的快樂。他並注意到同袍的健康狀況，亦因此而得以改善，包括一些失去視力的人正緩慢地重見光明，而另一些人則從痢疾和慢性腹瀉中康復過來。[53]

1942 年末，戰俘的健康狀況有所改善，他們亦利用保存下來的食物，再加上日常廚房準備的飯菜，以及在聖誕節舉辦一些慶祝活動，以此給大家美好的祝福，以及重燃希望。亞瑟．史基爾斯在他的戰爭日記中，寫下 1942 年的「聖誕節菜單」，包括鹹牛肉、燉肉和蔬菜、蛋糕、布丁、可可，以及用梨子製成的糕點。[54]

1943 年 2 月，更多個人包裹被發放。當時因痢疾而住院的堅尼夫．拜亞特少校憶述包裹內的食物，足以令人振作和健康起來。同年 4 月，紅十字會向每人發放十円。[55] 1944 年 4 月和 5 月，戰俘收到來自中國紅十字會的包裹。[56]

1944 年 8 月，國際紅十字會駐香港代表前往戰俘營進行檢查。檢查報告聲明中指出，從加拿大和美國（United States of America）運來的紅十字會包裹和醫療用品已抵達香港，不久將分發給戰俘。[57]戰俘再一次收到來自加拿大紅十字會寄來的包裹。除食物外，還有維生素等醫療用品，給予醫護團隊足夠物資解決營養不良的問題。

1945 年 3 月上旬，一批於 1942 年寄出的英國紅十字會包裹獲分發給戰俘，而另一批來自美國紅十字會的藥物亦被分發。[58]對於關押在香港的戰俘而言，他們的傷患得以好轉，以及生命得以延續，紅十字會包裹內的食物和藥物功不可沒。堅尼夫・拜亞特少校在 1944 年 9 月寫給夫人的信中，提及包裹的重要性：「如果沒有紅十字會，這個營地的情況會非常糟糕。」[59]

盟軍空襲香港

1942 年 10 月，日軍強逼戰俘前往啟德機場參與修建工作，他們因此目睹美軍空襲香港。1942 年 10 月 25 日下午 1 時 30 分，美國 B-25 米切爾中型轟炸機（B-25 Mitchell）在第十四航空隊的 P-40 戰鷹戰鬥機（P-40 Warhawk）護航下空襲香港。該次行動對戰俘的士氣影響甚深，蘭斯洛・羅斯中士（Corporal Lancelot Ross, 1911－2006）在日記內記述該次空襲令人振奮。他寫道：「雖然炸彈落在附近，但非常好。」此外，喬治・維羅特在他的日記則寫道：「親愛的美國人，你的炸彈不要停止。即使日本人殺死我們，也要讓他們承受一切。這些爆炸對我們來說是音樂。我很高興！更多點！更多點！再次！再來一次！」占士・麥美倫上士（Sergeant James

MacMillan, 1919－2009）認為戰俘的耐心得到了回報，他在日記內寫着：「我們祈禱和等待了這麼久，這一切似乎令人難以置信。也許，我們可能會在聖誕節前獲救。」[60]

盟軍戰機在第二天再度轟炸九龍半島和香港島多個軍事目標，再一次提高了戰俘的士氣，喬治‧維羅特在他自傳內寫道：「希望又復活了！」空襲加強了他的求生意志，選擇更加努力地保持身心健康。10 月 28 日，第三次空襲成功炸毀停泊在維多利亞港的日本船隻，艾蒙‧赫德上尉（Captain Edmund Hurd, 1907－2001）當時正在啟德機場參與勞動工作，正好目擊整件事件。他在日記內寫道：「空襲儘管造成了停電，並引發了哨兵開槍，但轟炸實在令人興奮。」[61]

1943 年 7 月 13 日，艾蒙‧赫德上尉再一次在日記內記錄位於深水埗戰俘營對岸的的昂船洲被轟炸。7 月 29 日，一場更大規模的空

1944 年末，盟軍出動戰機轟炸紅磡黃埔船塢造船廠。

襲擊毀維多利亞港內日本海軍碼頭和油庫。這次襲擊對戰俘而言別具意義，軍人觸覺讓他們更瞭解轟炸目標的重要性。此外，盟軍飛機的出現，再次提醒他們並非孤獨地面對敵人。[62]

空襲不僅鼓舞士氣，該等行動成為戰俘期待的景象，亦成為戰俘一種官能上的娛樂。8 月底的一次轟炸，哈里·韋特中尉在日記寫道：「這確實令人興奮，大大提升士氣。」[63] 縱使日本守衛命令戰俘留在營房內，但他們無視這個命令，擠在窗戶和門口以獲得更好的視野。9 月 2 日，艾蒙·赫德上尉記錄了更多油庫遭到轟炸，導致大規模破壞。空襲令戰俘知道戰爭的逆轉速度之餘，亦清楚重獲自由指日可待。[64]

盟軍在太平洋戰爭期間，恆常對日佔香港展開空襲行動，圖中左上方島嶼是昂船洲。

家書

食物對戰俘的身體狀態至關重要外，保持士氣亦是求生的力量。來自家人的信件，更是重要的精神之柱，驅使他們「向前望」。書寫家書，亦是他們用來應對關押的一種調整心理方法，不僅保持與故鄉的聯繫，亦提供了一種逃避現實的方法。[65] 對軍眷而言，來自戰俘營的信件，無疑是一種寬慰，因此被珍而重之。

兩者對信件的重視，在喬治‧維羅特在戰爭初期寫下的日記，可領略箇中道理。他寫道：「我最大的願望是被允許給家裏發電報。我父親一定非常擔心。他甚至可能認為我已經死了。」[66]

1942 年 5 月 26 日，日軍批准戰俘每人每月可以寄一封信回家。[67]三天後，戰俘營公告板上公佈寫信的規則，為免因大量信件投遞而產生積壓和延誤，戰俘將以抽籤形式，決定哪些人可優先寫信。儘管如此，即使減少信件投遞數量，為了確保訊息安全，日本當局都會徹底審查內容，確保每一封往來香港戰俘營的信件或明信片，必須符合重要準則和條件。鑑於英語翻譯人員短缺，郵件往往堆積如山。日軍的審查員無法處理所有審查工作。有見及此，部分信件被退回，或被要求重寫。為免再度延誤，信件字數縮短到二百字，並且不可要求任何東西。

為了避免信件因審查而耽誤時間，一些戰俘利用折衷辦法來確保信件獲得通過，盡量令內容言簡意賅，以及只報喜不報憂。以道格拉斯‧里斯（Douglas Rees, 1921－2019）的家書為例，用上簡短的語句來報平安，包括「身體健康」、「你們不必擔心」。他亦用上一些禮貌的說話來減低日本人的戒心，包括「有幸每月可以寫一次信」、「被允許打壘球」等等。這些舉動確令日本審查員不會有所誤解或挑剔。他們亦常在信末提及個別同袍的安好，以便親人將訊息傳遞給他們的家眷。[68]

　　隸屬皇家加拿大來福槍營的原住民士兵柏德烈‧麥愆歷（Patrick Metallic, 1916－1971）的家書，皆以英文大階來書寫，以免日本審查人員誤解英文草寫，令信件不能通過審查。

　　以他於 1943 年 8 月 23 日所寫的家書為例，整封信件以英文大階來書寫：

> DEAR LOVEING WIFE. DROPING YOU A FEW LINES. TO LET. YOU KNOW THAT I AM IN GOOD HEALTH AN. HOPE. EVERYONE HOME THE SAME. HOW THOUGH I HAD RECEIVED YOUR LETTER WICH YOU WROTE NOV 11 1942. I WAS SO GLAD TO HEAR FROM YOU DEAR. AN FROM OUR LOVE ONE. I HOPE MOTHER DAD SISTERS AND YOUR MOTHER. I HOPE THEY ARE WELL. HOPE SOME DAY. [69]

　　對戰俘而言，能夠和家眷通訊成為一種渴望。亞瑟‧史基爾斯的日記經常提到信件對其精神狀態的影響。1942 年 3 月 23 日，當他寫信給妻子時，坦誠地指出活着的主要動力是要回到她身旁，這種想法令他更能忍受關押的痛苦，讓他更樂觀地面對困境。1943 年 3 月，他收到朋友的來信，告訴他的妻子一切安好，該信為他發揮了鼓舞作用。[70]

　　戰俘理解在審查制度下，最平庸的訊息是最安全的。兼且信中內容，絕不提及盟軍已扭轉戰局。雖然交流的訊息非常有限，但信內蘊藏的是精神上的支持，令他們不感到孤單。

文娛康樂

戰俘營生活枯燥乏味，簡單的文娛康樂活動暫且能讓戰俘暫時忘記憂傷。當中體育活動不僅是讓戰俘逃離單調的關押生活，亦可矯正他們的心態和行為。文娛活動減輕被囚的生活壓力，克服恐懼，並維持身體健康。合適的娛樂將有助維持價值觀，促進良好的合作精神。在這種意識形態下，讓他們維持求生意志。[71]

雷吉勞‧卡爾上士（Sergeant Reginald Kerr, 1918－2014）被俘時，所有個人物品都丟失了。他設法保存珍貴的長號。關押期間，練習幾分鐘的長號來喚起精神，用音樂元素來治療心理和情緒的不安，以此忘記傷痛。[72]

長久以來，軍隊的文娛活動涵蓋了各種形式的活動，從士兵圍着鋼琴唱歌、收聽電台廣播，以及藝人勞軍表演等等。在極度講求規律和嚴格的生活節奏，軍人總懂得尋找機會自得其樂，包括演奏樂器或唱歌，並表演給同袍觀賞。戰俘被囚期間，體育活動受制於強逼勞動和飲食不足，活動並不多。音樂方面，營內的幾支樂隊，偶爾會舉行晚間音樂會來提升士氣。[73]

約瑟‧韋羅在他的戰爭日記中，記述了一些故事，令他能在困境中將煩惱拋諸腦後。

1942 年 2 月 22 日：昨晚，享受了幾個小時的歡樂。我留下了一些麵包，用小火烤成多士。隔壁營房的〔溫尼伯〕榴彈營管弦樂隊正在演奏音樂。在這幾個小時裏，我忘記了這個人間地獄。[74]

1942 年 4 月 22 日：營地有一副鋼琴，昨晚，我們得到許可，將它運回營房。三個小時，我們忘記了痛苦。這讓我想起了加拿大軍營內濕漉漉的食堂。〔溫尼伯〕榴彈營有一位多才多藝的鋼琴家和一位非凡的男中音，他們的才華帶給我們娛樂。每個人都一起唱歌和獨奏。為了向法裔加拿大人致意，他們在這個被上帝遺棄的角落，演唱了 Alouette，我感到相當浪漫。為了報答他們的善意，我唱了 Old Folks At Home。我完全沉浸在歌詞中，他們亦非常感動，我不得不重複地唱。我想我們每周都會這樣做一次。好主意！[75]

這種苦中作樂的活動，不只是在濁世中尋找一點慰藉，亦是在日軍監控下，對敵人的一種抗爭。Charles Roland 研究指出一場在深水埗戰俘營的演奏，溫尼伯榴彈營和皇家蘇格蘭團（Royal Scots）的樂手，合奏了多首耳熟能詳的軍曲，包括 *King Cotton*、*Light Cavalry*、*Rose Marie* 等。演奏會完結前，樂手演奏國歌《天佑吾皇》（*God Save the King*）來激勵士氣。為免引起日軍懷疑，其他演奏會，皆以演奏愛國歌曲 *Land of Hope and Glory* 取代國歌，以此振奮軍心。[76]

註釋

1 北角難民營，約現今英皇道遊樂場位置。

2 *Administration Reports For the Year 1938: Report of the Director of Public Works For the Year 1938* (Hong Kong: Hong Kong Government, 1938), Appendix Q.

3 George S. MacDonnell, *The Soldier's Story (1939-1945)* (Nepean, Ontario: Hong Kong Veterans Commemorative Association, 2000), pp.48-49.

4 Mark Sakamoto, Forgiveness: *A Gift from My Grandparents* (Toronto: HarperCollins Publishers Ltd, 2015), pp.112-119.

5 George Verreault, *Diary of a Prisoner of War in Japan 1941-1945* (Quebec: VERO, 1995), p.60。日記內提及的約翰·比頓（John Beaton, 1920－2005），僥倖地沒有死去，和平之後返回加拿大。

6　John Leach, " 'Give-up-itis' revisited: Neuropathology of extremis" (unpublished research paper, University of Portsmouth, 2018), pp.6-13.

7　Hong Kong Veterans Association of Canada, *The Royal Rifles of Canada in Hong Kong, 1941-1945* (Sherbrooke, Quebec: Progressive Publications, 1980), p.109.

8　*The Soldier's Story* (1939-1945), p.104.

9　Library and Archives of Canada, *Thomas Smith Forsyth Fonds* (Fonds/Collection: MG-E181, R2463-0-8-E).

10　1929 年《日內瓦公約》第二十三條:「除各交戰國另有特別協議和特別是第二十四條所規定的協議外,軍官和其地位相等的戰俘營獲得拘留國發給本國軍隊中等級相當的軍官所獲得的同樣薪給,但以此項薪給不超過他們在其所服役的國家軍隊中所享有的薪給為條件。此項薪給應在可能範圍內按月一次全部發給他們,並且不得對拘留國負擔的開支作出任何扣除,即使此項開支是為他們的利益。」

11　Brereton Greenhous, *"C" force to Hong Kong: A Canadian catastrophe, 1941-1945* (Toronto ; Buffalo, NY: Dundurn Press, 1997), p.122.

12　Oliver Lindsay, *At the Going Down of the Sun: Hong Kong and South-East Asia, 1941-1945* (London: Hamish Hamilton, 1981), p.55.

13　Canadian War Museum Archives, *Harry L. White, Diary, 1941-1945* (Fonds/Collection: 58A 1 24.4).

14　Canadian War Museum Archives, *Arthur Ray Squires, Diary, 1942-1945* (Fonds/Collection: 58A 1 214.10).

15　Major Kenneth G. Baird, *Letters to Harvelyn: From Japanese POW Camps–A Father's Letters to His Young Daughter During World War II* (Toronto: HarperCollins, 2002), p.262.

16　Hong Kong Veterans Commemorative Association, *William Bell's Story*, https://www.hkvca.ca/williambell/chapter5.php,瀏覽日期:2021 年 3 月 15 日。

17　深水埗戰俘營,現已重建為麗閣邨及深水埗公園。

18　Michael Palmer, *Dark Side of the Sun: George Palmer and Canadian POWs in Hong Kong and the Omine Camp* (Ottawa: Borealis Press Ltd., 2009), p.55.

19　Sidney Varcoe, *Oriental Odyssey* (Canada: s.n., 1946), p.47.

20　*The Soldier's Story (1939-1945)*, p.49.

21　Canadian War Museum Archives, *Delbert Louis William Welsh, Diary. 1941-1942* (Fonds/Collection: 58A 1 24.5); Library and Archives of Canada, Francis Denis Ford Martyn, Diary, 1941-1945 (Fonds/Collection: MG30-E324, R2097-0-5-E).

22　*Harry L. White, Diary*, 1941-1945.

23　*Letters to Harvelyn: From Japanese POW Camps–A Father's Letters to His Young Daughter During World War II*, p.55; *Thomas Smith Forsyth Fonds*.

24 "Oral History interview of Pollock, John", 2 December 1995. Interviewer: Chow Ka Kin Kelvin, File Name: PJN. Hong Kong Museum of History Collection.

25 *Arthur Ray Squires*, Diary, 1942-1945.

26 *Letters to Harvelyn: From Japanese POW Camps–A Father's Letters to His Young Daughter During World War II*, p.107.

27 Ibid, p.143,147.

28 Canadian War Museum Archives, *Raymond W. Elliott, Diary, 1940-1945* (Fonds/Collection: 58A 1 17.10).

29 *Harry L. White, Diary, 1941-1945*.

30 Michelle Baybutt, Catherine Ritter, Heino Stöver, "Tobacco use in prison settings: a need for policy implementation", in *Prisons and health. Report by chapters* (Copenhagen: WHO Regional Office for Europe, 2014), p.138.

31 *The Royal Rifles of Canada in Hong Kong, 1941-1945*, p.295.

32 "Courage Remembered: Hong Kong veteran remembers hardships as a POW." *Saanich News*, 10 November, 2017.

33 Library and Archives of Canada, *John Neilson Crawford Fonds. 1941-1945* (Fonds/Collection: MG30-E213, R2037-0-6-E).

34 香港特別行政區政府衞生署衞生防護中心,《桿菌痢疾》, https://www.chp.gov.hk/tc/healthtopics/content/24/14.html, 瀏覽日期：2021 年 7 月 21 日。

35 三藩市公共衛生局:《痢疾桿菌感染（細菌性痢疾）常見問題解答》（2021.7.21）。

36 Library and Archives of Canada, *Geoffrey C. Marston Fonds. 1942, 1970* (Fonds/Collection: MG31-G7, R5057-0-2-E).

37 Ibid.

38 Kathleen G. Christie, "Report by Miss Kathleen G. Christie, Nurse with the Canadian Forces at Hong Kong, as Given on Board the SS Gripsholm November 1943", *Canadian Military History* (Volume 10, Issue4, 2001), p.32.

39 *Delbert Louis William Welsh, Diary, 1941-1942; Diary of a Prisoner of War in Japan 1941-1945*, p.92.

40 香港特別行政區政府衞生署衞生防護中心,《白喉》, https://www.chp.gov.hk/tc/healthtopics/content/24/20.html, 瀏覽日期：2021 年 7 月 22 日。

41 Ravinder P S Makkar, Anju Arora, Amitabh Monga, Ajay Kr Gupta and Surabhi Mukhopadhyay, "Burning feet syndrome: A clinical review", *Australian Family Physician*, Vol. 31, No. 12, (December 2002), p.1006.

42 *Letters to Harvelyn: From Japanese POW Camps–A Father's Letters to His Young Daughter During World War II*, p.111.

43 U.S. National Library of Medicine, *Beriberi*, https://medlineplus.gov/ency/article/000339. htm，瀏覽日期：2021 年 7 月 2 日。另見唐德成：〈現代醫學中被遺忘的疾病：維生素 B1 缺乏導致腳氣病（beri-beri）〉（未刊稿，台北榮民總醫院內科部腎臟科），頁 1。

44 簡陽市中醫醫院，《糙皮病》，http://www.jyszyyy.com/disease/show1616/，瀏覽日期：2021 年 7 月 2 日。

45 *Thomas Smith Forsyth Fonds*.

46 J. N. Crawford, "A Medical Officer in Hong Kong", *Manitoba Medical Review*, Vol. 26, no.2 (1946), pp.7-8.

47 Charles G. Roland, *Long Night's Journey into Day: Prisoners of War in Hong Kong and Japan, 1941-1945* (Waterloo, Ont.: Wilfrid Laurier University Press, 2001), p.72.

48 *Letters to Harvelyn: From Japanese POW Camps–A Father's Letters to His Young Daughter During World War II*, p.159.

49 Ibid, p.131.

50 *Diary of a Prisoner of War in Japan 1941-1945*, p.108.

51 *James C. W. MacMillan, Diary, 1941-1945*; "A Medical Officer in Hong Kong", pp.7-8.

52 *Donald Geraghty, Diary, 1940-1945*.

53 *James C. W. MacMillan, Diary, 1941-1945*.

54 *Arthur Ray Squires, Diary, 1942-1945*.

55 *Letters to Harvelyn: From Japanese POW Camps–A Father's Letters to His Young Daughter During World War II; Harry L. White, Diary, 1941-1945*.

56 Leonard B. Corrigan, *The Diary of Lieut. Leonard B. Corrigan, Winnipeg Grenadiers, C Force: Prisoner-of-War in Hong Kong, 1941-1945* (s.l: s.n, c2008), p.124, 128.

57 "Prisoners well treated get parcels from home." *Winnipeg Tribune*, 16 September, 1944.

58 *Letters to Harvelyn: From Japanese POW Camps–A Father's Letters to His Young Daughter During World War II*, pp.210-211, 215, 237.

59 Ibid, pp.210-211, 215, 237.

60 *The Royal Rifles of Canada in Hong Kong, 1941-1945*, p.299; *Diary of a Prisoner of War in Japan 1941-1945*, p.98; Canadian War Museum Archives, *James C. W. MacMillan, Diary, 1941-1945*. (Fonds/Collection: 58A 1 271.2).

61 *Diary of a Prisoner of War in Japan 1941-1945*, p.98; *The Royal Rifles of Canada in Hong Kong, 1941-194*, p.191.

62 *The Royal Rifles of Canada in Hong Kong*, 1941-1945, p.194.

63 *Harry L. White, Diary, 1941-1945*.

64 Canadian War Museum Archives, *Donald Geraghty, Diary, 1940-1945* (Fonds/Collection: 58A 1 22.11).

65 Michael Roper, *The Secret Battle: Emotional Survival in the Great War* (Manchester: Manchester University Press, 2009), p.50.

66 *Diary of a Prisoner of War in Japan 1941-1945*, p.49.

67 *Long Night's Journey into Day: Prisoners of War in Hong Kong and Japan, 1941-1945*, p.92.

68 Library and Archives of Canada, *Douglas B. Rees Fonds* (Fonds/Collection: R5323-0-6-E).

69 Ka'nhehsí:io Deer. "Remembering a Mi'kmaw soldier who spent years as a prisoner of war." *CBC News*, 8 November, 2019.

70 *Arthur Ray Squires, Diary, 1942-1945*.

71 Michael Ryan Alexander, "Correctional Recreation: An Overview", *Integrated Studies*, Vol.2 (2017), p.11.

72 Hong Kong Veterans Commemorative Association, *Individual Report: H26072 Reginald Kerr*, https://www.hkvca.ca/cforcedata/indivreport/indivdetailed.php?regtno=H26072，瀏覽日期：2022 年 10 月 29 日。

73 Edgar Jones, Morale, *Psychological Wellbeing of UK Armed Forces and Entertainment: A Report for The British Forces Foundation* (London: Institute of Psychiatry, King's College, 2012), p.43.

74 *Diary of a Prisoner of War in Japan 1941-1945*, p.60.

75 Ibid, p.73.

76 *Long Night's Journey into Day: Prisoners of War in Hong Kong and Japan, 1941-1945*, pp.95-96.

02

「戰俘營A」與赤柱拘留營

　　前往協防香港的加拿大軍團，包括多名隸屬皇家加拿大陸軍醫療團的軍官，以及兩名女性隨軍護士。香港戰役期間，英軍在香港島設立十一所醫護設施來接收傷兵，包括瑪麗醫院、東華東院、明德醫院、英軍醫院，以及聖士提反書院等等。[1] 香港淪陷後，皇家加拿大陸軍醫療團官兵分別關押在不同戰俘營，經歷大同小異的待遇，而兩名隨軍護士的戰俘生涯，也許能呈現出另一個景遇。

隨軍護士

　　香港淪陷後，在英軍醫院的醫生、護士和病人頓時成為敗將殘兵，包括駐守英軍醫院的兩名加拿大女護士。安娜・華特詩中尉（Lieutenant Anna May Waters, 1903－1987）和嘉芙蓮・克里斯蒂中尉（Lieutenant Katherine "Kay" Christie, 1911－1994）隨即成為階下囚。她們的經歷，以及在 1942 年 8 月加入英軍醫院當勤務員（orderly）的堅尼夫・甘邦（Kenneth Cambon, 1923－2007）和朗奴・卡利告斯中士（Corporal Ronald H. Claricoates, 1921－2010）的回憶，記錄了當時英軍醫院的情況。他們的遭遇，亦因軍種的不同，而有很大的差別。

嘉芙蓮・克里斯蒂中尉原是多倫多（Toronto）一名註冊護士，後以此身份加入皇家加拿大陸軍醫療團，獲授中尉軍銜。歐戰爆發初期，她被派往多倫多一家醫院服務，日薪是五加元。她與當時其他加拿大軍人一樣，急不及待地想着前赴戰場，為戰爭出一分力。[2]

　　1940 年，部分加拿大醫療軍團成員被派往英國（Great Britain）協防後，向外派遣行動暫緩下來。1941 年 10 月中旬，當嘉芙蓮・克里斯蒂中尉被告知將被派駐亞熱帶氣候地區執勤時，她回憶道：

City Nursing Sister Is In Fiery Hong Kong

NURSING Sister Anna May Waters of Winnipeg, with the Winnipeg Grenadiers in Hong Kong, is one of two Canadian nursing sisters first to serve in actual battle areas in this war. With her is Kathleen G. Christie of Toronto. Both are members of the Royal Canadian Army Medical Corps.

Nursing Sister Waters is one of the few who know the real inside story of the fight the members of this Manitoba regiment are making. She is seeing heroic deeds, and taking part in them, as the men defend the besieged outpost.

She was Nursing-Sister-in-charge at Fort Osborne Military hospital here from her enlistment in the nursing service in May, 1940. She graduated from the Winnipeg General hospital in 1927.

She is the daughter of David Waters, formerly of 420 Rosedale ave., and now of Ste. 8 Cornwall apts.

Nursing Sisters Waters and Christie arrived in Hong Kong with the Canadian troops last month.

NURSING SISTER ANNA MAY WATERS
Serving at Hong Kong.

1941 年 12 月 21 日，《溫尼伯論壇報》報導來自溫尼伯的安娜・華特詩中尉正身處動盪的香港。

一週後，也就是 1941 年 10 月 19 日，登上了前往溫哥華（Vancouver）的火車，最終目的地仍是未知之數。整個派遣行動的保密性很高，以至安娜·華特詩從溫尼伯和我一起坐火車時，大家都不確定是否參與同一個派遣行動。然而，經過謹慎的溝通和相互詢問，我們才認為大家是參與同一個行動。[3]

與嘉芙蓮·克里斯蒂中尉在火車相遇的安娜·華特詩中尉，於 1927 年畢業於溫尼伯綜合醫院（Winnipeg General Hospital）。1940 年 5 月入伍後，成為皇家加拿大陸軍醫療團成員，出任奧斯本堡軍事醫院（Osborne Military Hospital）護士長。[4]

10 月 27 日，安娜·華特詩中尉和嘉芙蓮·克里斯蒂中尉與千多名官兵一同登上運兵船阿瓦特亞號（HMT *Awatea*），而另外一百人則乘坐武裝商船羅拔王子號（HMCS *Prince Robert*）。前往

運兵船阿瓦特亞號

香港的團隊內，有四名醫務人員和兩名牙科人員。[5] 阿瓦特亞號上設有五十四張病牀，整個行程擠滿了病人。[6] 航行六天後，抵達檀香山（Honolulu），安娜·華特詩中尉和嘉芙蓮·克里斯蒂中尉亦在當地被正式告知目的地是香港。抵達香港翌日，兩人開始在英軍醫院當值。[7]

「戰俘營 A」

安娜·華特詩中尉和克里斯蒂中尉抵達香港後，在英軍醫院照顧傷兵，大部分人來自溫尼伯榴彈營。由於缺乏補給，安娜·華特詩中尉曾以鋼盔作煮食器皿，煮一些熱湯來讓傷兵們保持健康。[8]

1941 年 12 月 26 日，幾名日本軍官來到醫院與指揮官會談，並宣佈醫院大樓和附近地區為「戰俘營 A」。嘉芙蓮·克里斯蒂中尉在戰後回憶當時情況，幽默地說：「醫院大樓和附近地區被宣佈為『戰俘營 A』，這為安娜·華特詩和我贏得首兩名加拿大護士成為『戰俘』的榮譽。幾天後，一個帶刺的鐵絲網豎起來，提醒我們的『戰俘』身份。不久後，鐵絲網加裝電線，以確保沒有人試圖逃跑。」[9] 此外，日軍亦沒收醫院內的收音機、照相機、鋼盔、手電筒、刀刃超過六英吋的刀具。每個病房都可以保留一把麵包刀，但必須提交一份聲明，說明用途。[10]

香港淪陷不久，「戰俘營 A」開始面對糧食短缺、醫療用品不足，以及無法獲得補給的苦況，院方只好終止重傷患者和垂死者的全面護理。[11] 香港投降的事實，使營內人們意識到不再享有「自由」，部分人亦產生出內疚和屈辱的感覺。[12]

與其他戰俘營一樣，「戰俘營 A」的戰俘亦受到日軍不同程度的精神虐待。嘉芙蓮·克里斯蒂中尉憶述：「整個醫院大樓裏，我們都由被配帶刺刀的士兵監視。他們隨時都在病房和我們的宿舍內閒逛，當他們的手指沿着武器的刀刃向上滑動時，經常發出可怕的聲音。」[13]

「戰俘營 A」的居住環境非常擠逼，七十八名護理人員都住在醫院內，三樓的一個大病房被用作宿舍，病牀的距離只好盡量靠近，以便騰出更多空間。病房中央安放一張飯桌。1942 年 1 月 1 日，女護士雖然獲安排住進一個相鄰的小房間，但這個病房的屋頂和牆壁曾遭到炮擊而損毀，當下雨天時，情況非常狼狽。[14] 醫療用品不足，亦令護理工作變得困難，個別醫護更因抵受不住壓力而輕生。嘉芙蓮·克里斯蒂中尉憶述 1942 年初的情形：

> 1 月 3 日，我被調離夜班，為接收痢疾患者開設一個病房。這個病房在開戰前已啟用，現在的設備比以前更差，因為頂層病房已被拆除，以裝備輔助醫院。如今，病房的佈置是通過從其他病房或任何可以使用任何東西的地方「搜刮」來的 —— 這只是「偷竊」的禮貌形容詞。我可以說這個不是一種值得稱讚的方法，也不是令人滿意的方式。
>
> 　所有的水都必須在每個病房壁爐上的小水壺裏煮沸。醫官（Medical Officer）是放射科醫生，實驗室工作由皇家陸軍醫療團（Royal Army Medical Corps）的中士負責，該名負責檢測的中士被日軍直接從輔助醫院（auxiliary hospital）送到這裏。大約六週後，該名中士自殺了。指揮官（Commanding Officer）下令進行簡單葬禮，但遭到日本人反對。他們辯稱作為一名士兵，也有權享有與任何級別的軍官相同的榮譽，並作大肆宣傳。[15]

隨着日軍接管其他醫院，大部分傷患戰俘陸續移送到「戰俘營

A」接受治療，九龍半島只餘下聖德肋撒醫院，仍能提供少量病牀照顧傷兵。[16] 基於各種不利條件，傷患者同時受到不同疾病的折磨，包括肺結核（tuberculosis）、瘧疾、腳氣病和其他具傳染性的熱帶疾病。有見及此，痢疾患者的隔壁病房，改為外科病房，以便接收其他醫院轉送過來的病人。由於病房的屋頂曾被砲轟後再擊中牆身，因此下雨時，安置在那個位置的病人需要擠進到另一端。此外，牆壁因曾被擊中，而存在倒塌的危險。[17]

為保持醫院環境衛生，院方仍以有限資源來清潔病房。每週兩個早上，志願輔助部隊（Voluntary Aid Detachment）成員或輕症患者負責清潔工作，病牀用品用少許肥皂和冷水洗滌，而病房所用的熱水必須使用消防桶從下層病房運送上來。[18]

1942 年初，食物短缺亦是「戰俘營 A」面對的一大難題。以麵包為例，在缺乏供應時，只能提供更硬的食物，例如餅乾等等。對牙齒破損的病患者來說，他們根本咬不動食物。隨着食物變得越來越貧乏和稀缺，病患者亦變得沮喪和情緒失控。此外，由於病房窗戶上的玻璃殘缺，亦沒有足夠的毛氈和暖氣供應，病患者既冷又餓，許多人要求送返所屬的戰俘營。[19]

1942 年 4 月初，日軍要求醫務人員簽署「承諾不逃跑」的聲明，並且威脅拒簽者會遭受刑責，包括禁止活動和進一步削減食糧。聲明指出，醫務人員被正式歸類為「戰俘」。指揮官有感情況不同，向日軍提出反對，表示除非將該名詞更改為「照顧受傷戰俘的醫務人員」，否則所有人都不會簽署。數天後，日軍修改字眼，將表格分發給醫務人員，並派遣皇家加拿大來福槍營威廉·休姆上校（Colonel William Home, 1897－1983）從北角戰俘營前往醫院，與加拿大醫務人員交談，並由他授權簽署。[20]

自此，「戰俘營 A」每天進行兩次點名，分別是上午八時正和下午六時正，所有病患者都必須站立在網球場，而護理人員則在他們的宿舍外排成一列。日軍在隸屬遠東聯合局（Far East Combined Bureau）的博爾沙少校（Major Charles Boxer, 1904－2000）、士官長和護士長的陪同下，點算人數。[21]

隨着時間推移，越來越多患有痢疾、腳氣病、糙皮病、營養不良的戰俘轉送來醫院，包括溫尼伯榴彈營的指揮官約翰·薛畿輔中校（Lieutenant Colonel John Sutcliffe, 1898－1942）。[22] 他在 1942 年 4 月初，因患痢疾、腳氣病和貧血症（anemia）從戰俘營移送至「戰俘營 A」，留院數天後，於 4 月 6 日去世。翌日，同袍為他在「戰俘營 A」的墓地舉行葬禮，出席者除醫護和病患者外，日軍亦批准五十名加拿大戰俘由北角戰俘營前來出席葬禮。[23]

1942 年 8 月 10 日，日軍勒令所有女性醫務人員離開醫院，病人由男性醫務人員繼續護理。安娜·華特詩中尉和嘉芙蓮·克里斯蒂中尉被迅速地轉移到赤柱拘留營。同一天，五十名加拿大傷患戰俘被送回戰俘營。[24] 隨着女性醫務人員被命令離開醫院，在醫務人員不足的情況下，「戰俘營 A」從北角戰俘營選取六名戰俘，前往醫院當勤務員，包括原隸屬皇家加拿大來福槍營的堅尼夫·甘邦。[25]

堅尼夫·甘邦在其回憶錄 *Guest of Hirohito* 中，談及「戰俘營 A」給他的首個印象，寫道：「與北角戰俘營相比，有着天壤之別。我們睡在牀上，甚至有牀單和蚊帳。有乾淨的衣服和洗滌設施。提供的食物，雖然不足以預防營養不良的症狀，但也比較好。」[26] 此外，營內設有一個圖書館，病患者和醫護利用書籍走進另一個世界來忘憂。甘邦又寫道：「我閱讀了許多經典以及大量流行書籍，當中狄更斯和馬克吐溫是我的最愛。」[27] 醫院內有一座鋼琴，還有幾種弦樂器和銅管樂器，醫護和工作人員會舉行小型音樂會，為病人提供娛樂。[28]

堅尼夫・甘邦調派往醫院的第一週，不幸地再次感染痢疾，只好改為住院治療。他在占士・晏打臣少校（Major James Anderson）照料下，漸漸康復過來。[29]康復後，他負責照顧一些嚴重營養不良的病人。那些病人活像一副骷髏，症狀包括皮膚潰瘍，尤其是陰囊和會陰，以及鼻子和面部。當他們已經到了不能吞嚥食物的階段，或者醫生覺得他們的腸壁已變得無法吸收任何營養時，醫護只好花幾個小時用匙羹慢慢給他們餵食。[30]

堅尼夫・甘邦派遣到「戰俘營 A」服務後不久，日軍關閉了北角戰俘營，所有加拿大戰俘移送到深水埗戰俘營。該段時期，白喉成為了主要疾病。日本人並沒有在這種急性傳染病爆發時，提供任何抗毒素（antitoxin），很多患者因此而離世。[31]面對死亡的戰友，同在「戰俘營 A」服務的朗奴・卡利告斯中士則憶述處理同袍屍體的情形：「我堵住他們的臀部，將他們的雙手綁在一起，亦把他們的腳和腿綁在一起，再在頭上纏上繃帶，用毯子包裹他們。」[32]

堅尼夫・甘邦在回憶錄亦談及 1942 年聖誕節前夕，每人都收到了紅十字會包裹。他指出：「每個包裹都包含一些巧克力、一罐肉、糖、一罐牛油、果醬、奶酪和速溶咖啡。有些人會分兩次吃掉包裹內的食物，但大多數人會用兩週時間，分批吃掉那些食物。當然，日本人亦偷走了一些包裹，以及一些寄來的散裝食品。」[33]

赤柱拘留營

在「戰俘營 A」待了八個月後，在沒有任何預警的情況下，安娜・華特詩中尉和嘉芙蓮・克里斯蒂中尉被轉移到赤柱拘留營繼續拘留。被關押在「戰俘營 A」期間，他倆學會了面對飢餓、貧困和過度擁擠的環境。被轉移到赤柱拘留營後，她們的身份亦由戰俘，

安娜‧華特詩中尉和嘉芙蓮‧克里斯蒂中尉曾被關押在「赤柱拘留營」。圖為
赤柱拘留營的一部分，即赤柱監獄外圍的已婚人員宿舍，此圖攝於 2014 年。

瞬間改變成為「敵國國民」。在赤柱拘留營，她們和其他拘禁者一
樣過着缺乏隱私的生活。[34]

　　赤柱拘留營的設立，可追溯到香港淪陷初期。1941 年 12 月 25
日，日軍佔領香港後，敵國僑民仍可有限度在市區活動。1942 年 1
月 4 日，日軍在英語報章 *Hong Kong News* 刊登通告，要求所有居住
在香港的「敵國國民」前往美利操場集合，最終大約有一千人前往
集合地點。[35]

　　他們先被關押在上環海旁的妓院，一千多人擠逼在狹窄的空
間，衛生環境非常惡劣。1942 年 1 月下旬，「敵國國民」被安排前
往赤柱拘留營。根據 Geoffrey Charles Emerson 在其著作 *Hong Kong
Internment, 1942-1945: Life in the Japanese Camp at Stanley* 記載，赤
柱拘留營可分為兩大區域，包括聖士提反學校宿舍，以及原赤柱監
獄外圍的已婚人員宿舍。[36] 相比起上環海旁的妓院，關押環境已有

所改善，但生活仍然非常困苦。

何東爵士（Sir Robert Hotung, 1862－1956）女兒何文姿（Jean Gittins, 1908－1985）在自傳 *Behind Barbed Wire* 中記錄了赤柱拘留營的居住情形。七個街段都是標準建築，編號為十二至十八。四幢有三層樓房，其餘兩層。每幢樓房，只有一個單位設有兩個房間。每個單位都設有洗手間和浴室，廚房亦安裝了水龍頭。兩個房間的前面有一個露台，後面設有一條開放的通道。除了兩個固定架子，房間都空蕩蕩的。通常是兩對已婚夫婦共用較大的房間，而較小的房間則由三名單身人士共住。[37]

當安娜・華特詩中尉和嘉芙蓮・克里斯蒂中尉離開「戰俘營 A」時，不能從醫院帶走任何物品，但是她們設法帶走了一些東西。嘉芙蓮・克里斯蒂中尉設法拿了一個盆子、一把刀、叉子和匙子。[38]

抵達拘留營時，她們被安排與另一個人共用一個九英呎乘十二英呎的房間，根據日軍的說法，這是對她們作為軍人的「優惠」待遇。當嘉芙蓮・克里斯蒂中尉踏進房間，察覺到窗戶上有彈孔，牆壁有裂縫和血跡，蟑螂、臭蟲和蜈蚣隨處可見。營內的人給她們一種叫做「餅乾」的軍用墊子，雖然比較薄和硬，仍比直接睡在地上舒適。當她們的私人物品送抵赤柱拘留營後，生活亦得以改善。[39]

居住在赤柱拘留營初期，基於營內的醫護間已有合適人員負責日常工作，安娜・華特詩中尉和嘉芙蓮・克里斯蒂中尉不需要參與任何工作。她們的拘留營生活，亦因此變得枯燥。食物供應仍是不足，以及受到守衛監視，驅使她們曾多次向日軍申請返回「戰俘營 A」，但都被斷然拒絕。

有別於「戰俘營 A」，赤柱拘留營的生產點滴，是一種新的關押經歷。由於身份改變，她們只好運用智慧，透過「搜尋」和「湊合」來解決生存問題。[40] 嘉芙蓮・克里斯蒂中尉憶述在赤柱拘留營的生活，寫道：

> 每天下午，配給貨車開過營地，只是把每個街區的補給品扔到地上。沒有冷藏，所以無論我們得到是肉類、魚類或其他任何東西，都必須以燉肉的方式來煮食。第二天早上，我們把剩下的食物做成稀湯。每個人每天的口糧是四分之三盎司的肉或魚、被稱為「雜草」的四湯匙蔬菜、八盎司大米，以及四盎司通常不適合食用的麵粉。營區的一名麵包師，將大家的麵粉焗製成麵包，以便大家能攝取額外的蛋白質。[41]

> 我最引以為豪的財產之一，是一個由五磅重的果醬桶製成的熱盤子。幸好我不抽煙，可以用日本人賣給我的幾支香煙換來這個熱盤子。由於我們的糧食供應不足，所有人都學會了節儉、儲蓄和交易，儘管只是一塊麵包皮而已。[42]

1943 年 4 月，安娜・華特詩中尉和嘉芙蓮・克里斯蒂中尉開始在拘留營醫院當為期一週的夜班，以減輕拘留營護士的工作量。[43] 關押期間，安娜・華特詩中尉曾收到一封家裏的來信，寄出的日期是 1942 年 5 月，收信的日期是 1943 年 8 月。此外，她亦曾收到了兩封來自南非（South Africa）的來信。這是關押期間，她最大的心靈慰藉。[44]

1943 年中，兩人獲悉知美國與日本達成協議，在國際紅十字會協調下，將進行第二次交換「敵國國民」，安排國民回國。雖然她們是戰俘，但在日軍眼中，她們的身份已變更成「敵國國民」，因此她們被安排在名單之內。[45]

遣送回國

太平洋戰爭爆發後不久，美國開始透過瑞士，向日本要求商討有關互相交換「敵國國民」的方法。[46] 1941 年 12 月 26 日，美國國務卿賀可德（Cordell Hull, 1871－1955）發給駐瑞士外交官員克拉爾·哈德勒（Jerome K. Huddle, 1891－1959）的電報，就有關與日本交換「敵國國民」協議，遣返國民包括美國駐華人員、美國企業人員，以及被日本拘留的加拿大外交人員發出指示。[47]

1942 年 3 月 12 日，美國國務卿賀可德發給駐瑞士外交官員克拉爾·哈德勒的電報，確認日本透過西班牙傳達互相交換「敵國國民」的內容，遣返者包括美國、加拿大和其他美洲國家官員、記者及其家屬、紅十字會工作人員及其家人。國民方面，優先考慮從泰國、香港以及日本控制的地區遣返回國。[48] 根據美日雙方協定，雙方派出獲得確認船隻，在非洲東部葡屬莫桑比克（África Oriental Portuguesa）的洛倫索馬克斯（Lourenço Marques）交換遣返國民。[49]

1942 年 4 月 4 日，美國駐瑞士公使利蘭·夏里遜（Leland Harrison, 1883－1951）發給美國國務卿的電報，匯報日本就有關遣返人數的統計數字，包括五百名外交人員及其家屬，一百名僑居泰國及印度支那美國國民。另外二百五十名僑日本美國國民、二百五十名僑中國淪陷區美國國民。餘額二百五十名人士，將由瑞士決定優先權。電報內亦提及香港非外交人員及其家屬，但不保證他們會被遣返回國。[50]

1942 年 6 月 17 日，「淺間丸」（Asama Maru）和干地維德號（SS Conte Verde）離開橫濱港，前往香港。6 月 22 日，兩艘船隻進入香港，翌日離港前往西貢及星嘉坡，於 7 月 16 日抵達洛倫索馬克斯。[51] 美國派遣的格利普霍姆號（MS Gripsholm），亦於同日抵達該港口。經兩國代表和國際紅十字會人員協調後，完成首次交換「敵國國民」行動。

首次交換「敵國國民」完成後，美日兩國檢討成果，並且透過瑞士和西班牙聯繫商討下一次交換「敵國國民」的程序。1943 年中，美日兩國決定落實次輪交換國民細節。根據 1943 年 7 月 26 日，日本外務省文件《日米第二次交換ニ關ニス件》記錄，預算被遣返的「敵國國民」將來自日本及其多個佔領地區。（見表一）[52]

表一　被移送往美國的「敵國國民」

地區	登船水岸	人數
日本、朝鮮、滿州	橫濱	154
中國	上海	994
香港（包括廣東地區）	香港	128
菲律賓	馬尼拉	200
法屬印度支那	西貢	24
合計		1,500

（資料來源：日本外務省文件：《日米第二次交換ニ關ニス件》）

1943 年 8 月 4 日，美國駐瑞士公使利蘭・夏里遜發給美國國務卿的電報，匯報有關遣返詳情。美日兩國同意在葡萄牙殖民地果阿（Goa）的莫爾穆加奧（Mormugão）進行遣返行動，日期定於 9 月 28 日。日方船隻「帝亞丸」（*Teia Maru*）預計將於 8 月 26 日離開橫濱港，前往各日本佔領地區接載遣返人士。美國方面，安排格利普霍姆號執行任務。為了確保該船隻航行安全，該輪船船身以白色為底色，塗有瑞典國名（Sverige）和「外交」（Diplomat）字樣，並且展示瑞典國旗。夜間航行期間，船上燈火通明，識別標記將完全照亮。日本亦知會了德國有關兩船的航行路線，以免在航行途中遭到德國潛艇攻擊。[53]

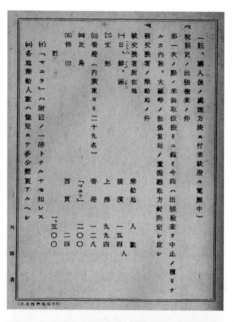

1943 年 7 月 26 日的日本外務省文件《日米第二次交換ニ關ニス件》，列出被遣返的「敵國國民」將來自香港和其他佔領地區。

帝亞丸原為法國客輪阿拉米斯號（MS *Aramis*），是一艘一萬七千五百三十七噸客輪，原設計只接待約一千名客艙乘客，後因戰爭爆發，被法方改裝為「武裝商船」。1942 年，日本充公該輪船後，翌年改為「遣返船」。瑞典美國輪船公司（Swedish American Line）客輪格利普霍姆號，則是建於 1924 年的一萬八千噸客輪。

8 月 4 日，美國國務卿賀可德向利蘭‧夏里遜發電報，表示格利普霍姆號來回航行路線，將停靠巴西里約熱內盧（Rio de Janeiro）、拉普拉塔河（Rio de la Plata）其中一個港口，以及南非伊莉莎白港（Port Elizabeth）。[54]

兩國經多輪磋商後，最終落實遣返人數、名單及航行日期。根據西班牙駐美國領事館發給美國國務卿的備忘錄，日本向西班牙外交部就有關第二次美日交換「敵國國民」的船隻安排細節。

「帝亞丸」將接載美國遣返人士前往莫爾穆加奧，航行路線：（一）離開橫濱前往神戶，途經大島西面，從潮岬出外海。（二）離開神戶，經〔瀨戶〕內海和關門海峽前往上海。（三）離開上海，沿中國海岸向香港航行。（四）離開香港，直航前往菲律賓北聖費爾南多（Northern San Fernando）。（五）離開北聖費爾南多，直行前往聖雅克角（Cap Saint-Jacques，現越南頭頓市）。（六）從聖雅克角出發，直航前往昭南（星嘉坡）。（七）離開昭南，經卡里馬塔海峽（Karimata Channel）穿過巽他海峽（Sunda Straits），然後經北緯 4°40’，東經 94°40’ 和北緯 5°50’，東經 76°50’ 前往莫爾穆加奧。（八）離開莫爾穆加奧，經巽他海峽前往昭南，逆航向外航行。（九）離開昭南，經阿納巴斯群島（Anabas Islands）以西和北緯 12°20’，東經 114°00’ 前往馬尼拉。（十）從馬尼拉（Manila）出發前往橫濱，途經呂宋島西海岸巴林塘海峽（Balingtang Straits）北緯 30°00’，東經 133°25’ 和大島西面（相模灘）。[55]

1943 年 8 月 26 日，美國駐瑞士公使利蘭·夏里遜發給美國國務卿的電報，匯報有關遣返人士的情況，指出日方剔除遣送名單上部分人士，包括十六名菲律賓公民，一名正在日本服刑的美國公民，以及根據《日內瓦公約》第八十一條，被視為戰俘的十六名海員等人士。此外，日本外務省擬增加從香港的遣返人數。[56]

1943 年 9 月 2 日上午七時，格利普霍姆號離開紐約（New York），啟程前往里約熱內盧。與此同時，「帝亞丸」於 9 月 13 日離開橫濱，前往上海接載一千零三十五名遣返僑民。9 月 22 日，該船隻抵達香港，接載一百四十六名遣返僑民。翌日離開香港，前往其他日佔地區。

作為被遣返人士，安娜·華特詩中尉和嘉芙蓮·克里斯蒂中尉按規定，只能帶同一些私人物品，踏上為期十週的歸家旅程。首四個星期，她們與一千五名遣返回國的美加僑民，擠逼在生活條件比拘留營還要差的「帝亞丸」。[57]「帝亞丸」於 10 月 15 日抵達莫爾穆加奧。翌日下午，格利普霍姆號抵達該港口，兩國隨即進行磋商交換「敵國國民」行動。

1943 年 10 月 17 日，被遣返人士，按字母順序分成幾組，前往倉庫重新整理行李。以便抵達紐約時，有足夠禦寒衣物保暖，並且收拾一些餘下旅程不需要的東西。[58]

1943 年 10 月 18 日，他們被告知交換「敵國國民」行動，將在翌日早上進行。遣返人士有秩序地前往位於碼頭的美國辦事處，簽署「允諾付款票據」，承諾保證在約定日期向美國支付三百二十五美元的旅費。簽署後，各人收到船票、艙房編號和餐券，以及寄艙行李和手提行李的付運形式和準則。[59]

10 月 19 日早上，開始交換「敵國國民」行動。七時五十分，每位旅客原地等待命令，他們根據計劃召集，所有人都帶着手提行李，沿着樓梯走到頭等餐廳，再經過廚房旁邊的走廊，到達靠近帝亞丸船頭的舷梯。從舷梯下行，再步行大約一百碼，到了格利普霍姆號船尾的舷梯。與此同時，遭遣返的日本人越過碼頭上一條更寬闊的通道，前往帝亞丸。整個交換「敵國國民」行動，約在早上十時完成。[60]

旅客登上格利普霍姆號後，每人獲贈一杯冰水和一磅朱古力。然後被帶到餐廳，享用自助餐。食物的質量和種類都很好，數量亦充足。餘下的航程，每日三餐都有三到四道菜，數量沒有限制。[61]

1943 年 10 月 23 日，隨格利普霍姆號出發的美國國務院代表威廉·蘭登（William Langdon, 1891–1963）向國務卿賀可德匯報，指出儘管根據格利普霍姆號醫務人員報告，遣返者的身體狀況並不差，看起來已經筋疲力盡，無疑反映了難民營和日佔地區的嚴峻情況，國家應盡快將仍關押在遠東地區的國民帶回國。[62]

格利普霍姆號食物充足，環境整潔，與帝亞丸的情況形成鮮明對比。對安娜·華特詩中尉和嘉芙蓮·克里斯蒂中尉而言，格利普霍姆號猶如天堂一般。[63] 回家的路途縱使迂迴，但餘下的旅程，正好給她們調理虛弱的身體和遊歷不同地方。嘉芙蓮·克里斯蒂中尉回憶歸國路途時，寫道：「在接下來的六個星期的航程裏，我的體重增加了二十磅，我亦再次學懂享受人生。因受戰時限制，我們不得不走更長、更迂迴的路線回家。航程中有幾個有趣的停泊點，包括在南非伊麗莎白港，那裏的官員和居民非常熱情好客。在巴西里約熱內盧，我們可以前往參觀那個城市的一些地方，甚至包括一家夜總會。」[64]

離開香港十週後，安娜·華特詩中尉和嘉芙蓮·克里斯蒂中尉抵達紐約。及後乘搭長途巴士返回加拿大滿地可（Montreal），兩人繼而各自乘搭不同的交通工具返回原居地。[65]

回國後，嘉芙蓮‧克里斯蒂中尉發現部分加拿大人對海外形勢不聞不問。一位老婦人問她當戰俘時，是否有足夠的食物？嘉芙蓮‧克里斯蒂中尉回答說：「有些晚上，因為飢餓感太嚴重，無法入睡，會站起來喝一小口『珍貴』的水，這會有所幫助。」老婦人接着問她：「為甚麼要喝水？為甚麼不直接去冰箱給自己弄一杯好喝的牛奶？」[66]

註釋

1　Donald C. Bowie, "Captive Surgeon in Hong Kong: The Story of the British Military Hospital, Hong Kong 1942-1945", *Journal of the Hong Kong Branch of the Royal Asiatic Society*, Vol. 15 (1975), p.159.

2　Veterans Affairs Canada, *Nursing Sister-Kay Christie*, https://www.veterans.gc.ca/eng/remembrance/those-who-served/diaries-letters-stories/second-world-war/my-grandmother/christie，瀏覽日期：2021 年 6 月 4 日。另見 Hong Kong Veterans Commemorative Association, *Kay Christie*, https://www.hkvca.ca/historical/accounts/christie.php，瀏覽日期：2021 年 6 月 4 日。

3　*Kay Christie*，瀏覽日期：2021 年 6 月 4 日。

4　"City Nursing Sister is in Fiery Hong Kong." *The Winnipeg Tribune*, 23 December, 1941:13.

5　*Kay Christie*，瀏覽日期：2021 年 6 月 4 日。

6　Ibid.

7　Mount Pleasant Group, *Lieutenant Kathleen (Kay) Christie*, https://www.mountpleasantgroup.com/en-CA/General-Information/Our%20Monthly%20Story/story-archives/toronto-necropolis/lt-kay-christie.aspx，瀏覽日期：2021 年 6 月 4 日。另見 Swiss-Diplo.ch, *Exchange Ships: A Paradigm in Global Diplomacy*, https://swiss-diplo.ch/projekt/exchange-ships/，瀏覽日期：2021 年 6 月 4 日。

8　Hong Kong Veterans Commemorative Association, *Anna May Waters*, http://www.hkvca.ca/submissions/Waters/AMW_biography.htm，瀏覽日期：2021 年 1 月 17 日。

9　*Kay Christie*，瀏覽日期：2021 年 6 月 4 日。

10　Kathleen G. Christie, "Report by Miss Kathleen G. Christie, Nurse with the Canadian Forces at Hong Kong, as Given on Board the SS *Gripsholm* November 1943", *Canadian Military History* (Volume 10, Issue4, 2001), pp.33-34.

11 *Lieutenant Kathleen (Kay) Christie*，瀏覽日期：2021 年 6 月 4 日。另見 Humanitarianism and Human Rights, *Exchange Ships: A Paradigm in Global Diplomacy*, https://hhr.hypotheses. org/1686，瀏覽日期：2021 年 6 月 4 日。

12 *Kay Christie*，瀏覽日期：2021 年 6 月 4 日。

13 Ibid.

14 "Report by Miss Kathleen G. Christie, Nurse with the Canadian Forces at Hong Kong, as Given on Board the SS *Gripsholm* November 1943", p.31.

15 Ibid.

16 "Captive Surgeon in Hong Kong: The story of the British Military Hospital, Hong Kong 1942-1945", p.162.

17 "Report by Miss Kathleen G. Christie, Nurse with the Canadian Forces at Hong Kong, as Given on Board the SS *Gripsholm* November 1943", p.31.

18 Ibid.

19 Ibid.

20 Ibid, pp.32-33.

21 Ibid, p.33.

22 Ibid.

23 Ibid, p.32.

24 Ibid, p.34.

25 Kenneth Cambon, *Guest of Hirohito* (Vancouver: PW Press, c1990), pp.44-45.

26 Ibid.

27 Ibid, pp.46-47.

28 Ibid.

29 Ibid, pp.44-45.

30 Ibid, pp.45-46.

31 Ibid, pp.44-46.

32 "Survivors find it hard to 'forgive and forget'." *Edmonton Journal*, 16 August, 1991.

33 *Guest of Hirohito*, pp.46-47.

34 Lieutenant Kathleen (Kay) Christie，瀏覽日期：2021 年 6 月 4 日。另見 *Exchange Ships: A Paradigm in Global Diplomacy*，瀏覽日期：2021 年 6 月 4 日。

35 Geoffrey Charles Emerson, *Hong Kong Internment, 1942-1945: Life in the Japanese Civilian Camp at Stanley* (Hong Kong: Hong Kong University Press, 2008), p.30.

36 Ibid, p.38.

37 Jean Gittins, *Behind Barbed Wire* (Hong Kong: Hong Kong University Press, 1982), pp.50-51.

38 *Nursing Sister-Kay Christie*，瀏覽日期：2021 年 6 月 4 日。

39 Ibid.

40 Ibid.

41 Ibid.

42 Ibid.

43 "Report by Miss Kathleen G. Christie, Nurse with the Canadian Forces at Hong Kong, as Given on Board the SS *Gripsholm* November 1943", p.34.

44 "Hong Kong Nurse Away From Troops Since '42." *The Winnipeg Tribune*, 6 December, 1943: 11.

45 Lieutenant Kathleen (Kay) Christie，瀏覽日期：2021 年 6 月 4 日。另見 *Exchange Ships: A Paradigm in Global Diplomacy*，瀏覽日期：2021 年 6 月 4 日。

46 Department of State, United States, *Foreign Relations of the United States: Diplomatic Papers, 1942, General; The British Commonwealth; The Far East, Volume I* (Washington, D.C.: Government Printing Office, 1960), p.377.

47 Ibid, pp.382-383.

48 Ibid, pp.408-409.

49 Ibid, p.387.

50 Ibid, p.405.

51 Ibid, pp.429-430.

52 日本外務省《日米第二次交換ニ關スル件》（昭和十八年 7 月 26 日）。

53 Department of State, United States. *Foreign Relations of the United States: Diplomatic Papers, 1943, General; The British Commonwealth; East Europe; The Far East, Volume III* (Washington, D.C.: Government Printing Office, 1963), pp.891-892。另見 "We all like her. She is a happy ship." New York Times, 2 December, 1943。

54 *Foreign Relations of the United States: Diplomatic Papers, 1943, General; The British Commonwealth; East Europe; The Far East, Volume III*, p.894。此外，最終決定停靠拉位於普拉塔河口的烏拉圭首都蒙特維多（Montevideo）。

55 Ibid, p.902.

56 Ibid, pp.916-917.

57 Lieutenant Kathleen (Kay) Christie，瀏覽日期：2021 年 6 月 4 日。另見 *Exchange Ships: A Paradigm in Global Diplomacy*，瀏覽日期：2021 年 6 月 4 日。

58 Yale Divinity Library, *Howard Galt, American Board of Commissioners for Foreign Missions Material* (Fonds/Collection: RG08, Box 70).

59 Ibid.

60 Ibid.

61 Ibid.

62 *Foreign Relations of the United States: Diplomatic Papers, 1943, General; The British Commonwealth; East Europe; The Far East, Volume III*, pp.942-944.

63 Lieutenant Kathleen (Kay) Christie，瀏覽日期：2021 年 6 月 4 日。另見 *Exchange Ships: A Paradigm in Global Diplomacy*，瀏覽日期：2021 年 6 月 4 日。

64 *Kay Christie*，瀏覽日期：2021 年 6 月 4 日。

65 Lieutenant Kathleen (Kay) Christie，瀏覽日期：2021 年 6 月 4 日。另見 *Exchange Ships: A Paradigm in Global Diplomacy*，瀏覽日期：2021 年 6 月 4 日。

66 *Nursing Sister-Kay Christie*，瀏覽日期：2021 年 6 月 4 日。

來自國內的疑惑和憂慮

　　加拿大在香港戰役初嚐戰敗，國內的「政治問責」成為另一個戰場。因應衛港加軍傷亡慘重，政圈開始向執政的加拿大自由黨（Liberal Party of Canada）問責，傳媒亦對整件事情高度關注。自由黨為平息來自四方八面的質疑和攻擊，先由國防部長占士·羅士頓（Hon. James Ralston, 1881－1948）向議會匯報，後由總理麥堅時·金（Rt. Hon. William Lyon Mackenzie King, 1874－1950）宣佈成立

加拿大總理麥堅時·金

皇家委員會（Royal Commission）進行調查，探討問題癥結。上述兩項行動未能平息風波之餘，更引發軒然大波，逼使當權者不得不面對輿論壓力外，也始料未及影響往後加拿大向海外派兵的決定。

政治問責

香港戰役結束後，加拿大國防部長占士·羅士頓隨即召開三天內部會議，嘗試了解為何 C 部隊的軍車，並沒有被一同運載在運兵船上。參與會議官員，包括總參謀長堅尼夫·史釗活上將（General Kenneth Stuart, 1891－1945）；軍需官愛德華·舒米德少將（Major-General Edward J. C. Schmidlin, 1884－1951）；軍械總司令域陀·西夫頓（Victor Sifton, 1897－1961）；軍人職務總監麥克林上校（Colonel W. H. S. Macklin）、助理軍需官（運用管理）史比寧中校（Lieutenant-Colonel E. H. Spearing）、機械化處長占士上尉（Captain E. D. James）、軍械科督察軒達臣中校（Lieutenant-Colonel R. J. Henderson）、運輸辦公室主任洛活（T. C. Lockwood），以及康納（D. C. Connor）。[1]

同一時刻，加拿大主流報章亦對香港淪陷，乃至衛港加軍的備戰情況提出疑問。1942 年 1 月 15 日，《多倫多電訊晚報》（*Toronto Evening Telegram*）質疑派往戍守香港的軍人是否訓練不足？[2] 而《環球郵報》（*Globe and Mail*）於翌日亦發表社論，指加拿大應向國民披露衛港加軍的備戰情況，以及戰敗原因，並寫道：「對於參與保衛香港時陣亡或被俘虜的加拿大士兵，他們父母、妻子和子女有權知道這種說法是否屬實。國防部長不應在缺乏質疑下，而接受這事實。」[3]

1942 年 1 月 19 日，安大略省議會（Parliament of Ontario）反

對黨安大略省保守黨（Conservative Party of Ontario）領袖喬治・
德魯（Hon. George A. Drew, 1894－1973）就加拿大派兵協防香港一
事，質疑麥堅時・金領導的自由黨所作的決定是否過於輕率？《環球
郵報》報導了他的觀點：

> 在最後一刻，大批未經訓練的軍人被派去香港，以便他們
> 能夠〔在香港〕增強實力。許多勇敢的年輕加拿大人，參加了
> 歷史上最激烈的戰鬥，而他們對使用的武器，卻知之甚少。**4**

曾參與第一次世界大戰的喬治・德魯，並非首次就國防議題
上發表尖銳的言論。對於他的指控，來自魁北克市（Quebec City）
的皇家加拿大來福槍營名譽上校法蘭克・奇勒中校（Lieutenant
Colonel Frank Clarke）作出回應，他指出：

安大略省保守黨領袖喬治・德魯

就皇家加拿大來福槍營而言，他們在被派往香港之前，已動員十五個多月。該部隊在紐芬蘭（Newfoundland）執行了八個月的海岸防禦任務。返回加拿大後，直至前往遠東服役之前，在紐賓士域省（New Brunswick）聖約翰市（Saint John）駐防。在此期間，整個營的兵力充足，裝備齊全，完全符合真實體驗，可以勝任戍守任務。[5]

作出回應的法蘭克‧奇勒中校非泛泛之輩，根據《溫尼伯論壇報》的報導，法蘭克‧奇勒中校的兒子正是前往協防香港的一員。衛港加軍名單中，皇家加拿大來福槍營有三名「奇勒」姓氏的軍人，包括來自魁北克市的威廉‧奇勒上尉（Captain William Clarke, 1912－1998）、來自麥大連群島（Magdalen Islands）的查里斯‧奇勒（Charles Clarke, 1912－1968），以及安大略省（Ontario）安派瓦鎮（Arnprior）的喬治‧奇勒（George Clarke, 1919－1950）。以出生地來看，威廉‧奇勒上尉就是法蘭克‧奇勒中校的兒子。

就法蘭克‧奇勒中校的回應，喬治‧德魯指出對皇家加拿大來福槍營曾有十五個月的海外服役記錄毫不懷疑，但軍團成員是否已接受充分的作戰訓練，亦是不爭的事實。[6] 翌日，喬治‧德魯更建議國會下議院，討論加拿大是否已有足夠訓練的兵員來面對未來的戰爭，而不應只着眼於皇家加拿大來福槍營已有十五個月海外服役記錄。[7]

國防部長匯報

1942 年 1 月 21 日，加拿大國防部長占士‧羅士頓就香港戰役戰敗，向加拿大國會下議院作出匯報：

議長先生，自下議院休會以來，香港的名字被加添在兩個優秀的加拿大軍團的戰鬥榮譽中。這些軍團，在其勇敢和英雄表現而組成，為我們的歷史增添了令人難忘的勇氣和奉獻精神。

我認為，本院不應該，也不希望在沒有向這些軍團和這些人致敬，以及沒有收到關於外派軍隊的情況下而休會。

我的關切，不限於直接受影響家庭所感到的憂慮。在等待消息的日子裏，整個加拿大都感受到焦慮。我想向下議院保證，我們力求利用一切可能的溝通渠道，不遺餘力地收集資訊。並且，會繼續做下去。

我們最近收到消息是日本人已經設立處理戰俘的部門，亦準備通過國際紅十字會交換消息。收到此消息後，我方立即向倫敦的紅十字會人員建議，請他們在東京的代表，直接與國際紅十字會駐加拿大代表聯繫。我們真誠地希望這一建議得到接納。如果能這樣進行，可能會更快收到資訊。

我現在首先講解派遣加拿大遠征軍前往香港的決定；其次，派出兩個軍團的選拔方法；然後是這支部隊的準備工作；第四、其裝備及運輸線路，以及第五，就我們收到的報告而言，部隊在香港的英勇作戰情況。

（一）決定派遣加拿大軍隊：1941 年 9 月 19 日，我國政府收到英國政府的電文，要求我們提供一至兩個營來加強香港的駐軍。

在決定按納這請求前，充分考慮了所涉及的各種戰略因素。作為預防措施，英國政府決心加強其在香港和星嘉坡的部隊。澳洲（Australia）提供了星嘉坡所需的增援部隊，並要求加拿大提供香港所需部隊。英國政府當時表示，加拿大增援一至兩個營，將意味着駐軍兵力的增加比例，遠超過參與的人數。

1942 年 5 月 11 日，《溫尼伯論壇報》報道軍眷得知香港戰役被俘的衛港加軍軍官名單，包括亨利·裴克少校。

普遍認為，這種增援在整個遠東地區產生良好的道義效果，引證英聯邦的團結，並向華人保證英國打算保衛該處。此外，加拿大軍隊將大大增加駐軍的防禦力量。

在可能情況下，加拿大有責任承擔和加強太平洋地區駐軍的事務。在適當考慮了所有因素之後，並根據研究這個問題的軍事當局建議，政府授權向香港派遣一支主要由兩個步兵營組成的加拿大部隊。

該決定於 9 月 29 日達成，並於同日電告倫敦。10 月 1 日，我方收到了倫敦的答覆，表示讚賞，並示意將進一步發出有關軍事安排的資訊。10 月 9 日，我方收到進一步的資訊。10 月 11 日，〔英國〕陸軍部詢問，除了兩個營之外，是否還可提供一個經調整的旅部。我方同意這項建議。

（二）加拿大部隊的組成：最終確定的部隊由一個旅部和兩個步兵營組成，該旅部內有各軍種官兵。約翰·羅遜准將（Brigadier John K. Lawson, 1887－1941）是一位經驗豐富的軍官，曾擔任國防總部軍事訓練主任，並曾於第一次世界大戰服役。故此，他被選為部隊指揮官。柏德烈·軒尼詩上校（Colonel Patrick Hennessy, 1885－1941），亦是一位經驗豐富的軍官，曾擔任國防總部的「組織指揮官」（Director of Organization），並在上次大戰中服役，他被任命為「高級行政官」（Senior Administrative Officer）。

選拔哪兩個營組成這支部隊，是經過國防部仔細研究的問題。在加拿大國內進行選拔，先考慮到必要的訓練和經驗。第四師（4th Division）是由當時正在動員的第六師（6th Division）內旅團組成的部隊，以及一些未附屬的營團。第六師已經被派遣到加拿大東海岸擔任戍守任務，因此，似乎應該從其他部隊來選拔。

這些可選用部隊，包括三個步兵營。這些步兵營曾在紐芬蘭和西印度群島（West Indies）服役，在該地區接受防禦訓練，可能會在香港擔任同樣防務。這三個營，由於他們曾經有相關經驗，似乎最適合前往香港執行防務。在這三個營中，最終被選拔的是皇家加拿大來福槍營和溫尼伯榴彈營。

皇家加拿大來福槍營於 1940 年 6 月 28 日被動員，並於 1940 年 11 月 21 日調防往紐芬蘭。該團分兩隊返回加拿大，分別於 1941 年 8 月 18 日和 8 月 28 日。皇家加拿大來福槍營指揮官威廉・休姆中校（Lieutenant-Colonel William Home, 1897－1983）是一位經驗豐富的軍官，在上一次大戰期間，曾在法國（France）和比利時（Belgium）服役。

溫尼伯榴彈營於 1939 年 9 月 2 日動員。1940 年 5 月 25 日，部隊前往西印度群島，成為牙買加（Jamaica）駐軍之一。1941 年 9 月 9 日，部隊的先遣隊返回加拿大，隨後該團的主力先後於 1941 年 9 月 21 日和 10 月 8 日回國。該團由約翰・薛畿輔中校（Lieutenant Colonel John Sutcliffe, 1898－1942）指揮，他曾於 1915 年在駐守於法國和比利時的加拿大遠征軍服役。後來先後在印度、美索不達米亞（Mesopotamia）、波斯（Persia）、俄羅斯（Russia）和土耳其（Turkey）服役。

選擇這兩個營前往香港協防時，已分別被動員了十五個月和二十五個月。兩營分別前往紐芬蘭和牙買加參與防務時，以及在 1940 年離開前，都曾在加拿大本土接受訓練。參與海外協防期間，兩營仍會繼續接受訓練。每個營的優勢在於士兵由相同的軍官和士官麾下長期受訓。我認為這兩營恰當地視為最有經驗的加拿大部隊之一。

（三）加拿大軍隊的準備：當這兩營獲選拔前往香港協防時，皇家加拿大來福槍營已達到滿員（有兩人過剩），溫尼伯榴彈營有一百二十九人。因按照英國駐軍的編制，使溫尼伯榴彈營在牙買加的駐軍人數相應下調，這是該營兵力較弱的原因。除了使兵團達到兵力要求外，還決定為每個營提供一百五十六人的後備兵源，稱為「第一增援部隊」（first reinforcements）。「第一增援部隊」，通常在部隊參戰場時於原地駐防。

因此，為前往香港協防，這兩個營所需的額外人員總數為一百二十七人以完成普通兵力，三百一十二人作為「第一增援部隊」，總共四百三十九人。這些額外的人員，亦迅速從其他部隊和訓練中心調配。

根據羅遜准將在船上報告，最終啟程前往香港的總兵力為一百名軍官和一千八百八十五名士兵，合共一千九百八十五名官兵。

整體而言，這是一支訓練有素的部隊，主要由兩個經驗豐富、整編完整的營組成。包括已提及的四百三十九名額外兵員和增援部隊，他們是各營的新兵員。四百三十九人中，有一百七十二人曾服役一年或更長時間，或足以使部隊達到總兵力。這些兵士，有二百九十一人完全達到派往海外服役所需的標準訓練，其餘一百三十八人低於這標準。餘下的十人，我並沒有他們的訓練記錄。

根據部門規定，除非得到渥太華（Ottawa）總部的授權，否則訓練少於十六周的兵士不得派往海外。很明顯在這種情況下，儘管能提供足夠的額外人員，以使部隊達到最大強度的訓練要求，但「第一增援部隊」小組內的一千八百八十五名軍人，有一百三十八人至一百四十八人確實接受少於十六周訓練。目前正在調查這些人被接納的情況，並將根據調查結果，採取相應行動。

（四）加拿大部隊的裝備和運輸：如我所言，陸軍部於9月19日收到派兵增援香港駐軍的請求。加拿大政府同意該請求，並於9月29日電告倫敦。10月1日收到了倫敦的確認，隨後在10月9日發出了一封關於實際軍事安排和要求的信息。

因此，我國軍事當局獲授權於10月9日繼續執行派兵安排。由海軍部於10月20日至31日在溫哥華提供護航艦。最終決定的航行日期是10月27日，這意味着來自加拿大東部的部隊必須在10月23日前抵達。因此，從10月9日到23日，大約有十四天的時間來完成所有準備工作，必須以最緊逼性和保密程度來採取相應行動。

就香港任務所需經費的規模，進行了認真研究，並經過與陸軍部協商，為這支部隊提供裝備和物資。對於是否應該採取完整的機械運輸，曾存在一些疑問。當10月11日收到陸軍部信息後，決定按此進行。

全軍的軍車數目達二百一十二輛，包括布倫機槍運輸車（universal carrier），但是這些車輛無法容納在海軍部提供的運兵船上。因此，有必要確保一艘由英國戰爭運輸部（Ministry of War Transport）提供的貨輪來載運。

該艘貨輪於10月28日抵達溫哥華，並於11月4日運載軍車離港。該船隻是一艘慢船，航速度為八節（knot）。當日本在12月7日發動攻擊時，該艘貨輪正接近菲律賓群島（Philippine Islands），並於12月12日抵達馬尼拉。在那裏，她受到美國海軍當局指揮。我不能隨意提供有關這艘船的進一步資訊，只能說她不能和沒有到達香港。

據我們目前所知，該艘於 10 月 28 日抵達溫哥華的貨輪，是我們能最早安排的船隻。而這艘船在 12 月 7 日，敵方發動攻擊前，部隊的二百一十二輛軍車，幾乎不可能送達香港。

我們曾考慮在運兵船上運載這些軍車的可能性。在完成計算部隊和裝備所需空間後，認為二百一十二輛軍車中，軍艦上可有運載二十輛車的空間。這些軍車是利用鐵路運送，但在運兵船駛離港口前，皆未能運抵溫哥華。羅遜准將在前往香港的途中，對一些軍車沒有運載上船表示失望。我所得資訊是如果它們能及時趕到，也許有可能放置十四輛車在軍艦上。這十四輛車是否會有任何幫助，這只能是個推測，誰也不會知道答案。

按計劃，運兵船於 10 月 27 日從溫哥華起航。這艘船載有一千九百八十五名官兵，以及陸軍部決定的武器和物資裝備。武器包括步槍、布倫輕機槍（Bren gun）、湯普森衝鋒槍（Thompson submachine gun），以及二英吋和三英吋迫擊炮。所攜帶的後備裝備，可供部隊使用十二個月。

由於當時加拿大無法提供反坦克步槍，因此這些步槍、反坦克彈藥和迫擊炮彈藥，陸軍部安排部隊抵達香港後，由英國當局負責提供。

運兵船經過大約二十天的航行，於 11 月 16 日抵達香港。三週後，12 月 7 日，星期日，日本在毫無徵兆下，在太平洋各地施以攻擊。

12 月 7 日發生的珍珠港事件，以及幾天後，威爾斯親王號（HMS *Prince of Wales*）和卻敵號（HMS *Repulse*）被擊沉，不僅徹底改變中國水域的戰略地位，而且徹底扭轉整個遠東地區的戰爭全局。日本在幾個小時內就取得遠東水域的控制權，該水域在一段時間內，可說是難以抗衡。向香港進行支援，已不再是一種可行的軍事行動，甚至連重演鄧寇克（Dunkirk）奇蹟的機會亦甚微。

經過這些戰事，日軍已可以自由地進行陸地，海上和空中的攻擊，唯一的支援可能是中國軍隊從後方進行攻擊。儘管中國軍隊盡了一切努力，但未能影響戰鬥的結果。組成香港駐軍的英國、加拿大和印度軍隊仍然需要面對嚴竣困境來負隅頑抗。

（五）加拿大部隊的行動：據下議院所知，關於香港戰況的資訊很少。

12月8日的一封電報中，首次明瞭戰事的跡象，其中指出兩名信號兵在戰鬥中受輕傷。第二天，即12月9日，一封電報提到溫尼伯榴彈營其中一連隊增援九龍旅。12月10日收到消息稱，該連隊仍處於後備部隊的狀態，尚未投入戰鬥。12月12日，一份電報報導說，九龍左翼出現了壓力，但經過所有可用的後備部隊參與戰鬥下，局勢穩定下來，當中包括派往增援的溫尼伯榴彈營其中一個連隊。然而，14日，一則訊息稱加拿大軍隊尚未參與戰鬥。12月15日，接報一名士兵失蹤。

12月19日，據報告一個營的加拿大軍與其他部隊一起，從赤柱半島和向北的山丘堅守一條防線。12月22日，我們通過海軍部的訊號，赤柱的反擊失敗，傷亡人數包括約一百名加拿大軍人。溫尼伯榴彈營其中一個連隊的第二次反擊也同樣失敗。同一封電報內，部隊的描述為非常疲憊，並指出傷亡慘重，包括被殺的羅遜准將和被炮火炸死的柏德烈·軒尼詩上校。

12月25日，我們得知香港總督打算投降。27日的海軍部消息將林登少校（Major Charles Lyndon, 1900－1941）的名字列為失蹤。28日，據報有七名加拿大軍人受傷，一人失蹤。這封電報於12月20日發出，但遲誤送達。後來，一份非官方遲誤送達消息提到侯活 · 布殊上尉（Captain Howard Bush, 1909－1985）在戰役中受傷。

我知道在議會內，就像在整個加拿大一樣，對在香港戰鬥中被報導為陣亡軍人的家人和朋友，以及所有那些因缺乏訊息，而需要忍受這種焦慮的人，表達最衷心的同情。

12 月 29 日，我們收到另一封海軍部電報，報告了溫尼伯榴彈營的指揮官約翰 · 薛畿輔中校在 12 月 22 日發出的遲誤送達資訊，當時他已經接管部隊的作戰指揮。他的資訊內容：「加拿大軍隊，殘餘交戰，傷亡慘重 …… 部隊奮勇抗敵，戰鬥精神高漲。」

這一則是我們需銘記的訊息。

協防香港符合加拿大軍隊的優良傳統。所有部隊都堅持到最後，不能再要求任何人作出這樣做法。請允許我用《泰晤士報》（*London Times*）的報道來總結。提到這些來自英國、印度和加拿大的人的堅韌和英勇表現，以及他們在香港的表現，拯救了我們所得的自由，這些話所表達的，遠比我心中想做的更多。

勇敢無畏地保衛香港，不僅是英勇的貢獻和鼓舞人心的典範，也在寶貴的時間裏，站穩下來。無論它是能否與我們在克里特島（Crete）所作出的成就相媲美，如果決定不經反抗就放棄殖民地，入侵者將不費吹灰之力而獲得成果。[8]

國防部長占士 · 羅士頓在國會下議院的回應，並沒有令社會釋疑。翌日，《環球郵報》一篇題為 "138 Hong Kong Men Lacked Training, Troops Never Got Needed Vehicles" 的報道，[9] 對參與香港戰役的加拿大軍人的訓練，以及裝備不足提出質疑。報導亦加深公眾對衛港加軍在備戰、戰鬥和戰敗感到疑慮。

皇家委員會調查

為更了解加拿大軍團協防香港，以及戰敗原因，總理麥堅時·金根據《樞密院令》（*Order in Council*）決定成立皇家委員會作調查。該委員會只有一名成員，由加拿大首席大法官（Chief Justice of Canada）萊曼·杜夫爵士（Sir Lyman Poore Duff, 1865－1955）主理整個調查。

萊曼·杜夫爵士任命了御用大律師萊·基洛克（Roy Lindsay Kellock, 1893－1975）和羅拔·科拿律師（Robert Fowler, 1906－1980）擔任委員會的調查顧問，並按指示準備和提交與所調查事項有關的證據。他亦邀請加拿大政府，以及在野加拿大保守黨（Conservative Party of Canada）黨魁李察·漢臣（Hon. Richard Burpee Hanson, 1879－1948）提名調查顧問協助調查。

獲提名的兩名調查顧問，代表政府的喬治·金寶（George Archibald Campbell, 1876－1964），其職責是從政府的角度提出意見和證據，而喬治·德魯的職責，則是提出在野黨所關注的問題。委員會有責任從不同方向進行徹底調查，包括利用大量的口頭證據（oral evidence）和檔案。[10]

經過約五個月的調查，萊曼·杜夫爵士於 1942 年 6 月 5 日向加拿大國會下議院提交報告。根據 *Report on the Canadian Expeditionary Force to the Crown Colony of Hong Kong*（《加拿大遠征軍前往香港報告》，下稱《香港報告》），萊曼·杜夫爵士指出加拿大承諾協防香港決定於 1941 年 9 月。1941 年 10 月 18 日，主張與美國和談的日本內閣總理大臣近衛文麿（1891－1945）被逼辭去總理大臣職務。次日，重臣會議討論繼任人選，一致同意由軍部統制派最高領導人陸軍大臣東條英機（1884－1948）直接組織新內閣。11 月 1 日，東條

1942 年 7 月 28 日，《香港報告》在一遍爭議聲中進行表決，一場政治鬧劇亦就此終結。翌日的《溫尼伯論壇報》內的漫畫諷刺加拿大總理麥堅時·金親手將《香港報告》燭光滅了。

英機決定採用「發動戰爭」與「繼續開展外交手段」來解決日美爭端。同時，通過《帝國國策遂行要領》，決定在 12 月初發動戰爭。[11]

　　至於選擇皇家加拿大來福槍營和溫尼伯榴彈營作為協防軍團，萊曼·杜夫爵士在報告內亦在對培訓、設備和人員問題作出結論時，說：「因為受到錯誤判斷的影響，這種選擇不能被公正地彈劾。」

　　此外，萊曼·杜夫爵士亦發現，除了百分之六的成員外，所有人都已接受海外服務所必需的十六週基本訓練。而加拿大第一軍總司令奇雲·麥洛頓中將（Lt.-General Andrew McNaughton, 1887－1966）在作證時亦指出：「如果我是指揮部，有機會挑選出這些人，單獨認識他們，看到他們都是令人滿意，我就不會很擔心他們是否完成了基礎訓練，因為我們最看重的事情是性格。而且，如果他們是我認為適合的人，我會很滿意將他們收在旗下。從軍事效率角度來看，我一點也不會擔心，因為如果他們是合適的人，即使在航程期間，他們也能完成個人訓練。」[12]

在選拔部隊方面，報告指出 1941 年 9 月 15 日，駐魁北克市第五軍區臨時指揮官貝爾托中校（Lieutenant Colonel G. F. Berteau）撰寫了一份報告。該報告強烈建議將皇家加拿大來福槍營納入海外編隊，並且指出「該部隊是該地區有史以來最高效動員部隊之一，擁有出色的人員，優秀的士官長，以及訓練有素和效率最高的軍官」。[13] 事實上，皇家加拿大來福槍營在紐芬蘭已接受軍隊要求的基本訓練。正如蘭姆上校（Colonel Lamb）所言，該營駐守紐芬蘭期間，訓練更加密集和多樣化。部隊亦不僅只擔任警備任務，亦在戰場上服役。[14]

至於溫尼伯榴彈營，該團由動員開始，直到 1941 年 6 月，由隸屬於國防總部的奧維爾·凱准將（Brigadier Orville Kay, 1893－1983）指揮。根據他對訓練的瞭解和該營的效率狀況，確定適合前往香港協防。奧維爾·凱准將強調營內的軍官和士官長皆訓練有素。超過百分之五十的士兵，曾是預備役軍人，並且在動員時期入伍。[15]

溫尼伯榴彈營原是一個機槍營，其建立與步兵營不同。在 1939 至 1940 年秋冬季節，它以維克斯機槍（Vickers machine gun）為主要武器。培訓是按照第十軍區總參謀部編寫的訓練大綱，並在奧維爾·凱准將的監督下逐步進行的。[16] 1940 年 5 月，該部隊從機槍改為步槍營，人數減少至一個駐軍營，並被派遣到西印度群島駐守。在該地區，所有官兵接受步槍、刺刀、布倫輕機槍、劉易斯機槍（Lewis guns）、反坦克步槍（anti-tank rifle）以及刺刀格鬥訓練。[17]

在選拔時，皇家加拿大來福槍營官兵人數略為過剩，而剛從西印度群島返回的溫尼伯榴彈營需要增兵一百多人。為了使兩個營都達到兵力，除了三百人進行首次增援外，還需要一百三十六人成為「第一增援部隊」，以補充該營可能因傷亡和疾病而遭受的損失。[18]

增援至皇家加拿大來福槍營的兵源，包括一百五十四人來自第二軍區，其中五十二人來自大陸軍團（Mainland Regiment），十五人來自博登營（Camp Borden）第十高等訓練中心，八十七人來自博登營第十一高等訓練中心。溫尼伯榴彈營增加十二名軍官和二百二十二名軍人。軍官和一百八十九名軍人來自溫尼伯的第十五號高等訓練中心，三十名來自位於薩克其萬省（Saskatchewan）當頓市（Dundern）的高等（機槍）訓練中心，四十名來自溫尼伯的十號區陸軍基地，當中包括二十三名以隸屬第十八偵察營增援部隊的士兵，二十三名士兵來自波蒂奇拉普雷里（Portage la Prairie）的基本訓練中心。增援的官兵當中，「第一增援部隊」內有一百五十人加入皇家加拿大來福槍營，另外一百五十六人加入溫尼伯榴彈營。[19]

除了補充兵源外，萊曼‧杜夫爵士在報告內亦提及軍官的經驗。皇家加拿大來福槍營由威廉‧休姆中校指揮，他是一位經驗豐富的軍官，在第一次世界大戰中表現出色，後來成為正規軍。副指揮官約翰‧派斯少校（Major John Herbert Price, 1898－1993）也是一位能幹和經驗豐富的軍官。[20]

溫尼伯榴彈營的約翰‧薛畿輔中校亦是一位經驗豐富的軍官。出生於英國約克郡（Yorkshire）的約翰‧薛畿輔中校，於1912年移居加拿大。1914年8月29日加入加軍，並隨皇家加拿大龍騎兵團（Royal Canadian Dragoons）一起前往法國。服役七個月後獲任命為軍官，先後在歐洲和中東地區駐守。[21] 1919年11月12日轉為預備役，繼續參與軍隊活動和訓練新兵。當該團被命令前往香港協防，約翰‧薛畿輔中校取代奧維爾‧凱，成為該團的指揮官。[22]

萊曼‧杜夫爵士在報告內指出在10月9日舉行的軍事會議上，確定協防香港的部隊應於10月27日啟程。此外，亦指示軍需局着手提供安排運輸二百一十二輛各類型軍車，以及增援部隊事宜。[23]

籌備和運送物資方面，遇到不同程度的困難。以「十五英磅水車」（Fifteen-cwt. water tank）為例，由於加拿大軍隊只有兩輪，因此，只能以「八英磅水車」（Eight-cwt. water tank）代替。[24] 此外，阿瓦特亞號的原設計是一艘可乘載五百名乘客的客貨輪，因應戰事而改裝成為一艘可運載二千名軍人的運兵船，當中涉及大量空間需要改動，載貨空間只有四萬五千平方呎，缺乏足夠空間來運送所有物資。故此，大部分車輛及部分物資，改由貨船當荷西號（*SS Don Jose*）運載。該輪船於 10 月 28 日離開溫哥華，前往上海、香港和馬尼拉。按計劃，荷西號原定於 12 月 6 日抵達香港，但因應美國海軍要求先停靠檀香山，導致物資因戰事爆發而未能運抵香港。[25]

政治鬥爭和檢控

1942 年 6 月 5 日，多份報章報道了萊曼‧杜夫爵士的報告。當天晚上，喬治‧德魯發表言論，質疑政府在調查期間，沒有充分披露關於授權、組織和派遣這支部隊的會議記錄。[26] 李察‧漢臣在 6 月 7 日發表聲明說：「在調查過程中，喬治‧德魯上校向我抱怨說，政府拒絕向專員提供非常重要的信息，事實上，亦從未提供過這些資訊。」有見及此，李察‧漢臣打算要求在下議院提出討論該調查報告。[27]

喬治‧德魯的言論，以及加拿大軍裝備不足，引起社會莫大關注。《溫尼伯論壇報》在 1942 年 6 月 6 日的社論，指出了萊曼‧杜夫爵士提交的調查報告應具備兩個目的：（一）確定誰負責任，（二）減輕公眾的懷疑。《蒙特利爾公報》（*Montreal Gazette*）則提出下議院必須討論《香港報告》，社會才能消除分歧，完滿解決紛爭。[28]

議會內，合作聯邦聯合會（Co-operative Commonwealth Federation）黨魁美佐‧科威（Hon. James William Coldwell, 1888－

1974）敦促政府在下議院討論這份報告，以及詢問委員會是否將提出證據。[29] 面對社會和傳媒的質疑，總理麥堅時・金曾承諾預留時間在議會內討論，但沒有表明會否在專員的秘密聽證會前公佈全部證據。

1942 年 6 月 9 日，喬治・德魯再度發文批評政府，指控由司法部（Department of Justice）官員審查《香港報告》存在缺失。他在文內指出：「司法部長應該比任何加拿大人更清楚，自由國家的每個公民都有權利和義務審查委員會的報告，如果報告是錯誤的，可以公開批評它。這是一份由民眾支付和公眾可使用的報告，他們有權知道事實。如果專員是加拿大最謙遜的公民，由加拿大首席大法官擔任專員，負責書寫的報告，應不再享有被批評的豁免權。報告唯一的考驗是正確，還是錯誤，觀點則不言而喻。」[30]

喬治・德魯對首席大法官萊曼・杜夫爵士的指控，受到部分加拿大自由黨議員抨擊，下議院議員湯瑪士・列特（Hon. Thomas Reid, 1886－1968）質問政府，就有關針對首席大法官的「嚴重攻擊」，將會採取哪些行動？司法部長路易・聖洛朗（Rt. Hon. Louis St. Laurent, 1882－1973）在下議院回答質詢時表示，已就喬治・德魯的言論，要求相關官員撰寫報告。[31]

對於執政黨議員對喬治・德魯的猛烈抨擊，其他反對黨議員感到極為不滿。合作聯邦聯合會的下議院議員湯瑪士・道格拉斯牧師（Hon. Rev. Thomas Clement Douglas, 1904－1986）插話道：「他的身份不是首席大法官，他是專員。」他所指的是萊曼・杜夫爵士以專員身份撰寫報告，故此不應受其首席大法官身份而免受質疑。[32]

基於喬治・德魯強烈批評《香港報告》內容，並且發表了一份尖銳的聲明。司法部根據《加拿大防衛條例》（Defence of Canada Regulations）第三十九條 B 節，即「任何人不得以口口相傳：－（b）

散佈報告或發表虛假及其他方面的言論,意圖或可能損害國王陛下任何部隊的招募、訓練、紀律或管理。」於 6 月 24 日向喬治·德魯採取法律行動。[33]

司法部採取法律行動,引起社會很大迴響,當中政圈內的抨擊尤其響亮。在野加拿大保守黨批評政府意圖打壓言論自由,該黨下議院議員靴拔·布魯士(Hon. Herbert Alexander Bruce, 1868-1963)在辯論政府修訂《國家資源動員法》(*National Resources Mobilization Act*)提案時,說:「我只想補充一點,我與許多其他人一樣,昨天目睹這個國家展示了被認為是『蓋世太保』的方法。我們的部隊在手無寸鐵和未經訓練情況下被派往香港,而試圖找出原因是罪行。那麼昨天的情況,已有所解釋。」[34] 經簡短討論後,議長以避免影響法庭審議為由,決定引用下議院議事規則,阻止靴拔·布魯士繼續發言。

另一名保守黨國會議員喬治·布拉克(Hon. George Black, 1873-1965)就司法部長路易·聖洛朗的言論進行抨擊:「聽到司法部長在下議院發表這些觀點,我感到震驚和失望。當同一位部長授權起訴一個忠誠和勇氣的人時,我感到迷惑不解。他是批評一位聽取了證據的調查顧問。雖然調查內容是保密的,卻不應該是保密的。調查此事是公眾最關心的問題之一,公眾應該瞭解事實。如果調查不受討論和批評,我會感到驚訝;也許,在下議院,我有責任在討論這個問題時,履行議員的職責。可以說,對這份報告的批評對影響軍人招募是牽強附會。於我看來,這完全是無稽之談和不適當地行使權力。」[35]

對於靴拔·布魯士被禁發言,其黨友威廉·羅維(Hon. William Earl Rowe, 1894-1984)譴責政府嘗試拑制個人言論。他說:「在這個國家,我們已經到了一個臨界點,我想警告政府,對那些阻礙為戰爭努力的人實行嚴格控制,以及對那些批評政府對戰爭缺乏努力的人進行迫害是有分別的。我不是指這個國家有一種更人恐懼的面向,但是過去令人震驚的歷史故事告訴我們,當個人的權利被以『蓋世太保』形式侵犯時,新聞自由不久就會受到限制。」[36]

1942 年 7 月 2 日,加拿大宣佈兩名曾參與協防香港的軍需官被勒令退伍,包括在《香港報告》被批評的助理軍需官(運用管理)史比寧中校。另一位是供應和運輸主任羅遜上校(Colonel H. O. Lawson)。[37] 當中助理軍需官(運用管理)史比寧中校被批評欠缺警覺,未能確保二十輛軍車及時抵達溫哥華,以便與部隊同時出發。加拿大希望兩名軍官的懲處,可減輕公眾的懷疑。[38]

但史比寧中校和羅遜上校被勒令退伍,並未能平息國會內的紛爭。保守黨下議院議員占士‧羅斯(Hon. James Arthur Ross, 1893－1958)在同一天發表其見解,說:「在這樣的時刻,面對目前世界民主國家存在的危險,根據《加拿大防衛條例》起訴一名忠誠公民是沒有道理的,不符合整體利益。」他亦指出有關調查不應秘密進行,而是在國會進行討論。[39]

1942 年 7 月 4 日,加拿大軍團協會(Canadian Corps Association)在多倫多舉行會議。前保守黨下議院議員亞倫‧確卡林中校(Lieutenant Colonel Alan Cockeram, 1894－1957)擔任會議主席,他在會上表示退伍軍人組織會盡其義務,協助徵兵往海外服役。但對喬治‧德魯被起訴,他在會議上提出其觀點,說:「曾參與上一場大戰的士兵,向這場戰爭的軍人致敬。如他能阻止事情發生,只要不需要獨自面對審判。」以安大略保守黨魁袖身份參與會議的喬治‧德魯在會上作了簡短聲明:「我站在這裏,正好是一個例子。戰爭不僅在海外,我們在加拿大亦展開了一場為個人自由的戰鬥。」[40]

喬治‧德魯的審訊排期在 7 月 10 日舉行，初步聆訊安排於 7 月 3 日。當天，喬治‧德魯前往位於多倫多市政廳內的地方法院應訊，當他步入市政廳時，受到一群第一次世界大戰老兵、加拿大軍團協會成員，以及加拿大退伍軍人會（Canadian Legion）代表歡呼支持。

　　地方法官麥利殊（The Hon. Mr Justice J. G. McNish）在聆訊前，應司法部檢察官道爾頓‧麥卡菲（Dalton Lally McCarthy, 1871－1963）要求，將聆訊押後。主要原因是道爾頓‧麥卡菲感到有些情況非他所能控制，以及未能獲取某些證據。

　　喬治‧德魯對押後聆訊提出抗議，因他覺得延期的理據不足，以及指控內容粗疏，傳票亦沒有提及任何罪行。他又寫道：「作為加拿大公民，我堅持我所擁有的合法權利，並要求得到控方的聲明。司法部提出指控，然後無法說明細節，這似乎很奇怪。」[41]

　　1942 年 7 月 10 日，司法部撤銷對喬治‧德魯違反《加拿大防務條例》的指控。檢察官道爾頓‧麥卡菲指出，根據英式法律的既定和傳統原則，在司法程序待決期間，不應對與案件有關的事項發表評論或討論。如案件仍在進行，國會和公眾將無法討論《香港報告》。[42]

　　當司法部撤銷對喬治‧德魯檢控後，另一場被《溫尼伯論壇報》稱之為「第二場香港戰役」隨即展開。[43] 首先是在執政的自由黨內引起迴響，皆因自從司法部對喬治‧德魯採取法律行動以來，內閣成員和許多黨員已私下形容整件事件是自討苦吃，只會令喬治‧德魯成為烈士，而他亦善用這個角色來反擊政府。[44] 此外，聆訊亦間接將撰寫《香港報告》所需資料完整地披露於人前，這是得不償失的做法。

　　對於司法部長的撤控解釋，在野保守黨魁李察‧漢臣指撤銷檢控理由牽扯不清。而合作聯邦聯合會黨魁美佐‧科威亦指出司法部

1942 年 7 月 18 日，《溫尼伯論壇報》以漫畫譏諷加拿大總理麥堅時‧金面對《香港報告》的質疑時，陷入一籌莫展的困境。

的意圖不得逞，反映出《加拿大防務條例》的權力太廣，國會內的專責委員會應考慮修訂有關條例，避免再發生同類事情。[45]

7 月 14 日舉行的下議院辯論，總理麥堅時‧金在接受美佐‧科威的質詢後，承諾將於翌日向國會提交喬治‧德魯給他的一封有關「審查證據」的信函。翌日，喬治‧德魯的信件副本開始傳遞，其摘要亦發送到加拿大主要報社，並準備在該信函提交下議院時，同步發佈以供出版。在此期間，下議院大多數議員已閱讀該信函。[46]

下午三時，總理要求將會議延至晚上八時，並表示希望與合作聯邦聯合會黨魁美佐‧科威進行磋商。會面期間，兩人就有關披露「審查證據」的信函，可能違反皇家委員會進行調查保密程序的具體情況，雙方交換意見。會面後，總理以符合國家利益為由，決定不向國會提交該信函。

在下議院晚上八時重啟會議前約十分鐘，審查辦公室通知議會新聞發佈廳，鑑於喬治・德魯的信函不會向國會提交，審查辦公室（Censor's Office）裁決信函內任何部分都不能發表。[47] 在野保守黨魁李察・漢臣就此事，隨即在國會內提出質詢，並指出該信函已掌握在公眾手中，已經在下議院傳閱，並被數千名報章員工閱讀。因此，他要求總理正式向國會提交信函，他說：

> 讓我們擺脫這種掩蓋的面孔，讓我們在這個國家擁有沒有得到的新聞自由。據我理解，直到最後幾分鐘，這封信都沒有受到審查。自從我進入這個會議廳以來，聽說現在已經對它實行了審查制度。我以加拿大人民的名義對此表示抗議，他們想知道事實和關於重大公共事件的真相。因此，即使他不會提出這封信，我要求總理公佈審查制度。並讓加拿大人民做出判斷。他們將公正，真實，準確地判斷事件，並評估事件的真實價值。[48]

社會信用黨（Social Credit Party of Canada）黨魁約翰・布力摩亞（Hon. John Horne Blackmore, 1890－1971）對事件表示憂慮，並指出軍隊內出現狀況之餘，國家亦出現問題。他強調事件應向國會通報，兼且對相關官員採取紀律行動和懲處。[49] 魁北克省（Quebec）加斯佩選區（Gaspé）議員約瑟・羅伊（Hon. Joseph Sasseville Roy, 1895－1970）亦表示，選區內參與香港戰役的軍人父母對事件感到憂慮，敦促下議院舉行閉門會議，將證據披露給議員作討論。[50]

合作聯邦聯合會黨魁美佐・科威表示喬治・德魯的信函，縱使沒有提供任何對敵人有用的東西，但他所屬選區正是部分被派往協防香港部隊所在地，軍人家屬或會因此而感到不安，而其他可能被派往海外的軍人，他們的父母也擔心未來可能會再次發生類似事件。[51]

對於國會內其他政黨的指摘，總理麥堅時・金引用喬治・金寶的結論作回應：

> 如果喬治・德魯先生的來函被提交給下議院，我認為將違反聯合王國政府同意向專員和御用大律師披露這些電報的條件。
>
> 此外，我認為喬治・德魯先生的來函聲稱載有大量從證據和物證中摘錄的內容，沒有出現在專員已發表的報告及其附錄中。因此，在我看來，如果提交該信函，實際上已經縱容違反秘密程序的行為。[52]

與此同時，總理麥堅時・金亦獲授權讀出萊曼・杜夫爵士與喬治・金寶於 7 月 15 日的來往信函，當中萊曼・杜夫爵士出示他在調查開始時所作的聲明，要求所有參與調查人員，調查內容必須保密，不可披露任何細節。而喬治・金寶亦認為在調查開始時，專員被賦予各種權力和授權，可以就秘密進行的任何調查，以保障其機密性。因此，所有參與調查的人都受到該等約束。[53]

喬治・金寶亦譴責喬治・德魯的信件內，包括一些加拿大政府和聯合王國政府的機密通訊資料。基於其機密性，這些資料不得轉載和披露。因此，喬治・金寶覺得即使是向下議院披露，亦應視為違反協議。[54]

縱使在野黨派繼續在國會內向總理麥堅時・金施壓，他仍拒絕提交喬治・德魯的信函。國防部長占士・羅士頓在國會辯論中，指政府從沒建議調查專員應該採用甚麼方法進行調查，專員本人亦決定調查應該秘密進行。他亦指出下議院將有充分機會討論《香港報告》，議員不應受喬治・德魯信函的影響，令討論失焦。[55] 最後，在一片質疑聲中，總理麥堅時・金結束了辯論，並指出調查的保密性由首席大法官萊曼‧杜夫爵士作決定。[56]

由於總理決定不向國會提交喬治‧德魯的信函，引發傳媒更多質疑。《環球郵報》的社論以「這是自由之死嗎？」為題，指出如果總理能採取這種令人髮指的行動，隱瞞派兵協防香港的資料，自由的基石及核心價值將推向死亡。而《渥太華公民報》（*Ottawa Citizen*）則指出政府需要利用這麼長時間向公眾提供有關香港調查的證據，實在令人震驚，並且質問國家對這種伎倆有何感想？報導亦希望議會正視此事所提出的問題，以及政府在派兵往香港的問題上，還有否設置任何障礙，以及是否仍可公平地進行辯論？《蒙特利爾公報》提出的質疑在於總理和喬治‧金寶壓制香港調查的證據，以及禁止討論喬治‧德魯的信函。[57]

就總理決定不向國會提交他的信函，喬治‧德魯在 7 月 15 日晚上發表聲明，再度質疑政府的行為：

> 這只是另一齣毫無意義的啞劇。非常清楚的看到政府將利用任何手段來掩蓋真相。上周是道爾頓‧麥卡菲的信函。本週是喬治‧金寶的信件。所有這些關於保密的談論，只不過是一個空洞的騙局。調查是秘密的，或許不應是秘密的。[58]

他亦指出這是為加拿大人最關心的問題是加軍正在不同地域，為國防而努力以赴。他寫給總理麥堅時‧金的信件，亦同時發送到國會內四個政黨的黨魁。[59]

7 月 16 日晚，新聞審查部（Press Censorship Department）發言人表示，任何人或機構如披露喬治‧德魯寫給總理有關批評香港調查的信函內容，將被視作違反《加拿大防衛條例》。但如只發表信件中沒有違反規定的部分，則不會遭返審查制度。這意味着信內關

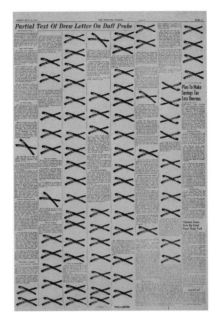

1942 年 7 月 17 日,《溫尼伯論壇報》有限度披露了喬治·德魯寫給總理的信件。該報章編輯在報導中發表聲明,強調他們將不能公開的部分,以粗體「X」代替。

鍵的部分,將不能公開。[60]

　　7 月 17 日,《溫尼伯論壇報》有限度披露了喬治·德魯寫給總理的信件。該報章編輯在報導中發表了聲明,強調根據這一原則,報章只好主動將不能公開的部分,以粗體「X」代替。[61]

　　總理決定不向國會提交喬治·德魯的信函,在國內「一石激起千層浪」,使日後國會辯論《香港報告》更受關注外,社會亦質疑政府的權力和處理手段。卡加利貿易和勞工委員會(Calgary Trades and Labor Council)譴責總理壓制訊息自由流通,並且利用《香港報告》來重新劃分戰爭行為。[62]

　　對於政府拒絕披露信函內容,並且對傳媒報道百般阻撓。國內多份報章對政府的行徑表示不滿。當中《溫哥華每日省報》

（*Vancouver Daily Province*）強調自戰爭開始以來，加拿大的報紙已經從軍事角度認識到審查制度的必要性。他們和審查員一樣，渴望阻止敵人從中攝取有用的資訊。政府試圖隱瞞是徒勞和愚蠢的，整件事情已然引起廣泛關注，而當新聞被壓制時，謠言就會取而代之。政府利用新聞審查制度來達到政治目的，將損害新聞制度，削弱其權力和價值。[63]

《溫哥華太陽報》（*Vancouver Sun*）亦指出整個「香港調查」所發生的一切，都給公眾留下了不幸的印象，政府無法處理這個燙手山芋。總理利用法律來拒絕公佈所有事實的概述，這樣的鎮壓策略明顯留下糟糕的印象。該報館曾仔細閱讀德魯信件，指他並沒有透露來自倫敦的任何私人通訊，亦沒有披露對敵人有利的資訊。對加拿大人民而言，能透過喬治·德魯的信件來瞭解衛港加軍的裝備和有關部門的缺失，是非常有價值的。[64]

而《環球郵報》的報導，則提到自加拿大史上首個調查委員會成立以來，每個公民都有權同意或不同意委員會的調查結果。政府為隱瞞衛港加軍的遭遇，首先試圖通過不公正的起訴來令德魯滅聲。當國民對此感到憤怒，政府宣佈撤回起訴，以便議會可以就香港進行辯論。但當每個報紙編輯都有機會研究喬治·德魯的信件，並準備出版時，總理麥堅時·金卻出爾反爾。如果總理能夠採用這種令人髮指的行為來掩蓋香港戰敗的內裏原因，這是本國的自由步向死亡的最後一步。[65]

《蒙特利爾公報》強調總理麥堅時·金在拒絕披露香港戰敗的真相，卻令自己大出洋相。加拿大軍隊不屈地參與整場戰役，事態發展亦牢牢地牽掛在人民心中。因此，政府必須披露全部真相。加拿大國民所關心的是國土安全，而不是政府會否因此而倒台。[66]

而一向支持政府的綜合類雜誌《週六晚》（*Saturday Night*）編輯

班納特・桑威爾（Bernard Keble Sandwell, 1876－1954）看過喬治・德魯信件的簡短摘要後，亦對政府的行為感到不滿，並致函《環球郵報》表述其觀點：

> 我相信，加拿大新聞界未來的自由，很大程度上取決於重要報刊的擁有者和編輯對審查機構壓制喬治・德魯就《香港報告》給總理的信函簡短文本所採取的態度，該信函現在掌握在他們手中。
>
> 戰時審查制度的適當和合法目的，是要防止向敵人傳遞訊息和避免損害國內士氣。關於這封信件的任何討論，沒有人建議其出版是會面對上述兩種情況之一。在看到簡短文本前，我個人的觀點是喬治・德魯在提出自己的觀點時，可能會使用一些對日本人有啟發性的材料；我可以補充一點，我從未懷疑過他有能力寫出任何會損害國內士氣的東西。我不認為任何人看過簡短文本後，會認為由於這些原因，而應該被壓止。
>
> 將審查制度用於適當和合法目的以外，對一個自由國家而言，是最危險的事情之一。因此，對所有關心自由制度的公民，應該盡最大努力抗擊。有時候，媒體本身必須成為自身實力的擁護者。如果加拿大的新聞界在這個問題上與適當的審查制度「走到一起」，它將得到一個非常龐大和有影響力的公眾輿論支援，並將大大增加加拿大人民對它的尊重和信心。[67]

整件事件為 7 月下旬在國會討論《香港報告》蒙上陰影。安大略省的《倫敦自由新聞》（*London Free Press*）指出政府一系列行動，令事件始末添上煩擾。[68]《溫尼伯論壇報》讀者布力活特（H.P. Blackwood）向該報館投稿，質疑政府試圖隱瞞事件真相，他寫道：

「根據司法部長的指示，對喬治‧德魯的起訴被撤回。為了證明這一做法的合理性，有人聲稱，這樣做是為了使與該事項有關的問題能夠在下議院不受任何限制地進行辯論，但總理拒絕將喬治‧德魯寫的信件曝光，理由是這涉及公共利益。這是自相矛盾，無法自圓其說的，亦使總理陷於兩難局面。如果政府以上述理由撤回起訴是正確的，那麼政府拒絕將事實公開是錯誤的。」[69]

國會討論《香港報告》

在一遍爭議聲中，加拿大國會下議院於 7 月 27 日展開《香港報告》的辯論。當保守黨議員約翰‧迪芬貝克（Hon. John Diefenbaker, 1895－1979）呼籲總理提交調查期間，以及喬治‧德魯寫信函內所採用的證據，即時引發軒然大波。主要是總理提出了一個程序問題，要求占士‧葛蘭議長（Hon. James Allison Glen, 1877－1950）宣佈喬治‧德魯信函內容不能在辯論中使用。最終占士‧葛蘭議長裁定，除了專員報告中所載的證據外，委員會的任何證據都不能使用。下議院就有關《香港報告》首天辯論，在一陣吶喊聲中結束。總理麥堅時‧金更形容反對黨議員為「暴徒」，並蔑視他們和使他們噤聲。[70]

因辯論只環繞由首席大法官萊曼‧杜夫爵士主理調查的報告，國防部長占士‧羅士頓只在議會內交代了有關派遣溫尼伯榴彈營和皇家加拿大來福槍營的因由，兩團的裝備和訓練，以及運輸上的問題。他亦承認錯誤，並說軍需官愛德華‧舒米德少將，以及助理軍需官（運用管理）E. H. 史比寧中校已就運輸上的失誤而勒令退伍。

因應美國在珍珠港事件調查中洩露了英國曾在事件發生前，已向美國提出警告，湯瑪士‧道格拉斯牧師就英國有否就日本的敵對行動提供情報，向政府提出質詢。如果英國沒有發出警示訊息，足以顯示倫敦和渥太華之間就沒有適當的聯絡機制。[71] 此外，他亦指出公眾對於協防香港的調查有一種感覺，調查專員的報告沒有坦率地處理。[72]

保守黨議員侯活‧格連（Hon. Howard Charles Green, 1895 – 1989）在辯論《香港報告》時，因應調查揭示政府的無能，動議在討論供應委員會（Committee of Supply）修正案時，呼籲其他議員表達意見之餘，亦表示國防部必須進行全面重組，以及改變派兵到海外的政策，以確保加拿大軍人必須先在國內完成戰術訓練，避免再發生未經訓練的軍人被派往與經驗豐富的敵軍作戰的情況。[73]

1942 年 7 月 28 日，政府面臨修正案的投票，如果該修正案獲得通過，將譴責軍事當局無能，並有可能要求重組國防部。[74] 當天晚上，有關《香港報告》內的爭議在下議院進行表決。下議院以一百三十比三十四票否決保守黨議員侯活‧格連提出的修正案，國防部亦倖免於進行重組，《香港報告》的辯論亦就此終結。[75]

註釋

1   Library and Archives of Canada, *James Layton Ralston fonds* (Fonds/Collection: MG 27 III B11).

2   "Drew's Questions Called Slur On Hong Kong Men." *The Winnipeg Tribune*, 19 January, 1942.

3   "A Full Statement Is Imperative." *The Winnipeg Tribune*, 16 January, 1942.

4   Ibid.

5   "Drew's Questions Called Slur On Hong Kong Men." *The Winnipeg Tribune*, 19 January, 1942.

6   "Drew Sticks To Story: Says Some Untrained Troops at Hong Kong." *The Winnipeg Tribune*, 20 January, 1942.

7   "Drew Insists Dominion Short Of Trained Man." *The Winnipeg Tribune*, 21 January, 1942.

8   The Linked Parliamentary Data Project, University of Toronto, *January 21, 1942 (19th*

Parliament, 2nd Session), https://www.lipad.ca/full/permalink/1253457/，瀏覽日期：2021 年
10 月 7 日。

9   "138 Hong Kong Men Lacked Training, Troops Never Got Needed Vehicles." *The Globe and
    Mail*, 22 January, 1942.

10 Lyman P. Duff, *Report on the Canadian Expeditionary Force to the Crown Colony of Hong
    Kong* (Ottawa: King's Printer, 1942), p.11.

11 田村安興：〈日米開 前の御前会議と帷幄上奏に関する書誌的研究〉，《高知論叢》第
    107 号（2013 年 7 月 20 日），頁 42-48。

12 *Report on the Canadian Expeditionary Force to the Crown Colony of Hong Kong*, p.40.

13 Ibid, p.25.

14 Ibid, pp.25-26.

15 Ibid, pp.28-29.

16 Ibid, p.29.

17 Ibid, pp.30-31.

18 Ibid, p.35。註：1942 年 1 月 21 日，加拿大國防部長占士·羅士頓在加拿大國會下議
    院，就香港保衛戰戰敗作出回應時，指出為每個營提供一百五十六人的後備兵源，稱
    為「第一增援部隊」。

19 Ibid, p.36.

20 Ibid, p.25.

21 Ibid, p.28。另見 "Grenadiers' Leader Dies at Hong Kong." *The Winnipeg Tribune*, 1 May,
    1942。

22 "Grenadiers' Leader Dies at Hong Kong." *The Winnipeg Tribune*, 1 May, 1942.

23 *Report on the Canadian Expeditionary Force to the Crown Colony of Hong Kong*, p.50.

24 Ibid, p.50.

25 Ibid, p.51.

26 "Drew criticizes secret probe on Hong Kong." *The Winnipeg Tribune*, 6 June, 1942.

27 "Hanson may ask Hong Kong Debate." *The Winnipeg Tribune*, 8 June, 1942.

28 "Premier King agrees to House discussion." *The Winnipeg Tribune*, 9 June, 1942.

29 Ibid.

30 "Public right to know facts states Drew." *The Winnipeg Tribune*, 10 June, 1942.

31 Ibid.

32 Ibid.

33 "Critic of secret Hong Kong probe prosecuted." *The Winnipeg Tribune*, 24 June, 1942.

34 "Drew summons has Gestapo touch, says M.P." *The Winnipeg Tribune*, 26 June, 1942.

35 "Yukon M.P. urges facts on Hong Kong." *The Winnipeg Tribune*, 27 June, 1942.

36 "Government refuses to discuss Drew case." *The Winnipeg Tribune*, 30 June, 1942.

37 "Officers cited in Hong Kong probe retire." *The Winnipeg Tribune*, 2 July, 1942.

38 "The Hong Kong Report." *The Winnipeg Tribune*, 6 June, 1942.

39 "Action against Drew unjustified, says Souris M.P." *The Winnipeg Tribune*, 2 July, 1942.

40 "Speakers call for end dallying by Commons." *The Winnipeg Tribune*, 4 July, 1942.

41 "Going to trial, Drew cheered by veterans." *The Winnipeg Tribune*, 4 July, 1942.

42 "Crown withdraws charge against Lt.-Col. G. A. Drew." *The Winnipeg Tribune*, 10 July, 1942.

43 "New Drew letter sets stage for Hong Kong debate." *The Winnipeg Tribune*, 15 July, 1942.

44 "Several Cabinet ministers glad Drew case killed." *The Winnipeg Tribune*, 10 July, 1942.

45 "Drew wants facts brought to light." *The Winnipeg Tribune*, 11 July, 1942.

46 "King won't reveal Drew charges: censorship placed on details of Hong Kong probe." *The Winnipeg Tribune*, 16 July, 1942。另見 "McCullagh praises Drew for Hong Kong criticism." *The Winnipeg Tribune*, 31 July, 1942。

47 "King won't reveal Drew charges: censorship placed on details of Hong Kong probe." *The Winnipeg Tribune*, 16 July, 1942.

48 Ibid.

49 Ibid.

50 Ibid.

51 Ibid.

52 Ibid.

53 Ibid.

54 Ibid.

55 Ibid.

56 Ibid.

57 "Papers insist Hong Kong issue must be faced." *The Winnipeg Tribune*, 16 July, 1942.

58 "Drew says King denial 'Fraud upon people'." *The Winnipeg Tribune*, 16 July, 1942.

59 Ibid.

60 "Charges in Drew letter partly revealed." *The Winnipeg Tribune*, 17 July, 1942.

61 Ibid.

62 "Labor hits Drew 'suppression'." *The Winnipeg Tribune*, 18 July, 1942.

63 "Canada-wide press round-up on Drew Letter." *The Winnipeg Tribune*, 20 July, 1942.

64 Ibid.

65 Ibid.

66 Ibid.

67 Ibid.

68 "It will not down." *The Winnipeg Tribune*, 21 July, 1942.

69 "Your opinions." *The Winnipeg Tribune*, 21 July, 1942.

70 "Hong Kong debate comes to a boil." *The Winnipeg Tribune*, 27 July, 1942.

71 "Ralston defends his department." *The Winnipeg Tribune*, 28 July, 1942.

72 "Hong Kong debate comes to a boil." *The Winnipeg Tribune*, 27 July, 1942.

73 Ibid.

74 "Ralston defends his department." *The Winnipeg Tribune*, 28 July, 1942.

75 "Liberals solid in vote against Hong Kong critics." *The Winnipeg Tribune*, 29 July, 1942.

04

衛港加軍戰俘赴日關押

　　1942 年，對部分關押在香港的衛港加軍戰俘而言，是一個轉捩點。隨着日本的戰線擴大，國內的生產力亦隨之而擴大，勞動力成為一大難題。有見及此，1942 年 8 月，日本決定將部分敵國戰俘從佔領地區轉移到國內關押，並且強逼他們工作來增加生產。[1] 此外，根據 1942 年 11 月 27 日的日本內閣會議記錄〈華人勞務者內地移入ニ関スル件〉，日本為解決國內勞動力不足，以及建設「大東亞共榮圈」，決定亦從中國東北地區和朝解引入勞工。工作地點，包括礦區、碼頭裝卸區，以及在工場從事雜務工作。[2] 由此可見，自太平洋戰爭爆發後，日本已開始呈現勞動力嚴重匱乏的局面。

運送戰俘赴日計劃

　　日本將戰俘從佔領地轉移至日本本土關押，是經過周詳的部署。根據戰後橫濱軍事法庭審判的 *United States of America vs Rimpei Kato* 記錄，內容提及陸軍省要求時任交通和通訊的第八方面軍參謀長加藤顧平陸軍中將（1891－1974）將一萬五千名戰俘運送到日本。經估算後，加藤顧平曾向陸軍省匯報，根據運送每名戰俘所需要空間，整項行動非常艱鉅。然而，陸軍省堅持該等數量戰俘送往日本，以緩解國內人力資源短缺問題。

日本軍方繼而舉行會議，討論如何在航運短缺的情況下運送戰俘。最終，會議決定由軍務局軍事課長荒尾興功大佐（1902－1974）指令富田光夫少佐（Mitsuo Tomita，譯名）起草了一份名為〈運送電 557〉的電報。草稿提交給加藤顒平，經他批准後，下令發送到各佔領地政府機關，包括「香港占領地總督部」。

〈運送電 557〉明確指出因日本國內勞動力嚴重短缺，逼切需要利用戰俘來填補勞動力。陸軍省希望每艘返航的船隻至少運送一些戰俘，並且要求船運指揮部門編製月度估算報告。此外，為確保冬季前能運送多些戰俘，船隻應利用一切空間，包括甲板和船艙來運送，而登岸地點為「阪神」（神戶和大阪地區）和「京浜」（東京和橫濱地區）兩地區的口岸。[3]

各佔領地指揮官收到命令後，開始評估在特定日期和船隻運送戰俘。該項命令亦要求戰俘營將配備一支護送部隊，由指定數量的官兵組成。護送部隊指揮官的職責是監督戰俘，並處理他們的安全、食糧和藥品的問題。命令亦說明要發放的衣服類型、食物數量和毛毯數量。

有關戰俘運往日本的過程，*United States of America vs Rimpei Kato* 判案書內亦列出其細節：

（一）陸軍大臣將向戰區指揮官發出指令，將戰俘運往日本。

（二）戰區指揮官隨後會向海巡司令部下達命令，為運送戰俘的艦船分配和艙位分配細節作準備。

（三）海巡司令部按情況研究，繼而向戰區指揮官建議運送數量。

（四）戰區指揮官根據指引和實際情況，決定運送戰俘人數。

（五）海巡司令部根據戰區司令官決定，進行艦艇分配詳細研究和準備，並提交給戰區司令官批核。

（六）戰區司令官通知戰俘營準備戰俘運往日本，並在特定時間將戰俘送到碼頭。

（七）戰俘營指揮官負責選擇適合移送的戰俘。

（八）戰俘營指揮官隨後為戰俘預備食物、衣服、食水、藥品、醫療用品和其他必需品，並把所有補給品和戰俘一起送到碼頭。

（九）戰俘營指揮官派遣護送部隊護送戰俘，並為戰俘分發食物、食水、藥品等。

（十）因為海巡司令部只負責計算總體空間，護航指揮官將決定有多少戰俘進入每個船艙。

（十一）護航指揮官將按照陸軍大臣頒佈的規章制度，將食品、食水、藥品等在運往日本的途中分發給戰俘。不過，戰區指揮官可根據當時戰區的實際情況作調整。[4]

移送香港戰俘

自 1942 年 9 月，日軍開始運送行動。整合香港退伍軍人紀念協會（Hong Kong Veterans Commemorative Association）的統計，以及 Tony Banham 的 *The Sinking of the Lisbon Maru* 的記錄，1943 至

位於日本北九州市最北端的「門司港」是日本三大港口之一，最後兩批香港戰俘就在此港口登岸。圖為門司火車站通往門司碼頭的防禦工事，此圖攝於 2018 年。

1944 年間，共有七艘船隻運送香港戰俘前往日本本土，涉及四千多名戰俘。（見表一）

表二　運送香港戰俘前往日本本土船隻

船隻名稱	離開香港日期	抵達日本日期	抵達港口	備註
福建丸 *Fukuken Maru*	1942 年 9 月 4 日	1942 年 9 月 10 日	六連島	
Shi Maru	1942 年 9 月 4 日	不詳	不詳	
Lisbon Maru	1942 年 9 月 27 日			擊沉
「龍田丸」 *Tatsuta Maru*	1943 年 1 月 19 日	1943 年 1 月 22 日	長崎	
Manryu Maru	1943 年 8 月 15 日	1943 年 9 月 1 日	大阪	
SS Soong Cheong	1943 年 12 月 15 日	1944 年 1 月 4 日	門司	
Naura Maru	1944 年 4 月 29 日	1944 年 5 月 25 日	門司	

（資料來源：Hong Kong Veterans Commemorative Association, *C Force Reports and Stats - Hellships*, https://www.hkvca.ca/cforcedata/static_reports/hellships.php. 和 Tony Banham, *The Sinking of the Lisbon Maru: Britain's Forgotten Wartime Tragedy*〔Hong Kong: Hong Kong University Press, 2006〕, pp.31-33 和 Hong Kong War Diary, *Hong Kong War Diary - October 2021*, http://www.hongkongwardiary.com/，瀏覽日期：2021 年 10 月 5 日。）

1942 年 9 月，被安排移送日本的戰俘，主要是英國戰俘和衞港加軍戰俘。隸屬於溫尼伯榴彈營的當奴·尼爾遜（Donald Nelson, 1919－2008）談及如何被選中遣送往日的經歷：

　　日本的醫務人員，給戰俘量體溫，並且作一些簡單的身體檢察，例如咳嗽多聲，然後說你身體良好，說你可以走了。當時我的身體正受到「電足綜合症」困擾，幾乎不能走路，但日本醫務人員仍然把我送往日本。[5]

隸屬皇家加拿大來福槍營的羅拔·基頓上士（Sergeant Robert

Clayton, 1921－2015）乘坐「龍田丸」到達日本。他在 *The Valour and the Horror* 內，談及離開香港的苦況：

> 我們被帶到停泊在香港的船上，然後進入船艙。日本守衛盡量把我們擠在那裏。那裏是底層甲板，那就是戰俘被安置的地方。我們呆船艙多天，我不確定曾否躺下。戰俘只能在桶裏排泄，早上將桶子拉上去。然後你的食物被裝進桶子裏。
>
> 當船隻靠岸時，日本守衛容許我們走出船艙。當我們被困在船艙時，我們聞不到彼此的體味。但當我們走出船艙時，他們站在頂層甲板上，用手搗著鼻子。我看着他們時，心想：「好吧，算我們今天倒大霉。」[6]

另一名被送往日本的衛港加軍戰俘法蘭‧基斯甸臣（Frank Christensen, 1920－1996）有着同樣的經歷。1988 年 3 月 8 日，他發表一篇題為〈我的故事〉（"My Story"）的文章，記述了當時與同袍被押到「龍田丸」，該艘船隻沒有任何標記顯示該船是運載戰俘。戰俘魚貫地進入貨艙後，一直被關在那裏。貨艙內沒有足夠的空間讓每個人同時躺下，所以有些人背靠牆坐着。他們只有幾個桶作為廁所，而且只有邋遢的米飯吃。陽光是從頂部的一個方孔射進來的，滿滿的廁所桶通過這個方孔上升，而糊狀的大米桶則通過這個孔下降。在航行四天裏，法蘭‧基斯甸臣只准許在甲板上逗留大約五分鐘。[7]

經過多天的航程，「龍田丸」在長崎泊岸，戰俘隨即登上前往橫濱的火車，被送到位於川崎地區的「東京戰俘營 3-D」。與法蘭‧基斯甸臣一起的，約有五百名衛港加軍戰俘，當中包括隸屬皇家加拿大陸軍醫療團的約翰‧列特上校（Captain John Reid, 1913－1979）。

「龍田丸」是日本航業公司「日本郵船」旗下的客貨郵輪,以奈良縣生駒郡
三鄉町龍田大社命名。1943 年初,曾被徵用運送香港戰俘前往日本。

　　衛港加軍戰俘抵達日本後,主要被送往八個不同地區的戰俘
營,包括位於日本本州東北部的新潟、釜石,以及九州的田川郡等
地區。(見表二)

表三　衛港加軍戰俘被囚的戰俘營

戰俘營		現在地	座標
福岡戰俘營 5-B	Fukuoka #5-B	福岡縣田川郡川崎町	33° 35'6152" N 130° 50'1683" E
名古屋戰俘營 2-B	Nagoya #2-B	愛知縣名古屋市綠區鳴海町	35° 04'1127" N 136° 58'4257" E
大阪戰俘營 3-B	Osaka #3-B	京都府与謝郡宮津村	35° 32'9245" N 135° 09'3933" E
大阪戰俘營 4-D (原稱大阪戰俘營 8-B)	Osaka #4-D	大阪府大阪市福島區	34° 41'7232" N 135° 27'7908" E
仙台戰俘營 1-B	Sendai #1-B	福島縣いわき市常磐水野谷町	37° 00'1990" N 140° 52'0517" E

仙台戰俘營 2-B	Sendai #2-B	福島縣いわき市 好間町	37° 03'8672" N 140° 50'8697" E
仙台戰俘營 4-B	Sendai #4-B	岩手縣釜石市甲子町 (factory: 日本製 鋼釜石製鋼所)	39° 17'2355" N 141° 42'8553" E
東京戰俘營 3-D	Tokyo #3-D	神奈川縣橫濱市 鶴見區末広町	35° 29'5770" N 139° 41'3878" E
東京戰俘營 5-B	Tokyo #5-B	新潟縣新潟市東區 小金町	37° 56'2187" N 139° 05'3862" E
東京戰俘營 10-D	Tokyo #10-D	神奈川縣橫濱浜市 鶴見區	35° 29'5770" N 139° 41'3878" E
東京戰俘營 15-B	Tokyo #15-B	新潟縣新潟市東區 桃山町	37° 56'5960" N 139° 04'6250" E

（資料來源：West-Point.Org, *Chart of POW Camps and Related Sites in Japan*, https://www.west-point.org/family/japanese-pow/POWSites-Japan，瀏覽日期：2021 年 9 月 6 日。）

　　移送到日本的衛港加軍戰俘，與其他盟國戰俘一起關押。以位於新潟的「東京戰俘營 5-B」為例，六百九十二名被囚戰俘，包括來自加拿大、美國、荷蘭（The Netherlands）、英國、澳洲，以及挪威（Norway）。[8]

　　在 1943 年 1 月 19 日至 1944 年 4 月 29 日之間，共有一千一百八十四衛港加軍戰俘被移送日本。[9] 在戰俘營內遭受身體和精神的雙重折磨，部分客死異鄉，包括死於飢餓、未經治療的疾病或工業意外等等。

日本本土戰俘營管理

　　太平洋戰爭爆發，日軍在香港和東南亞地區的侵略勢如破竹，俘虜了大量盟軍戰俘。為了處理這些戰俘，日本根據《陸戰法規和慣例國際公約》（*Convention respecting the Laws and Customs of War on Land*），於 1941 年設立「俘虜情報局」。次年 3 月，在陸軍省軍務局內，設立「俘虜管理部」來協調各方面的工作。

原則上，盟軍戰俘將於被俘地區原地關押。因此，衛港加軍戰俘原關押於香港的戰俘營。1942 年初，日本本土只有一個戰俘營，負責關押在關島戰役被俘的美國戰俘。隨着日本的勞動力不足情況日趨嚴重，1942 年 5 月，日本決定將部分戰俘轉移到滿洲、朝鮮和日本本土關押。1942 年末至 1943 件初，分別在函館、東京、大阪和福岡地區設立「戰俘營本所」，並在各營其下設立了「分所」，以及「分遣所」。「分所」作為分支機關，以便利遠離「戰俘營本所」工作所需，而「分遣所」則是一個更小型的分支機關。1943 至 1944 年期間，為了減輕日軍的人力負擔，遂成立「派遣人員分部」。隨着戰況惡化，日本開始籌備在本土列島上與盟軍作最後決戰，為了加強軍隊的統治，「分所」再重組人手編制。

1945 年 4 月，因應戰事發展，日本政府分別在仙台、名古屋、廣島設立「戰俘營本所」。此舉令戰俘營本所數目增至七個。此外，因應向盟軍向日本本土步步逼進，京濱和阪神等戰俘營亦陸續遷至內陸地區或日本海沿岸地區。個別企業在勞工短缺的情形下，相繼提引入戰俘作替補。為確保管理有效運作，日本政府根據日俄戰爭時制定的《俘虜處理規則》和《俘虜處理細則》等規章進行修改。同時，還先後制定了《俘虜工資規則》、《俘虜派遣規則》，以及《俘虜勞務規則》等規章。

縱使日本軍方訂立很多規則來管理日本本土的戰俘營，但是營內的實際運作和狀況卻有着天壤之別。這些戰俘被逼冒着惡劣的條件，從事奴役工作。此外，戰俘亦要面對嚴苛的生存與工作條件，以及食物和藥物不足的因素，令戰俘的存活率大幅降低。

One Part of Nagasaki Harbour 　　長崎港ノ一部

「龍田丸」停靠的日本長崎港，戰前已是日本對外貿易的主要港口。

戰俘替補奴役工作

　　自日本侵華，日本兵力分散於中國戰場。太平洋戰爭爆發後，日本兵力更擴散至遠東和太平洋戰區。為確保資源貧乏下，達到「以戰養戰」的戰時模式，日本除利用統制經濟政策來配合國家需要。隨着時局的緊張化，從國內抽取大量勞動力參軍，勞動力短缺日益嚴重。為解決勞動力下降的缺口，日本政府要求婦女和學生承擔所謂的「槍後保護」（銃後の守り），擔當勞動和防空等責任。日本政府內閣會議上，先後批准《緊急國民勞動動員措施大綱》和《緊急學生勞動動員措施大綱》，將女性和學生投入生產線，以及從佔領區輸入勞工作為填補方法。此外，成年男子被徵召入伍，

　　以福岡縣筑豐地區的煤礦為例，1937年，整體勞動力，主要是日本人，而從佔領區輸入的勞工，只有朝鮮人。他們缺乏訓練和

工作經驗，煤生產量沒有提高。為了提升產量，日本於 1943 年 3 月，開始從中國和朝鮮強制引入勞工，以及從國外佔領地輸入盟軍戰俘。[10] 1945 年，整體勞動力上升了十七萬四千多人，但勞動力組合，除日本人和朝鮮人外，包括來自中國的勞工，以及從佔領區運來的盟軍戰俘。（見表二）

表四　福岡縣筑豐地區煤礦勞動人口（人）

	1937	1941	1945
一般	216,493	288,846	232,555
短期			21,336
朝鮮	6,203	44,097	124,025
中國			9,077
俘虜			9,719
合計	222,696	322,953	396,712

（資料來源：木下悦二：《日本の石炭鉱業》〔東京：日本評論新社，1957〕，頁 65。）

　　勞動力短缺亦驅使不少企業透過《俘虜派遣許可申請》來增添人手。根據《岩手市史》，磐城炭礦株式會社於 1938 年，開始開採小名浜煤礦。次年，磐城炭礦株式會社和入山採炭株式會社開始引入朝鮮勞工。1943 年 4 月，磐城炭礦株式會社在鹿島礦建立戰俘營。1944 年 3 月，磐城炭礦株式會社和入山採炭株式會社根據《石炭礦業統制要綱》合併成為常磐炭礦株式會社。

　　常磐炭礦株式會社於 1944 年 4 月 1 日決定透過《俘虜派遣許可申請》，向陸軍大臣申請引入二百五十名戰俘參與採礦。翌年 2 月 14 日，再向陸軍部長請求，再引入二百名戰俘。關押於「仙台戰俘營 1-B」的戰俘，被強逼到常磐炭礦株式會社的煤礦工作。[11]

　　「仙台戰俘營 1-B」的生活條件非常惡劣，建有可容納五百四十人的營房，並架設十尺高的圍欄，以防止戰俘逃跑和杜絕他們與外界接觸。戰俘營由十五名警衛看守，食物和日用品由軍方支付。戰俘的工作時間是分班制，每天工作十小時，每工作兩小時，可獲休息十分鐘。此外，飯後有三十分鐘休息。[12]

另一個為煤礦而建立的是「仙台戰俘營 2-B」，於 1944 年 3 月 30 日建立，1944 年 5 月中旬，二百二十名戰俘從香港送到當地，當中包括四十七名衛港加軍戰俘。根據戰後駐日盟軍總司令部（General Headquarters）的《第 50 號調查報告》，[13] 戰俘在「仙台戰俘營 2-B」關押期間，被安排前往古河礦業的好間煤礦從事隧道煤礦挖掘、擴建、運輸工作和礦井外的雜務等奴役工作。煤礦的工作環境惡劣，戰俘的安全以及健康都受到各種各樣的威脅，當中煤礦最深處，氣溫高達攝氏五十度，每天在礦井內工作十小時，是非常艱苦的奴役。

原隸屬皇家海軍造船廠警隊（Royal Naval Dockyard Police）的威廉‧麥格夫警長（Sergeant William James McGrath）在香港淪陷後，先被囚於香港的戰俘營。後與部分衛港加軍戰俘一同送往日本，關押於「仙台戰俘營 2-B」。戰後在橫濱國際軍事法庭審判出任控方證人。他在審訊期間，提及戰俘營內的苦況：

作為一名被關押在「仙台戰俘營 2-B」的戰俘，我被逼在煤礦工作，但我不記得這個礦井的名字。我從未有採礦經驗，也從未在礦井內工作。我認為這項工作對於沒有經驗的人來說是非常危險的。而且環境非常差劣，沒有任何安全措施。煤塵到處飛揚，亦沒有通風系統。缺乏經驗的人使用炸藥，持續危及礦井內工作的人。我們每天都被告知煤炭卡車運送出來的數量，不論工時長短，都被逼留在礦井內，直到生產量達標。患有痢疾時，有幾次醫務人員來觀察我的病況，但是日本的醫務人員卻命令我繼續下礦井工作。1945 年初在礦井工作時，被一些在陡峭的斜坡上折斷的卡車撞到下腹，把我壓在隧道的一側，一段時間內無法繼續工作，但被拒絕離開礦井接受治療。[14]

「仙台戰俘營2-B」內發生的事情，並非單一事件。在其他礦場，工業事故亦同樣發生，個別戰俘亦因而客死異鄉。位於岩手縣釜石市的「仙台戰俘營4-B」，成立於1942年11月30日，最初名為「函館戰俘營2-B」。1943年4月1日，遷至岩手縣釜石市甲子町。1944年4月20日，改由東京戰俘營管轄，並改名為「東京戰俘營6-B」。1945年4月14日，移交給仙台戰俘營管轄，更改名稱為「仙台戰俘營4-B」。被關押的戰俘來自不同國家，包括加拿大、荷蘭、英國、美國和澳洲。[15] 戰俘被強逼在「日本製鐵株式會社釜石礦業所」的鐵礦參與勞動工作。

任教於荷屬東印度（The Dutch East Indies）萬隆市基督教中學（Christian High School）的化學老師維姆・連特艾耶（Wim Lindeijer, ？－1981）在荷屬東印度戰役時擔任醫療人員，後被日軍俘虜，他在戰俘營內以寫給妻子和孩子的家書形式，秘密地寫下戰時日記。1944年5月，他被調到「仙台戰俘營4-B」的工場工作，他記下「仙台戰俘營4-B」曾發生了一起嚴重的礦難，導致五十多人死亡。[16]

位處新潟的「東京戰俘營5-B」

衛港加軍戰俘被關押在日本本土戰俘營，每天都在生命受威脅下過活。眾多戰俘營中，位於新潟的「東京戰俘營5-B」的記錄相對豐富，能容易呈現出戰俘面對的困境。

新潟地處日本本州，日本海沿岸地區的中部，距離東京約三百三十多公里。新潟屬於日本海側氣候，雪窖冰天的冬季濕度高，在夏季則容易發生焚風現象。惡劣天氣令戰俘的生活苦不堪言，尤其是冬天在戶外工作，活動更覺困難。

「東京戰俘營 5-B」營地大約有七千一百平方呎。夜間只有兩名守衛看守戰俘營，一名守衛負責在營地入口站崗，另一名則負責會監視營地周邊情況。「東京戰俘營 5-B」由「日本通運株式會社」、「新潟海陸運送株式會社」，以及「新潟鉄工株式會社」三間公司於1943 年 9 月根據陸軍大臣建議的「俘虜勞務計劃願」，以「三社共同」的形式成立。建立初期，首批戰俘，包括從菲律賓運往的美國戰俘、在香港戰役被俘的英國和加拿大戰俘，以及來自荷屬東印度的荷蘭海軍。

關押期間，戰俘曾被轉移到不同地方拘禁。首個營房是「新潟海陸運送株式會社」員工宿舍，營房內只有一個水龍頭和沒有暖氣設備，幾間寮屋供戰俘共用，每名戰俘只有兩呎八吋乘五呎八吋的睡眠空間。1943 年 12 月上旬，再有三百五十名戰俘從菲律賓送往該戰俘營，令營房環境變得擠逼，疾病傳播風險大增。聖誕節期間，戰俘被遷往靠近港口的新設施。然而，當戰俘抵達時，這些建築仍未竣工，包括窗戶仍是以木板封閉，個別營房的屋頂仍在施工階段。[17]

新潟的惡劣氣候，亦令戰俘面對嚴峻的生存威脅。該處海岸附近的冬季風暴，以其猛烈的大風而聞名，根據《新潟縣警察史》，1944年 1 月 1 日，曾記錄該地區風速達十八米的強風吹襲，戰俘營內一座簡陋的建築物因此倒塌，導致八名戰俘死亡，三十六名戰俘受傷。[18]戰俘營守衛俵山龍民憶起雙層房倒塌時，至少有二十七名戰俘死亡，他亦表示至少有十名戰俘死於營養不良或其他原因而死亡，屍體送往墨田區火葬場火化。不久之後，大批戰俘被被送往「新潟鉄工株式會社」的員工宿舍居住，並且安排為巡邏艇製造發動機部件。

奴役勞工

戰俘的奴役工作繁重困難，每天受守衛和工地管理人員擺佈。早上點名後，戰俘被帶到各個工地工作。工地由廠方員工負責看守，而戰俘往往被安排從事骯髒和危險工作。戰俘每個月可以休息兩天。大多數人利用該時間洗滌衣物。[19]

在 *United States of America vs Tsunee Abe* 一案中，提供了一些關於煤場的細節：

> 阿部常衛是戰俘營軍伕，那裏有六百多名戰俘，有美國人、英國人和加拿大人。大約一百七十五名戰俘在附近的煤場

位於新潟的「東京戰俘營 5-B」原址，現已重建成為家居用品店，此圖攝於 2019 年。

工作，負責在船舶、駁船、鐵路和棧橋煤車上裝卸煤炭和其他物資。[20]

而在 *United States of America vs Chogo Hashimoto* 的判案書內，記錄了「リンコーコーポレーション」（Rinko Coal Company）的管理情況：

> 橋本長藏於 1933 年 12 月首次前往煤場工作。1943 年 9月，他成為一名文職守衛，並以這種身份工作了大約十一個月。他擔任文職警衛隊長的助手時，負責公司與工作隊的聯絡工作。大約每隔一天，他就會和其他守衛一起去戰俘營裏帶戰俘到煤場。每天大約有一百五十名或一百六十名戰俘在煤場工作。文職守衛戴著臂章，拿着大約三呎長、一吋半直徑的棍棒。橋本長藏是聽不懂英語的。[21]

被安排在「日本通運株式會社」港口工作的戰俘，多從事從船上卸貨的工作。卸下的東西，包括五百至一千公斤的炸彈，或是超過五十五公斤的袋裝大豆等物品。由於食物經此港口裝卸，戰俘藉此機會偷取一些蔬菜或大米來充飢。至於被安排在「新潟海陸運送株式會社」倉庫工作的戰俘，則負責卸下裝滿煤炭、廢鐵、食品和機械的運輸工具，然後推向倉庫。這些工作相當危險，個別戰俘曾從離地面二十呎的高台上掉下來而受傷，甚至喪命。「日本通運株式會社」員工皆川勇記得有五十到一百名戰俘被派往中央碼頭工作。如果戰俘行動太慢，他們就會被毆打。[22]

新潟鉄工株式會工作的戰俘，每名警衛拿着「竹刀」負責管理一組約十到二十名戰俘。工作時間方面，日常工作約九個小時，加上午餐時間和往返營地的時間，一個工作日實際上接近十一個小時。[23]

守衛的惡行

戰後橫濱國際軍事法庭的多宗審判，亦揭露「東京戰俘營 5-B」內各層級守衛的惡行。「東京戰俘營 5-B」指揮官的管治文化，直接影響戰俘的日常生活。首任指揮官吉田正人大尉以非常軍事化來管治戰俘營，他讓守衛來處理戰俘問題。由於他能說一些英語，因此對戰俘非常嚴苛，戰俘營的傷亡率亦是全日本最高。他的惡行包括沒有為戰俘提供足夠的衣服、營房和食物。他亦曾扣押戰俘的紅十字會包裹，在黑市上出售。

表五：「東京戰俘營 5-B」指揮官

指揮官	任期
吉田正人	1943 年 8 月 10 日至 1944 年 4 月 1 日
根本藤雄	1944 年 4 月 1 日至 1944 年 7 月 15 日
竹內	1944 年 7 月 15 日至 1944 年 8 月 28 日
加藤哲太郎	1944 年 8 月 28 日至 1945 年 8 月 20 日
江守秀敏	1945 年 8 月 20 日至 1945 年 9 月 20 日

（資料來源：木村昭雄：〈東京第 5 分所（新潟海陸運送・日本通運）・東京第 15 分所［新潟鉄工］〉，（未刊稿，POW 研究会），頁 2-3。）

按照規定，碼頭工人每天大約可以得到七百克的食物，工廠工人每天大約可以得到六百克左右的食物。但是戰俘實際所得的，遠低於該等數量。為了存活，戰俘營內存在着食物交易，個別戰俘更挺而走險在營內外偷竊食物。偷竊食物的戰俘，當被抓獲時，往往受到嚴厲懲罰。吉田正人大尉管轄「東京戰俘營 5-B」期間，兩名戰俘因偷竊紅十字會包裹而被抓獲，他命令守衛毆打兩名戰俘，並且在沒有禦寒衣物穿着下，鎖在警衛室外面。因事件發生在冬天，最終導致兩人死亡。

吉田正人大尉的接班人根本藤雄中尉，曾努力改善戰俘的生活條件，包括重建冬季風暴中倒塌的建築物，並且增設洗浴設施、加熱器、廚房，以及更大的病房。根本藤雄中尉亦允許戰俘每週休息一天，以及增加食糧配給。然而，根本藤雄中尉是一名酗酒者，沒有嚴格控制守衛操守，以致營地內發生了許多毆打戰俘事件。

擔任「東京戰俘營 5-B」指揮官最長時間的是加藤哲太郎中尉，其管治手段令守衛和戰俘都感到恐懼和憎恨。加藤哲太郎中尉經常用武士刀威脅戰俘，亦常常毆打守衛和戰俘。在「上樑不正不樑歪」的影響下，守衛更肆無忌憚，開始模仿加藤哲太郎中尉的行為，以同樣方式威脅戰俘。

關押初期，戰俘曾獲准在營地操場組建爵士樂隊，但在某一個星期天，當爵士樂隊正在演奏時，加藤哲太郎中尉剛好回到營地。根據指引，當指揮官返回營地時，戰俘必須向他鞠躬。由於表演者以及戰俘並未察覺到他返回營地，加藤哲太郎中尉感到被輕視而勃然大怒，並且毆打戰俘。自此，加藤哲太郎中尉在戰俘和守衛中的聲望開始受到影響，樂隊活動亦至此告終。[24]

一名在「東京戰俘營 5-B」當守衛的渡辺外四男憶述加藤哲太郎對他說的第一句話是「不要與戰俘為友」，他曾目睹夏季期間加藤哲太郎中尉懲罰一名戰俘在烈日下立正，戰俘因此中暑而暈倒，加藤哲太郎的反應是提起一桶水，倒在戰俘身上，命令他重新站起來。[25]

隸屬皇家加拿大來福槍營的米歇爾‧卡倫（Michel Caron, 1921－?）在軍事法庭上出庭作證，親述加藤哲太郎中尉對他施予暴力：

大約在 1944 年 9 月，營地更換指揮官時，我在閱兵式上遇上了他。當時我的腿長了癬子，伸手拍打蒼蠅。他把我從隊伍中抽出來，用他的佩刀打我和腳踢我。我被毆打了大約二十到二十五分鐘，包括被猛擊臉、頭、背部、肋骨和腿。被打了一頓後，他到列隊前，用英語說：「我剛剛打過的這個人，我可以當場用佩刀殺死他。」[26]

　　營地指揮官的鐵腕手法，令下級官兵仿照行事。羅拔・曼徹斯特上士（Sergeant Robert Manchester, 1915－1997）作供時，指出：「當戰俘從工地回到戰俘營時， 田金益准尉會命令他們做半小時的閱兵式操演。他用日語下達命令，如果有人在操演中犯錯，他會用竹劍擊打戰俘的頭部。」[27]

　　1943 年 11 月，戰俘約翰・茲爾中士（Corporal John Gee, 1921－1944）患有營養不良和痢疾，臥牀不起。佐藤勝易軍伕和高橋猛男衛生兵長用腳踢約翰・茲爾，並且拍打和跳到他的肚子上，導致約翰・茲爾傷重死亡。[28] 1943 年 12 月下旬或 1944 年 1 月，戰俘阿爾拔・保定（Albert Boulding, 1915－1944）因腹瀉和其他疾病而臥牀不起，佐藤勝易軍伕強逼阿爾拔・保定參與勞動工作。阿爾拔・保定在點名時摔倒，及後被兩名日本守衛毆打不久後離世。[29]

　　1943 年 9 月至 1944 年 7 月 26 日期間，「リンコーコーポレーション」工頭橋本長藏在煤場工作時，隸屬軍事參謀文書團（Corps of Military Staff Clerks）的域陀・梅耶特（Victor Myatt, 1900－1962）在運載煤在跑道上昏倒，被橋本長藏出拳毆打而暈倒。橋本長藏往他身上潑水使他甦醒，然後繼續毆打他，以及踢他的肋骨，然後他用硬木棍打他的臉。這最後一擊導致他昏迷了至少半個小時，後由同袍協助返回戰俘營。[30]

HOPES JAP WHO KILLED SON STILL TO GET FAIR TRIAL

Sergt. David Sword   Pte. Jack Sneddin   Rfmn. James Mortimer

"The day my son was killed he was forced to walk five miles, barefoot, through three feet of snow. He was murdered. He and the other boys were treated like snakes. But I hope there's a fair trial. I hope justice is done." Thus, in slow, measured tones, did Mrs. D. F. Sword of Gillespie Ave. comment on word from Washington that the commander of a Japanese war prisoners' camp, Masato Yoshida, was to be placed on trial. Her son, Staff Sergt. D. L. Sword, was among 10 Ontario men named as victims of Yoshida.

The others were: Rfn. Gerald Sneddin, Dovercourt Rd., Toronto; Rfn. James G. Court, West Hill; Cpl. John L. Campbell, Elmville; Rfn. Harold A. Smith, St. Catharines; Rfn. Harold Gibbons, Owen Sound; Rfn. William H. Gagne, Brighton; Sgt. Roland D'Amours, Ottawa; Pte. Thomas Jarvie, Keewatin; and Sgt. Ernest R. J. Neal, Fort Frances.

The Jap commander's treatment, the charge sheet reads, resulted in the death of Sword, Gibbons and Sneddin.

The 36-year-old former school-teacher, Yoshida, is said by U.S. Army headquarters to be "the most brutal of all the prisoners of war commanders that the Canadians came in contact with in Japan." Out of 276 Canadians, 69 deaths occurred among them during his five months in office and a number died shortly after he left.

Trial at Yokohama

His trial, according to the Washington announcement, is to be held in the Yokohama courthouse with Capt. John D. C. Boland of Ottawa as chief prosecutor.

There is one specific charge against Yoshida, that he violated "the laws and customs of war." That charge is broken down into 14 alleged instances of bestiality, cruelty, murder and theft.

"The trial," said Mrs. Sword, "won't bring my boy back. But I'm glad to see justice stepping in."

Her son volunteered to go to Hong Kong while he was attached to headquarters staff at Camp Borden. He went to the Pacific in charge of mechanical work shops. Captured at the fall of Hong Kong, he was sent to Camp 5B, Niigata, Honsu.

"On Dec. 4, 1943," reads the charge sheet against Yoshida, "the accused did unlawfully compel Canadian prisoners of war to be quartered in a hut manifestly unsafe for human habitation." The hut collapsed. The Torontonian and seven companions were killed.

In the case of Rfn. Sneddin, it is charged that "on or about Feb. 1, 1944, the unlawful mistreatment and abuse by one Hashimoto by beating him contributed to his death."

Beating Killed Albertan

Being forced to tramp in bare feet to and from the camp and the Rinko coal docks for four months in the winter of 1943 "contributed to the death" of Rfn. Gibbons, it is charged.

"The worst example of brutal treatment," stated the U.S. army

MASATO YOSHIDA

announcement, "is that of James Mortimer." A rifleman from Alberta, Mortimer "was placed on short rations, tied up and left outside in freezing weather in scant clothing where guards were permitted to beat and kick him, causing him to be hospitalized." That was in November, 1943. Two months later, according to the charge against Yoshida, the commander had Mortimer tied to a gate post and "personally" beat and kicked him, causing his death a month later.

Other charges against Yoshida include: Withholding and failing to provide prisoners with adequate shelter and medical treatment; compelling sick and physically unfit prisoners to perform hard work; theft of Red Cross supplies directed to the prisoners, numerous beatings and mistreatments that resulted in the deaths of prisoners.

Yoshida, according to U.S. Army records, volunteered for military service in 1930 and was released the following year. He was drafted in 1937. He fought in China. After leaving the Niigata camp, he was promoted to captain.

《多倫多星報》報導「東京戰俘營 5-B」指揮官吉田正人大尉作為戰犯被起訴，控罪包括縱容部下虐待戰俘，導致他們傷亡。

隸屬皇家加拿大通訊團的勞倫·達莫斯（Roland De Louviere D'Amours, 1911－1994）在「新潟鉄工株式會社」工場當鍋爐工。戰後接受《渥太華日誌》（*Ottawa Journal*）訪問時，憶述關押在新潟的慘痛遭遇：

> 在那兩年裏，我被毆打二十五次以上。有一次，我被警衛揪着頭髮拖行一百英呎。亦遭受肋骨骨折，內出血和顴骨粉碎。奇怪的是，你必須注意的是平民警衛，而不是戰俘營警衛。有一次，一名加拿大同袍因試圖逃跑而被毆打致死，戰俘營指揮官完全同意警衛行為。[31]

形同「死亡室」的病房

當戰俘被營地醫生判斷為病重或受傷無法工作者，多被允許留在病房。戰俘稱病房為「死亡室」，主要是營內缺乏藥物，而配給到「死亡室」的食糧，更會被削減一半。在那個時候，工作效率是根據工作戰俘的總百分比來判斷的，為了提高他們的效率等級，即使他們患有疾病或受傷，日軍仍強逼戰俘參與奴役工作。營地指揮官吉田正人中尉曾經告訴在馬來亞戰役被俘的皇家陸軍醫療團軍官威廉·史釗活少校（Major William Stewart），戰俘在這裏只有工作或者死亡。[32]

營內環境惡劣，處處面臨着傳染病爆發的風險。被派到醫療間工作的堅尼夫·甘邦（Kenneth Cambon, 1923－2007）憶述：

> 1944年冬季，皇家陸軍醫療團史超活少校利用顯微鏡來檢查戰俘的糞便標本，發現六十宗阿米巴痢疾（amoebic

dysentery）病例。上報戰俘營指揮官後，指揮官下令對營地進行大約兩個月的隔離，在此期間，戰俘暫停工作，得到了急需的休息，他們的健康和士氣亦有所改善，營地內腹瀉和腸胃炎的發病率亦大大減少。[33]

位處新潟的「東京戰俘營 5-B」，生存與工作條件甚差，戰俘在嚴寒的氣候下，在不同工地當苦工。各等級日本官兵藉口維持紀律，以逞一時虐待之快，虐打逼害戰俘，使他們身心受創，甚至客死異鄉。

戰後的橫濱軍事法庭所進行的軍法審判，個別衛港加軍戰俘出庭作證，他們所作的證供有助法庭裁定「東京戰俘營 5-B」管理人員及工地上人員的暴行，大部分被告亦因作惡多端而下獄。（見附錄一）

註釋

1   The United States Strategic Bombing Survey, *The Japanese Wartime Standard of Living and Utilization of Manpower* (Washington, DC: Manpower, Food and Civilian Supplies Division, 1947), pp.63-67, 130.

2   田中宏、內海愛子、石飛仁合編：《資料・中國人強制連行》（東京：明石書店，1987），頁 525－526。

3   *United States of America vs Rimpei Kato*, 〔1949〕Military Commission of the U.S. 8th Army 361.

4   Ibid.

5   "Oral History interview of Nelson, Donald", 7 May 1996. Interviewer: Chow Ka Kin Kelvin, File Name: NDN. Hong Kong Museum of History Collection.

6   Merrily Weisbord and Merilyn Simonds Mohr, *The Valour and the Horror* (Totonto: HarperCollins Publishers Ltd., 1991), p.48.

7   Hong Kong Veterans Commemorative Association, *Frank Christensen*, http://www.hkvca.ca/

historical/accounts/christensen.php，瀏覽日期：2021 年 7 月 26 日。

8　新潟県編：《新潟県史：通史編 9 近世 4》（新潟：新潟県，1981），頁 13。

9　Charles G. Roland, *Long Night's Journey into Day: Prisoners of War in Hong Kong and Japan, 1941-1945* (Waterloo: Wilfrid Laurier University Press, 2001), pp. 209-215.

10　高橋伸一、若林良和：〈炭鉱働者の移動鉱と旧炭地の社会 動〉，《社会学研究所紀要》，1990 年 11 期（1990 年 3 月），頁 48。

11　東部石炭懇話会，《磐城炭鉱入山採炭の合併に関する資料》，https://www.jyoban-coalfield.com/public/magazine/magazine2/，瀏覽日期：2022 年 5 月 20 日。

12　同上。

13　駐日盟軍總司令是太平洋戰爭結束後，美國在日本東京都建立盟軍最高司令官總司令部。

14　Australian War Memorial, *War Crimes and Trials. Affidavits and sworn statements. William James McGrath* (Series: AWM54 - 1010/4/100).

15　Toru Fukubayashi, translated by Yuka Ibuki "POW Camps in Japan Proper" (unpublished research paper, Hong Kong Veterans Commemorative Association).

16　Free Library, *Forgiveness out of suffering: the last words of Wim Lindeijer's mother led him to seek reconciliation with the Japanese. He tells his story to Michael Henderson*, https://www.thefreelibrary.com/Forgiveness+out+of+suffering%3a+the+last+words+of+Wim+Lindeijer%27s...-a098468574，瀏覽日期：2022 年 6 月 12 日。

17　「架け橋、いまだ か」編集委員会：《架け橋、いまだ か：新潟市を中心とする捕虜容所の軌跡》（新潟：「架け橋、いまだ か」編集委員会，1999），頁 44。

18　木村昭雄：〈東京第 5 分所（新潟海陸運送・日本通運）・東京第 15 分所（新潟鉄工）〉，（未刊稿，POW 研究会），頁 2。

19　同上，頁 43。

20　*United States of America vs Tsunee Abe*,〔1948〕Military Commission of the U.S. 8th Army 334.

21　*United States of America vs Chogo Hashimoto*,〔1948〕Military Commission of the U.S. 8th Army 139.

22　《架け橋、いまだ か：新潟市を中心とする捕虜収容所の軌跡》，頁 44。

23　同上，頁 43。

24　同上，頁 28。

25　同上，頁 39。

26　*United States of America vs Tetsutaro Kato*.

27　*United States of America vs Kanemasu Uchida*,〔1949〕Military Commission of the U.S. 8th Army 117.

28 *United States of America vs Katsuyasu Sato*, 〔1948〕 Military Commission of the U.S. 8th Army 069.

29 Ibid.

30 *United States of America vs Chogo Hashimoto*.

31 "Roland D'Amour Describes Hardship in Jap POW Camps." *Ottawa Journal*, 28 March, 1946.

32 Kenneth Cambon, *Guest of Hirohito* (Vancouver: PW Press, c1990), p.68.

33 *United States of America vs Tetsutaro Kato*.

05

衛港加軍戰俘
在日本戰俘營的生活

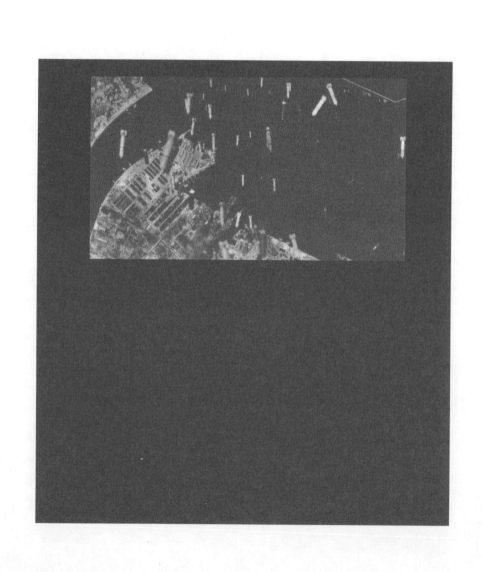

日本本土戰俘營管理嚴苛，營房和工作條件差、醫藥不足且水土不服，以及被強逼參與奴役，衛港加軍戰俘掙扎求存下吃盡苦頭，每天徘徊於疾病與死亡之間。他們在戰俘營飽受折磨，戰後多宗涉及該戰俘營的軍事審訊，印證了戰俘受到不人道待遇。

雖然日本軍人或工地管理層來出任戰俘營管理，但是個別戰俘營指揮官，卻採用「以洋治洋」的方法，將某些管理權力下放給戰俘群內的軍官或士官長，透過他們的軍隊體制內的服從性來督導其他戰俘。這種安排，衍生出不公和腐敗，令戰俘的生活更為艱難。

死亡戰俘營

第一次世界大戰後，有感於戰爭期間戰俘保護的規則仍有疏漏，於是多個國家 1929 年 7 月 27 日簽訂的《日內瓦公約》，即《關於戰俘待遇的公約》，成為一個有關戰俘得到人道對待的公約。紅十字國際委員會在二戰期間工作，亦依據 1929 修訂的《日內瓦公約》的內容，肩負起探視並監督戰俘營、組織對平民的救助、管理有關被關押者和失蹤人員的訊息交換。

《日內瓦公約》第二篇第三章，有關「戰俘營」的規定：

第三章　　　營內的衛生

第十三條　　各交戰國應負責採取保證戰俘營清潔、衛生及
　　　　　　防止傳染病所必要的一切衛生措施。

　　　　　　戰俘應有，不論晝夜，可以使用之合於衛生規
　　　　　　則並經常保持清潔的設備。

　　　　　　此外，除各營應在可能範圍設置浴盆和淋浴
　　　　　　外，應供給俘虜以足夠之用水，俾便保持他們
　　　　　　體膚的清潔。

　　　　　　他們應有做健身活動和戶外停留的機會。

第十四條　　每一戰俘營應設有一醫療所，俾戰俘可獲得所
　　　　　　需的一切性質的照顧。必要時對於患有傳染病
　　　　　　者應另設隔離病房。

　　　　　　醫療費用，包括臨時鑲配裝置費用在內，應由
　　　　　　拘留國負擔。

　　　　　　交戰國一經請求，應對已受治療的戰俘發給正
　　　　　　式證書，說明其疾病的性質和時期以及所受到
　　　　　　的治療。

　　　　　　各交戰國得通過特別協議，相互准許在戰俘營
　　　　　　內留用醫生和護士，負責照顧被俘同胞。

　　　　　　戰俘之患重病或需要重要的外科手術者，任何
　　　　　　軍用或民用醫療機構之能做此項診療者均須予
　　　　　　以收容，費用由拘留國負擔。

第十五條　　戰俘之健康檢查至少應每月舉行一次。檢查的
　　　　　　目的為監察一般健康狀況和清潔狀況，以及察
　　　　　　覺傳染病，特別是肺結核和性病。[1]

對戰俘而言，1929 年的《日內瓦公約》內，已經保障他們的基本權益，包括郵寄包裹權利。公約亦規定戰俘拘留國應當按照等同本國軍隊的糧食、醫療照顧、服裝等供應給受關押的戰俘。但是實際的情況卻有着天淵之別。縱使日本是《日內瓦公約》的締約國，卻沒有切實執行公約條例的制約。因此，就衛港加軍戰俘而言，其關押生活沒受到任何保障。不少戰俘在嚴峻環境下遭控制凌虐、奴役採礦以致喪命。

嚴夏寒冬的戰俘生涯

衛港加軍戰俘關押於日本不同地區，每個戰俘營面對的氣候和環境都不同，戰俘在缺乏資源下，面對惡劣的挑戰，影響着每一個人的生活。以「大阪戰俘營 3-B」為例，戰俘營位於京都府與謝郡吉津村，鄰近日本海，年降雨量多，夏季炎熱潮濕，冬季寒冷和降雪

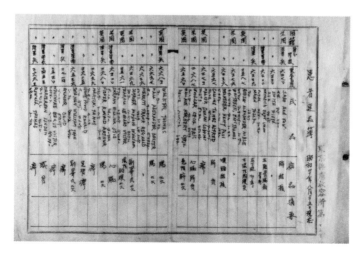

日本需要記錄已接受治療的戰俘和說明其疾病的性質。圖為盛岡陸軍醫院的戰俘醫療記錄。

量大。美軍醫官拉蒙・布萊希少校（Major Lamoyn C. Bleich）指出：「戰俘的生活很單調：工作、食飯、點名、睡覺。一日復一日；一週七天；一年五十二週。食物嚴重不足，工作非常辛苦。冬天多雪多冷，其他季節多雨。」[2]

約翰・韋利斯中士（Corporal John Willis, 1911−1990）憶述「大阪戰俘營 3-B」關押情形時，說：「我們沒有太多衣服，只好用氈子之類的東西來製作綁腿和手套來保溫。有些人鞋子都穿破了，而很多戰俘根本沒有靴子可穿。日本人很惡毒，看到一個人臟兮兮的，他就會毆打你。」[3]

約翰・哈維署理上士（Acting Sergeant John Hugh Harvey）指出1944 年的冬天，戰俘營處於一種可悲的狀態，很多人都得了疥瘡。許多戰俘缺乏休息。營房裏擠滿了人，這讓事情變得更糟，日本守衛不允許生火取暖，令環境變得更壞。[4]當年冬末，戰俘營的死亡率非常之高，一名日本醫生從大阪趕來調查情況。有許多戰俘因營養不良和其他疾病而無法工作。[5]戰俘主要在礦山和工廠工作。當這些人下班回到戰俘營時，約翰・哈維署理上士被要求去決定第二天哪些人不適合工作。通常有二十至四十人不適合工作。[6]

醫療資源不足

「大阪戰俘營 3-B」的醫療設備非常糟糕，藥物供應嚴重不足，醫療間有六個房間，其中四個用作病房。醫生佔用了一間，隸屬皇家陸軍醫療團的約翰・哈維署理上士佔了餘下的一間，他指出：「營內食物很少，戰俘們幾乎不敢進去醫院，因為那裏有很多人死於痢疾、腳氣病和糙皮病。1944 年 1 至 2 月期間，每天平均都有一個人死亡。」[7]

大阪經過十數次空
襲,核心城區被夷
為平地,圖左清楚
可見大阪城護城河
和大川。

　　縱使戰俘傷患者眾,日軍為求生產達標,並未因此而豁免他們
參與奴役工作,堅持讓明顯生病的人去礦山和工廠工作。在不止一
次的情況下,他們搜查了這些人的工具,包括已獲派發的食物,並
將它全部拿走。然後,他們向那些前往工作的戰俘提供食物。許
多虛弱、生病和飢餓的戰俘為了獲得額外的食物,只好前往工作。
1943 至 1944 年的冬天,「大阪戰俘營 3-B」有超過三十五人死於飢
餓。戰俘在工作中昏倒,被抬回營地是經常發生的事情。[8]

　　為了改善營內醫療,以「大阪戰俘營 3-B」為例,日本守衛向美
軍醫官布萊奇上尉表明要求買些紅十字會包裹內的香煙。戰俘整合
地出售香煙,所得的金錢存放在戰俘營內的公用資金內,用於戰俘
的牙科治療。[9]

　　橫濱國際軍事法庭審訊的多宗指控,指有些醫療事故是基於日

本管理層漠視戰俘的生死，當中關押在「東京戰俘營 3-D」的本傑明·紐菲爾德（Benjamin Neufeld, 1914－1945）的死亡，便是一例。據橫濱軍事法庭 *United States of America vs Chuta Sasazawa* 的審訊記錄，在「東京戰俘營 3-D」受到白喉感染的戰俘被安排在臨海灣的一間小屋隔離，戰俘休養時間大約一個月或更長時間。對患者來說，這是難得的喘息機會。[10] 但是本傑明·紐菲爾德，卻因戰俘營指揮官笹沢中太大尉（Captain Chuta Sasazawa，譯名）漠視醫護人員建議，而導致他延誤治療而死亡。

控方證人戰俘營醫療官柯蘭少校（Major Curran）作供時指出，本傑明·紐菲爾德接受了他的治療，一位每天都前來戰俘營的日本醫生亦曾觀望他的情況。1945 年 7 月 17 日，他要求笹沢中太大尉將本傑明·紐菲爾德轉移到醫院，但被拒絕。當本傑明·紐菲爾德陷入昏迷狀態時，笹沢中太大尉感到害怕，並於 7 月 19 日將他送往醫院，但本傑明·紐菲爾德在送醫途中死亡。柯蘭少校認為如他的建議被接納，並且讓患者在醫院接受適切治療，本傑明·紐菲爾德可能有機會存活。[11]

另一名證人居伊·史釗活中士（Corporal Guy Stewart, 1917－1981）出庭作供時，憶述一輪卡車於 1945 年 7 月 17 日前來接載本傑明·紐菲爾德前往醫院，被告笹沢中太大尉拒絕讓他去醫院。兩天後，兩名日本護士給本傑明·紐菲爾德注射了血清，並移送他往醫院。[12]

皇家加拿大軍需團（Royal Canadian Ordnance Corps）的克拉倫斯·貝基斯中士（Corporal Clarence Burgess, 1918－2000）作供時，指控笹沢中太大尉應對本傑明·紐菲爾德的死負責，因為笹沢中太大尉拒絕讓本傑明·紐菲爾德接受治療。米高拿，布拉克（Micola Black, 1910－1991）亦指出，當柯蘭少校要求戰俘營指揮官將本傑明‧紐菲爾德送往醫院時，他被拒絕了。[13] 靴拔‧科東尼（Herbert Fortune, 1918－1988）說，本傑明‧紐菲爾德在前往醫院的途中死亡，因為笹沢中太大尉之前沒有聽從營地醫生的建議，將他送到醫院。[14]

審訊期間，控方曾提及按戰俘營規則，包括日本的醫務人員有權拒絕接納戰俘營醫療官柯蘭少校的建議，笹沢中太大尉完全有權按照日本醫生的建議行事。[15] 發生在本傑明‧紐菲爾德的悲劇，引證了戰俘的生命沒有被重視。

然而，亦有受傷患困擾的戰俘被轉送醫院接受治療。隸屬溫尼伯榴彈營的法蘭‧基斯甸臣（Frank Christensen, 1920－1996）與其他嚴重病患者，曾被轉送到「東京大森戰俘營」（35°37'01.8"N 139°44'48.5"E）內的「品川醫院營地」接受治療。在那裏，法蘭‧基斯甸臣遇上其他關押在東京和橫濱地區戰俘營的戰俘，得悉有些戰俘營，每天有五六個囚犯死亡。[16]

日本戰敗投降後，美國在橫濱地方裁判所（圖左建築物）設置軍事法庭，對日本乙、丙級戰犯進行審判，案件包括數十宗涉及虐待衛港加軍戰俘事件。

食物配給

戰俘營的食物供應，依賴日本的配給。因戰事的逆轉，以及運輸困難，食物配給中也常見在地的農作物和海產。從戰俘的記憶可知，配給制下的飲食是何等匱乏，美軍醫官拉蒙·布萊希少校如此描述「大阪戰俘營 3-B」的情況，寫道：「日本人規定，軍官們可以得到三百或二百八十克大米。在 1944 至 1945 年的冬天，每名戰俘都得到了同等數量的食物。我剛抵達戰俘營時，每個人都收到一定數量的食物，包括生病的人。到了春天，病人被減少配給。」言論中所提及的食物分配的轉變，改為建基於生產力，即分配已經不再取決於官階高低，而是戰俘參與奴役的多寡。**17**

戰俘面對飲食匱乏下的挑戰，只好另想辦法來解決。同樣關押在「大阪戰俘營 3-B」的約翰·韋利斯中士憶述戰俘在宮津港貨倉如

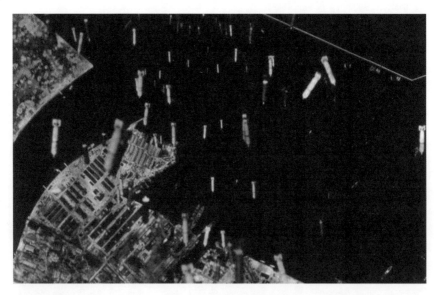

第二次世界大戰期間，盟軍多次對日本本土進行戰略性轟炸。
圖為美國轟炸大阪情況。

何偷取食物，說：「我們從駁船卸下運進倉庫的蔬菜，倉庫裏有一袋袋魚乾和鹹菜。我們設法利用其中一名戰俘分散日本守衛的注意，其他人把手伸進袋子裏偷取食物。」[18]

至於關押在「東京戰俘營 3-D」的戰俘，法蘭克·積堅斯（Frank Jiggins, 1915－1993）表示，四年來，每天靠三茶杯米飯生存，亦沒有報紙或任何閱讀材料，故不知道戰況如何。[19] 而原先被安排在「日本鋼管鶴見造船所」工作的賀利士·謝拉特（Horace "Gerry" Gerrard, 1922－2019），後來被安排在一家鐵匠舖工作，不只工作的時間很長，亦只配給很少食物。[20]

同樣關押在「東京戰俘營 3-D」的恩斯特·麥法蘭中士（Corporal Ernest Charles McFarland, 1917－1993）則表示營地的廁所是木製的，必須用人手清掏。夏季時候，排泄物會流入附近水源，生活用水因此都必須煮沸。廁所內的沉積物，需要移到營地外的菜園裏作肥料，為了偷些蔬菜，恩斯特·麥法蘭中士和參與工作的戰俘交換工作崗位，趁在菜園工作，下手偷一些紅薯充飢。[21]

守衛惡行

1941 年 1 月 8 日，日本陸軍大臣東條英機對陸軍頒佈《戰陣訓》，以規範日本軍人之道德與精神氣節。該訓令內容成為日本軍人價值觀的一種表徵，全文共分三個「本訓」，共二十條。當中〈本訓二〉第八條「惜名」（名を惜しむ），寫道：「知恥者強。要常想鄉黨家門之顏面，愈加奮勉以不辜負其期待。勿受生擒為俘虜之辱，勿死而留下罪禍之污名。」[22] 該訓條正好說明為何營地守衛對戰俘如此嚴苛，以及為何蔑視他們。

1943 年 11 月，「大阪戰俘營 3-B」的日軍發現一些戰俘撕裂了自己的毯子，繼而命令所有撕破毯子的戰俘踏步上前。瑪圖薩拉姆‧奧拿臣（Matusalem Olason, 1902－1964）的毯子是撕破的，但是他並沒有與其他人一起站前。當他的名字被叫到時，他上前加入了撕破毯子的人群。當瑪圖薩拉姆‧奧拿臣朝那群人走去的時候，多名守衛用手和拳頭重重地打在他的頭上。瑪圖薩拉姆‧奧拿臣頭暈目眩，但沒有被擊倒，他和其他戰俘被罰站立了大約三個小時。[23]

「大阪戰俘營 3-B」的情況，並非個別事件。關押在「仙台戰俘營 1-B」的戰俘，安排在「常磐炭礦株式會社」的礦場工作。1945年 8 月 12 日，礦場工頭佐藤和夫（Kazuo Sato，譯名）聲稱戰俘腓特烈‧谷巴（Frederick Cooper, 1919－2019）沒有跟隨指示移動煤車，因此用棍棒將腓特烈‧谷巴打倒在地，並且抓住他的睾丸，踢他的左大腿。[24]

「仙台戰俘營 2-B」戰俘所受的熬煎亦相類似，營地副指揮官小沢正治軍曹（Masaharu Ozawa）強逼囚犯在任何天氣下都在外面站立，包括被歸類為因生病而無法工作的戰俘，同時利用一桶水或其他重物作為懲罰的工具。在嚴寒的天氣裏，小沢正治會不給營房的兩個燃煤爐提供燃料作為集體懲罰。[25]

此外，小沢正治會命令所有被營地醫療官歸類為輕型或生病的戰俘列隊，然後親自對這些戰俘進行檢查，並對那些在列隊中的戰俘不問理由下打了多下耳光。當營地醫療官施文美拿上尉（Captain P. M. Cmeyla）病倒時，小沢正治亦曾命令他繼續到礦井工作。小沢正治的計劃是將醫療隊長的權力降至零，此舉令患病戰俘感到絕望。[26]

「仙台戰俘營 4-B」的慘況，則同樣發生在日本鋼鐵大橋礦場。1945 年 4 月中旬，工場工頭藤井三條（Sannejo Fujii，譯名）命令占士‧荷拔（James Hallbert, 1902－1978）立正，然後用一根約五英呎長、兩英吋厚的棍棒鞭打他每條腿大約六次。棍棒斷掉後，藤井三條用腳踢向占士・荷拔因腳氣病而嚴重腫脹的腿。工廠職員川部永康（Nagayasu Kawabe，譯名）當時在場，亦目睹藤井三條毆打占士・荷拔，當美國軍官倫西・齊格勒上尉（Captain Luncy L. Zeigler）向他抗議時，川部永康笑而不語。[27]

隸屬加拿大牙科團（Canadian Dental Corps）的凡恩斯特・韋西參謀上士（Staff Sergeant Ernest West, 1913－1961），則在「東京戰俘營 3-D」與日本人交易毛衣時被捕。恩斯特・韋西否認這筆交易，並被帶到市田翻譯（Interpreter Ichida，譯名）面前，上森正雄（Masao Uwamori，譯名）用鞋毆打他約三十分鐘，然後將他交給了一個日本守衞，他用皮帶的兩端向恩斯特・韋西的頭部和身體痛擊大約十分鐘。這時，恩斯特・韋西大發雷霆，用拳頭攻擊襲擊者的耳朵。接下來，日本醫護用鞋打他的頭和臉大約十五分鐘，近藤翻譯（Interpreter Kendo，譯名）繼而用鞋打他的頭和臉大約半小時。往後十天，近藤翻譯不停地執行同樣類型的懲罰。在這段時間裏，恩斯特・韋西被關在警衞室裏，只獲一半的糧食配給。[28]

同樣關押在「東京戰俘營 3-D」的約瑟・韋羅（Joseph Verreault, 1920－1966），曾因腳部不適，在近藤守衞步進戰俘營房時，沒有站立起來。近藤守衞命令他起身敬禮，因他的動作非常緩慢，遭近藤守衞打了他一巴掌，並且用皮鞋打他。[29]

隸屬皇家加拿大軍需團的克拉倫斯・貝基斯中士，則在「日本鋼管鶴見造船所」工作時與一名文職監督員爭論。第二天，日本守衞山中敏吾（Yamanaka Toshitsugo，譯名）用拳頭和棍子打了他一頓。然後，用繩子將他綁起來，帶他在造船廠周圍轉了一圈示眾，再把他帶進食堂毆打一頓。[30]

日本戰俘營管理層除了用暴力向戰俘身體造成傷害外，亦對他們施予精神虐待。關押在「東京戰俘營 3-D」的法蘭克・積堅斯憶述日本守衛的惡行，說：「一名日本士兵帶着寄給住在戰俘營的郵件來到營地。站在戰俘面前，燒毀了每封信，這是他們自投降以來，從外界收到的唯一的一封信，亦是他們在戰爭結束之前收到的最後一次。」[31]

紅十字會包裹

戰爭期間，紅十字會以及承接兩交戰國之間溝通橋樑的中立保護國，在日方安排下，可派代表造訪日本本土的戰俘營。第一次世界大戰期間，紅十字會已根據 1907 年《海牙公約》（*Convention de La Haye*）的規定，設立「國際戰俘局」（International Prisoner-of-War Agency）來作協調，為交戰國互遞訊息、記錄戰俘資料，以及通報戰俘資訊。[32] 此外，中立保護國亦受交戰國一方的委託，以確保戰俘受到適當的對待。加拿大的中立保護國是瑞士，中立保護國代表根據《日內瓦公約》第二篇第八十六條〈監察組織〉所賦予的權力，被安排巡視戰俘營，以及和戰俘交談。

法蘭·基斯甸臣曾遇上紅十字會派員探訪。他憶述說：

> 日本人說每人獲配給有六條氈子，但我們只有三條，我們只好將它們折疊起來，看起來像六條氈子模樣。檢查之前，每個人都獲分配紅十字會包裹內部分物資，並且必須將其展示在顯眼的地方，當紅十字會檢查員通過時，我們不被允許與他們交談，所以他們離開時，真相都被掩蓋。[33]

此外，根據《日內瓦公約》第四篇第三十七條〈戰俘對外的關係〉，戰俘應准其接受個人的郵政包裹，內裝食物和其他衣食供應品。包裹應遞交收件人出具收據。但實際情況，卻判若天淵。

　　衛港加軍被關押期間，加拿大紅十字會獲准向已知姓名和地址的集中營的戰俘遞送包裹。包裹內的物資成為戰俘存活的必需品。1943 年 12 月，關押在「大阪戰俘營 3-B」的戰俘獲得首批紅十字會包裹。包括二十八個英國紅十字會小包裹、兩袋糖、一兩箱肉類和蔬菜配給，以及兩箱牛肉。[34] 日本守衛扣押那些包裹，並將它們通過廚房來分發。費特歷‧西森斯中士（Corporal Frederick G. Sissons, 1912－1994）回憶起每人只分得半個包裹，八個人分享一罐牛奶。[35]

　　聖誕節那天，戰俘收到了二十四個包裹，約翰‧哈維署理上士指出，營地指揮官以相當缺乏這些物品為由，帶走了四個包裹。此外，當大約二百或三百個美國紅十字會包裹到達時，被日本人偷偷運到營地，大部分是交到廚房，而不是分發給戰俘。1944 年 11 月，先後有二千多個紅十字會包裹從加美兩國運送到戰俘營，都被放置在日本監督下的儲物房內。[36]

　　營地指揮官亦曾利用扣押的紅十字會包裹來威迫利誘戰俘，強逼他們提升勞動生產力。約翰‧哈維署理上士憶述：「大約在 12 月 1 日或 2 日，營地指揮官表示，如果將 12 月份的戰俘工作人數增加到百分之八十五，每個人將獲得的半個包裹。當時的工作比例是百分之七十七。」[37]

敵後破壞行動

　　作為一名軍人，「戰鬥精神」是一項不可或缺的支柱。「戰鬥精神」要求加拿大官兵集中精力並致力於行動的首要地位。因此，他們努力提高作戰效率和戰備狀態，並願意參與或支持作戰行動。它賦予個人在極端危險條件下行動、忍受艱辛和以信心、堅韌和成功意願完成分配的任務所必需的道德、身體和智力素質。「戰鬥精神」對於在作戰行動中採取果斷行動，包括對敵人使用合法的致命武力。雖然被俘虜而成為階下囚，被關押於「東京戰俘營3-D」的兩名戰俘，卻不惜身犯險境，在敵人眼皮下，以迅雷不及掩耳之勢痛擊敵人。

關押在「東京戰俘營3-D」的戰俘，多被安排在「日本鋼管鶴見造船所」工作。這間造船廠是一個龐大而高度複雜的工業。1943年，船舶建造基本生產過程可以大致總結如下：（一）工程師以藍圖形式設計船舶部件的圖紙。（二）然後將這些零件製成木製模具或範本。（三）依據木製模具或範本在厚鋼板上描繪出每個零件的形狀。（四）隨後將鋼切割成所需形狀。（五）切割的鋼板被轉移到正在建造的相應容器中。（六）鉚接、焊接或用螺栓固定到位。由於造船廠生產的大量船舶，以及每個船舶包含的大量零件，意味着必須在現場存儲大量的紙質藍圖和範本，存放該等檔案的建築有如造船廠的神經中樞。該等設施如被破壞，足以癱瘓整個船舶建造流程。

關押在「東京戰俘營3-D」的戰俘多按排在「日本鋼管鶴見造船所工作」。

法蘭・基斯甸臣在 1988 年 3 月 8 日發表的一篇題為 "My Story" 的文章，記述了「日本鋼管鶴見造船所」的各種工作。法蘭・基斯甸臣和另外四五個人使用兩輪推車將氧氣罐運送到各個焊接區域。他們工作十天，才有一天休息。那一天，他們洗衣服、理髮、殺死體蝨，並把跳蚤從毯子上抖掉。[38]

「日本鋼管鶴見造船所」主要為日本海軍生產民用艦艇和海軍艦艇。儘管美國轟炸機多次襲擊，但只對造船廠內重要設施造成很少破壞。查里・奇勒上士（Staff Sergeant Charles Alfred "Charlie" Clark, 1898－1967）明白從內部破壞造船廠流程，間接協助盟軍在戰爭中取勝。基於敵後工作十分危險，保密是至關重要。當查里・奇勒上士策劃破壞活動時，他找了隸屬皇家加拿大軍需團的堅尼夫・金馬倫（Kenneth Stanley Cameron, 1912－1996）合作。

原居於魁北克省白金漢市（Buckingham）的堅尼夫・金馬倫，參軍前在通用汽車公司（General Motors Garage and Dealership）工作，1940 年 7 月，加入皇家加拿大陸軍服務團（Royal Canadian Army Service Corps）第九分遣隊。幾個月後，他被調到皇家加拿大軍需團，並跟隨軍團前往香港協防。日軍佔領香港後，堅尼夫・金馬倫成為戰俘。1943 年 1 月，他與其他戰俘乘搭「龍田丸」前往日本，被安排在「日本鋼管鶴見造船所」工作。[39]

在他們被分配到的工作場所，查里・奇勒上士和堅尼夫・金馬倫開始密藏各種可燃物製造燃燒彈，包括油漆稀釋劑、油、抹布、汽油、樹脂、紙張和明膠。他們亦決定使用一支蠟燭來燃點保險絲。

在其他戰俘不知情的情況下，兩人共花了一年時間籌備。1944 年 1 月 18 日下午，他們在一個很少檢查的模具閣樓儲藏室，在一堆垃圾後面點燃了蠟燭，然後與其他戰友一起回到戰俘營。當晚八時，守衛經點算後，確認所有戰俘都在戰俘營。與此同時，蠟燭剛燒到保險絲上，易燃物料按計劃點燃。鋼棚、船舶裝備倉、戰俘食堂、工具室、部分船鉗車間和模具閣樓等設施瞬間被火焰吞沒，冒出大量濃煙，守衛無力將火勢撲滅。

查里・奇勒上士和堅尼夫・金馬倫的計劃不容小覷，行動令造船廠停工。日本憲兵很快就來到了戰俘營，質問他們懷疑的人，卻得不到答案。造船廠被逼停工後，戰俘被轉移到其他戰俘營地工作。

二戰後，美國海軍司令愛德華・多克韋勒海軍少將（Rear Admiral Edward V. Dockweiler, 1901－1961）建議嘉許他們的英勇行為。查里・奇勒上士獲頒授「傑出行為獎章」（Distinguished Conduct Medal）和堅尼夫・金馬倫獲頒授「軍事獎章」（Military Medal）。[40]

權力產生腐敗傾向

權力可定義為「個人通過提供或扣留資源，亦或實施懲罰來改變他人狀態的相對能力」。[41] 相比起低他一等的人，權力持有者往往更尋求風險，以及更關注回報。十九世紀歷史學家和政治家厄頓男爵（Baron John Emerich Edward Dalberg-Acton, 1834－1902）曾一針見血地指出：「權力的確會有腐敗傾向。」[42] 而縱容貪腐，創造出一種生態和一種特定的行事作風，一種不被文明社會所接受的行事風格在物資貧乏的戰俘營萌芽起來。

戰俘營的生活條件十分艱苦，他們在極為惡劣的環境下過着非人的奴隸生活。為了加強營內的管治，個別戰俘營指揮官使用「以洋制洋」的自我管理模式來控制秩序，結果引致大小不同的欺凌情況。腓特烈・麥亞瑟（Frederick McArthur，1916－）在戰後橫濱軍事法庭作證時，指出位於新潟的「東京戰俘營 5-B」指揮官吉田正人和他的繼任者當指揮官期間，有六名戰俘可以在軍官餐廳用餐，包括美國陸軍營地領袖法蘭西斯·法盧斯少校（Major Francis Fellows）、美國陸軍航空隊培根中尉（Lieutenant Bacon）、美國陸軍積·柏加上尉（Captain Jack M. Parker）、皇家陸軍醫療團威廉·史超活少校（Major William Stewart）、皇家荷蘭海軍贊·歐斯特麥耶上士（Sergeant Jen W. H. Ostemeir），以及出任營地翻譯的香港防衛軍亞瑟·蘭斯（Arthur Wesley Range）。

他們獲分配的口糧數量有別於一般戰俘，六人獲分配一桶飯，數量相等於三十六名戰俘的配給。他們吃不完米飯，會交給法盧斯少校的勤務兵、堅尼夫·甘邦（Kenneth Cambon, 1923－2007）和擔任營地牧師的約瑟·甘寶（Joseph Campbell, 1917－1981）分享。這情況一直延至 1944 年 9 月，當新的營地指揮官履新後，該六名戰俘才不能在軍官餐廳用餐。[43]

不公平的現場亦在工地發生，腓特烈·麥亞瑟指出：「從 1944 年 1 月到 1944 年 12 月，荷蘭籍戰俘喬治·福克諾上士（Sergeant George Faulknor）負責『リンコーコーポレーション碼頭』（Rinko Docks）的午餐配給，當他接手這項工作後，他開始濫用權力，以米飯來換取香煙和紅十字會包裹的東西。我記得隸屬皇家加拿大來福槍營的朗奴·陶（Ronald Dow, 1916－1979）曾向他購買米飯。福克諾的身形健碩，他常對戰俘大聲吆喝和威脅他們，並且打他們耳光，我曾看到他在其他戰俘面前，毆打溫尼伯榴彈營的恩斯特·尼爾上士（Sergeant Ernest Neal, 1902－1983）。」[44]

「東京戰俘營 5-B」的情況，印證了部分戰俘利用貪腐體制來掌握權力，並且假公濟私，謀取個人的私利。而發生在「大阪戰俘營 3-B」的同類型事件，導致戰後在溫尼伯奧士本尼堡軍營（Fort Osborne Barracks）組織軍事法庭，審訊三名來自英國和加拿大士官。

1946 年 3 至 6 月間舉行的軍事審訊，三名被告分別是隸屬皇家陸軍醫療團的約翰・哈維署理上士、皇家工兵團的亨利・甸尼士官長（RSM Henry L. Deane）以及溫尼伯榴彈營的馬古斯・圖格比二級准尉（Warrant Officer II Marcus Tugby, 1916－1988）。他們與隸屬皇家工兵團的恩斯特・羅渣士軍需士官（Mechanist Quartermaster-Sergeant Ernest Rogers），被戰俘稱為「四大」（The Big Four）。他們的辦公室，被戰俘稱為「藍屋」（Blue Room）。[45]

證人費特歷・西森斯上士在作供時，說：「1943 年 9 月，我和第一批到達日本的戰俘一起進入了『大阪戰俘營 3-B』。皇家澳洲後備海軍（Royal Australian Naval Reserves）的森姆・斯坦寧外科醫務少校（Surgeon Lieutenant-Commander Samuel Stening, 1910－1983）是營地醫務官，亦是司法委員會（judicial committee）的負責人。其他成員有亨利・甸尼、馬古斯・圖格比、恩斯特・羅渣士、約翰・哈維署理上士等人士。司法委員會成立，主要是斯坦寧中校認為戰俘可以由自己人進行紀律處分會比較容易控制局面。」[46]

該次軍事法庭審訊，皇家陸軍醫療團的約翰・哈維署理上士被控二十九項罪名，包括誤殺溫尼伯榴彈營士兵約翰・弗里森（John Friesen, 1907－1944）、毆打溫尼伯榴彈營士兵占士・坦迪（James J. Tandy, 1921－1978）和用竹竿襲擊約瑟・普度斯基（Joseph Podosky, 1921－1947）等罪行。[47]皇家工兵團的亨利・甸尼士官長則被控五項毆打戰俘罪名。[48]

至於另一被告馬古斯・圖格比二級准尉，則被控十九項罪名，包括與日本人合作、侵佔其他戰俘的紅十字包裹、行使懲戒戰俘的權力，以及毆打十四名戰俘。[49]證人作供期間，溫尼伯榴彈營士兵韋伯特・連治（Wilbert Lynch, 1923－2000）指出，馬古斯・圖格比二級准尉比日本人更糟糕。他亦指控約翰・哈維署理上士和馬古斯‧圖格比二級准尉曾告訴他是戰俘營的壞分子，不值得擁有包裹。當日本人在工廠懲罰他時，馬古斯‧圖格比二級准尉沒有阻撓外，並且掌摑他。[50]

約翰‧哈維署理上士最終被判十九項罪名成立，被判處拘留一年，以及軍銜降級。[51]馬古斯‧圖格比二級准尉則被判九項罪名成立，被判處服刑。[52]

絕無僅有的友善敵人

雖然戰俘營指揮官和守衛，以及工地管理人員的惡行罄竹難書，但在戰俘的回憶中，以及戰後橫濱軍事法庭審判的文件內，偶爾會發現有良知的管理人員的論述。

任教於萬隆基督教中學（Christian High School）的化學老師維姆‧連特艾耶（Wim Lindeijer, ？－1981）在荷蘭東印度群島戰役時擔任醫療人員，後被日軍俘虜，與衛港加軍戰俘一起關押在「仙台戰俘營 4-B」。他在戰俘營以家書形式，秘密地寫下戰時日記。[53]當中日記存有多幀由來自東京的岩下博衛秘密拍攝的照片。岩下博衛是戰俘營的翻譯，較其他管理人員平易近人，並且和一些戰俘建立起友誼，其中包括兩名醫護維姆‧連黛爾（Wim Leindeijer）和維姆‧吉魯爾（Wim Gribnau）。岩下博衛喜歡法語，維姆‧林德耶爾給了他書寫了一本「教科書」。[54]

曾被控告在戰俘營毆打占士‧荷拔的「仙台戰俘營 4-B」守衛藤井三之丞（Sannojo Fujii，譯名），他的妻子為他辯護時，指藤井三之丞常教導子女有關基督教的教義，並給他們讀《聖經》。藤井三之丞告訴她，戰俘非常努力工作，因此給戰俘帶點食物或藥物，戰俘亦給藤井三之丞和子女一些小禮物。日本投降後，兩名戰俘曾到訪他家。[55]

藤井三之丞於橫濱軍事法庭被判罪名成立，判處五苦年役。但在判詞內，卻指出被告做了很多他不需要做的事情，包括用自己的薪金為戰俘購買燃料、食物和藥品，亦曾向戰俘營的守衛說情，將戰俘從警衛室釋放出來。為了戰俘的利益和安慰，他還進行了許多其他友善行為。[56]

戰俘初抵達位於新潟的「東京戰俘營 5-B」時，食物相對上算是足夠，他們甚至有機會可以得到一些魚類作為食物，以及用守衛兵扔掉的豬腸來做湯。但隨着戰爭形勢開始緊張，日本國內的糧食開始短缺。戰俘收到食物，只有少量的米飯或大豆、日本蘿蔔的頂部或一些用日本麵豉醬製成的稀湯。俵山龍民於 1943 年 9 月至 1944 年 10 月在「東京戰俘營 5-B」擔任守衛。他月入約六十二円。除了看守戰俘，他還參與為戰俘採購食物、燃料和其他物資。每隔一天就有四公斤豬肉被送到營地。日本工作人員吃了一點五公斤，剩下的豬肉則放進營地數百名戰俘的食物中。他亦曾購買遭颱風吹落還未完全成熟的新潟梨，煮軟後分給戰俘吃。[57]

關押在「東京戰俘營 3-D」的皇家加拿大陸軍醫療團的約翰・列特上校（Captain John Reid, 1913－1979），曾在戰俘營指揮官上森正雄少尉的審判中為他撰寫求情信，當中提到相比起其他日本戰俘營官兵，上森正雄少尉以較為仁慈方式對待戰俘。求情信內容指他與上森正雄少尉的共識、處事方式，以及各自身陷戰爭漩渦中，一切身不由己：

> I could go on recalling incidents for some time, nut I feel that there will give you a skeleton picture of the man. Such a state of cooperation was of course not obtained overnight. It took several

months of constant effort, largely on my part, to establish such a frame of mind in Lieutenant Uwamori. But several decades of such efforts would not have established it in other Japanese Commandants I have known.

One must also consider that Lieutenant Uwamori was a Japanese propagandized to feel that we were the bitter and treacherous enemies of Japan; that he had never been in a western civilization; that he was an officer in the Japanese Army, acting under orders that were certainly not favourable to us as prisoners, and that physical punishment, drumhead justice, semi-starvation, the inadequate care of the sick, and the lack of dignity and the value of individual were not only part and parcel of his army's organization and philosophy, but of the life of his whole country, in order to understand that he required personal qualities of fairness and consideration to be so far won over by any means.

To sum up, I did not observe any actions under the circumstances for which I would feel Lieutenant Uwamori should be punished as a war criminal. [58]

根據橫濱軍事法庭審訊上森正雄少尉記錄，多名辯方證人被傳召作證時，都不約而同地指上森正雄少尉善待戰俘，包括容許戰俘在監管人員陪同下，出外購買日用品，以及懲罰虐待戰俘的日軍官兵，並且要求他們向受虐戰俘道歉。

當上森正雄少尉答辯時，軍事法庭打斷他的證詞，以便調查員威廉‧布殊中尉（Lieutenant William Bush, 1907－1987）作證。根據威廉‧布殊中尉作證時表示，他曾與被關押在被告管理的戰俘營內被囚者取證，他們認為被告算是一名好的指揮官，從未聽說過被告犯下任何暴行。此外，威廉・布殊中尉亦從其他管道瞭解到被告有相當不錯的評語。

軍事法庭接納控辯雙方的事實陳述，以及求情信後，最終裁定上森正雄少尉罪名成立，被判總刑期三年監禁苦役，但基於被告已還押超過一年半，兼且在拘留期間，表現良好和合作，最終獲判緩刑。[59]

戰俘營內存在着不同的困境，衛港加軍戰俘被營內守衛拳打腳踢更是司空見慣。在鐵蹄下的生活，有人選擇苟且偷生，亦有人採取積極態度，與敵人周旋。戰俘營內的點滴，偶爾展現出人性光輝外，亦寫實地反映人性的黑暗面。

註釋

1 國際紅十字會《關於戰俘待遇的日內瓦公約》，https://www.icrc.org/zh/doc/resources/documents/misc/convention-pow-27071929.htm，瀏覽日期：2022 年 12 月 8 日。

2 "Numbness And Apathy Broke Camp Discipline, Say Witnesses." *The Winnipeg Tribune*, 5 April, 1946.

3 "Grenadier Terms 'Big 4' Military Court." *The Winnipeg Tribune*, 5 April, 1946.

4 "Court Martial." *The Winnipeg Tribune*, 22 March, 1946.

5 "Harvey Declares Conduct Based On Desire To Help." *The Winnipeg Tribune*, 22 March, 1946.

6 "Dismissal Move Fails: Harvey Takes Stand." *The Winnipeg Tribune*, 13 March, 1946.

7 Ibid.

8 "Dismissal Move Fails: Harvey Takes Stand." *The Winnipeg Tribune*, 13 March, 1946.

9 "Court Martial." *The Winnipeg Tribune*, 22 March, 1946.

10 Hong Kong Veterans Commemorative Association, *Frank Christensen*, http://www.hkvca.ca/historical/accounts/christensen.php，瀏覽日期：2021 年 7 月 26 日。

11 *United States of America vs Chuta Sasazawa*,〔1947〕Military Commission of the U.S. 8th Army 091.

12 Ibid.

13　Ibid.

14　Ibid.

15　Ibid.

16　*Frank Christensen*，瀏覽日期：2021 年 7 月 26 日。

17　"Australian Major Says Harvey And Tugby Both Very Useful." *The Winnipeg Tribune*, 28 March, 1946.

18　"Corporal Punishment In Camp Explained At Trial of Harvey." *The Winnipeg Tribune*, 26 March, 1946.

19　"'There was a job to do', Veterans say." *Port Hope Evening Guide*, 9 November, 1984.

20　"Courage Remembered: Hong Kong veteran remembers hardships as a POW." *Saanich News*, 10 November, 2017.

21　"Harvey Sang Japanese Victory Song, Fed Japs U.S. Food, Say Witnesses." *The Winnipeg Tribune*, 20 March, 1946.

22　原文「恥を知る者は強し。常に 黨家門の面目を思ひ、愈々奮勵して其の期待に答ふべし。生きて虜囚の辱を受けず、死して罪禍の汚名を殘すこと勿れ。」

23　*United States of America vs Miki Tarodachi*,〔1947〕Military Commission of the U.S. 8th Army 147; *United States of America vs Tarokichi Nakayama*,〔1947〕Military Commission of the U.S. 8th Army 147.

24　*United States of America vs Kazuo Sato*,〔1947〕Military Commission of the U.S. 8th Army 299.

25　*United States of America vs Masaharu Ozawa*,〔1948〕Military Commission of the U.S. 8th Army 225.

26　Ibid.

27　*United States of America vs Nagayasu Kawabe*,〔1947〕Military Commission of the U.S. 8th Army 132.

28　*United States of America vs Masao Uwamori*,〔1947〕Military Commission of the U.S. 8th Army 133.

29　Ibid.

30　Ibid.

31　"'There was a job to do', Veterans say." *Port Hope Evening Guide*, 9 November, 1984.

32　Daniel Palmieri ed., *Minutes from meetings of the International Prisoner-of-War Agency* (Geneva: International Committee of the Red Cross, c1988), pp.4-6.

33　*Frank Christensen*，瀏覽日期：2021 年 7 月 26 日。

34 "Harvey Declares Conduct Based On Desire To Help." *The Winnipeg Tribune*, 22 March, 1946.

35 "Prosecution Case Closed At Harvey Trial: Court Considers Defence Plea." *The Winnipeg Tribune*, 21 March, 1946.

36 "Harvey Declares Conduct Based On Desire To Help." *The Winnipeg Tribune*, 22 March, 1946.

37 Ibid.

38 *Frank Christensen*，瀏覽日期：2021 年 7 月 26 日。

39 WW2Talk, *Arson at Yokohama Shipyard*, http://ww2talk.com/index.php?threads/arson-at-yokohama-shipyard.36881/，瀏覽日期：2021 年 12 月 10 日。

40 *Quillette, On Remembrance Day, Celebrating Two Canadian Prisoners Who Took Down an Entire Shipyard*, https://quillette.com/2020/11/11/on-remembrance-day-celebrating-two-canadian-prisoners-who-took-down-an-entire-shipyard/amp/?fbclid=IwAR0FkznxNy52vQbnjuNIrrNtI5dZ22ylfAls0GPRO5mXXgK0S4oWobj79r0，瀏覽日期：2021 年 12 月 25 日。

41 Keltner, D., Gruenfeld, D. H., & Anderson, C., "Power, Approach, and Inhibition", *Psychological Review*, Vol.111 (2003), p.265.

42 Power tends to corrupt and absolute power corrupts absolutely.

43 *United States of America vs Yosoichi Ebi*,〔1949〕Military Commission of the U.S. 8th Army 314; *United States of America vs Horikado Kobayashi*,〔1949〕Military Commission of the U.S. 8th Army 314; *United States of America vs Keiji Higuchi*,〔1949〕Military Commission of the U.S. 8th Army 314; *United States of America vs Yoshio Hosano*,〔1949〕Military Commission of the U.S. 8th Army 314; *United States of America vs Itchisaku Kojima*,〔1949〕Military Commission of the U.S. 8th Army 314; *United States of America vs Keichi Sakai*,〔1949〕Military Commission of the U.S. 8th Army 314; *United States of America vs Kenichi Nozaki*,〔1949〕Military Commission of the U.S. 8th Army 314.

44 Ibid.

45 "Court Martial." *The Winnipeg Tribune*, 24 April, 1946.

46 "Prosecution Case Closed At Harvey Trial: Court Considers Defence Plea." *The Winnipeg Tribune*, 21 March, 1946.

47 "Harvey Not Guilty of Manslaughter." *The Winnipeg Tribune*, 14 March, 1946。另見 "Harvey Pleads Not Guilty to 29 Charges." *The Winnipeg Tribune*, 14 March, 1946 和 "Grenadier Testifies Harvey Struck Him in Prison Camp." *The Winnipeg Tribune*, 15 March, 1946。以及 "Harvey Court Martial Told of Big 4 Rule in Camp." *The Winnipeg Tribune*, 16 March, 1946。

48 "Deane Admits Striking Men." *The Winnipeg Tribune*, 25 April, 1946.

49 "Tugby Pleads 'Not Guity.'" *The Winnipeg Tribune*, 1 April, 1946.

50 "Grenadier Says Tugby Worse Than the Japs.'" *The Winnipeg Tribune*, 3 April, 1946.

51 "Tugby Given Reprimand.'" *The Winnipeg Tribune*, 29 June, 1946.

52 "Rectifying an Injustice."' *The Winnipeg Tribune*, 27 August, 1946.

53 Free Library, *Forgiveness out of suffering: the last words of Wim Lindeijer's mother led him to seek reconciliation with the Japanese. He tells his story to Michael Henderson*, https://www.thefreelibrary.com/Forgiveness+out+of+suffering%3a+the+last+words+of+Wim+Lindeijer%27s...-a098468574，瀏覽日期：2022 年 6 月 12 日。

54 Dr. E. W. Lindeijer, "With the publication of my father's diary" (unpublished conference paper, NIOD Institute for War, Holocaust and Genocide Studies "Gedeelde geschiedenis in de Nederlandse Oost Indië, en onze toekomst", 27 July 2000), p.1, 4.

55 *United States of America vs Sannojo Fujii*,〔1948〕Military Commission of the U.S. 8th Army 090.

56 Ibid.

57 《架け橋、いまだ か：新潟市を中心とする捕虜収容所の軌跡》，頁 23。

58 Jonathon Reid, *The Captain Was a Doctor: The Long War and Uneasy Peace of POW John Reid* (Toronto: Dundurn, 2020), pp.306-307.

59 *United States of America vs Masao Uwamori*,〔1947〕Military Commission of the U.S. 8th Army 133.

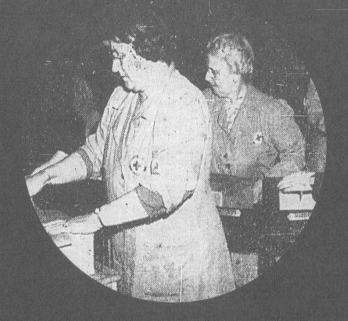

06

加拿大本土支援

　　衛港加軍被俘後，加拿大設法與日本取得聯繫，瞭解傷亡情況，以便作出支援戰俘的部署。對於軍眷而言，缺乏軍人的消息，令他們憂心如焚。此外，為了確保軍眷生活得以維持，相關政府部門，以及半官方組織紛紛向他們伸出援手，軍眷亦自發成立互助組織，互相扶持地共渡難關。

缺乏香港的資訊

　　香港淪陷後，有關衛港加軍被俘的消息非常有限，來自官方的訊息亦相當不足，戰俘亦無法發送或接收任何郵件，軍眷對他們的生或死完全無法得知。在此情況下，加拿大軍部按照慣常做法，將無法確定情況的軍人歸類為「失蹤」，這個消息無疑給軍眷帶來更沉重的壓力。

　　1942 年 1 月，《溫尼伯論壇報》（*Winnipeg Tribune*）刊登一則題為「日本願意列出香港俘虜名單」的報導，為瞭解衛港加軍的情形露出曙光。[1] 及後，軍眷陸續收到加拿大軍方電報，確認部分衛港加軍成為戰俘。雖然只是一段簡短的消息，足以讓軍眷如釋重負，而下落不明的名單亦隨之公佈。

自始，軍眷只能透不同渠道，獲取零星的資訊，當中包括從香港僥倖回國的人們口中得知實況，例如 1942 年 6 月 28 日，傳教士夏蒙特（R.B. Hammond）在錫安教堂講述香港淪陷時的經歷，讓人們首次得知香港戰役的真實面貌。[2] 此外，1942 年 11 月，羅拔·韋夫文（Robert Waithman）在安大略省發行的《倫敦新聞紀事報》（*London News Chronicle*）發表一篇名為「一名倫敦人對溫尼伯的看法」的文章，當中寫下與加拿大退伍軍人會成員的一段談話，正好刻劃戰敗後一年，軍眷惶恐不安的情形：

> 我與加拿大退伍軍人會的成員聊天，他清楚記得香港淪陷的消息，他說：「那是去年耶誕節的早晨，我們遇到了一場冰暴，樹上刻著白色和水晶，一切看起來都非常美麗。我們通過廣播聽說，那兩千名加拿大軍人被俘。他們是溫尼伯榴彈營將士。我們這裏有他們的配偶、母親和姐妹。十個月來，他們沒有消息，一句說話都沒有。但我記得，在香港消息傳出後的一周裏，很多人致電婦女輔助會總部。他們打電話說，既然日本人不會讓任何東西運往該地，為衛港的溫尼伯榴彈營將士編織東西已變得沒有意義了，她們想知道還能做些甚麼。」[3]

1943 年中旬，加拿大大致掌握所有戰俘姓名及陣亡名單，[4] 因此，軍眷希望瞭解在行動後被標示為「失蹤軍人」的命運，以及軍人參與行動的細節。當剛發給近親有關軍人失蹤的訊息發送給軍眷，傷亡處（Casualty Branch）就不斷收到有關戰士下落的查詢，該部門只好盡最大努力提供資訊。[5]

隨着軍方消息得以確認，及後與戰俘的書信往來，令軍眷心靈上得到一點慰藉。隨着一些人能幸運地逃離香港回國，使軍眷更瞭解最新狀況。1944 年 2 月，出生於加拿大的香港防衛軍周下士（Bombardier G. L. Chow）在日本進攻香港時，隸屬該軍團防空連。[6] 返回加拿大後，在報導訪問中，披露他與多名衛港加軍戰俘曾一同關押。回憶衛港加軍的感受時，他說：「他們關押在那裏的幾個月，非常生氣。我確實注意到相比英籍戰俘，加拿大戰俘受到更好的待遇，他們比英籍戰俘更快適應下來。」[7]

軍眷面對的困難

隨着衛港加軍被囚後，軍眷生活上面對重重困難。1942 年 4 月 17 日，溫尼伯榴彈營士兵施里・佩特曼（Cryil Pateman, 1918－1964）的父親喬治・佩特曼（George Pateman）致函《溫尼伯論壇報》，他在信中提及他所面對的苦況。他指出一名兒子在第一次世界大戰，已為國捐軀。自 1939 年秋天，他與兩名個兒子一起以務農為生，耕種約三百英畝土地。當年農耕期完結後，一名兒子前往英國服役，而最年輕的兒子加入了溫尼伯榴彈營，隨部隊前往香港協防。雖然仍與另一名兒子同住，但是年屆七十五歲的他已無法工作。呆在家裏的他，盡力守護施里・佩特曼的東西，以便他回國時，能有一些東西協助他重新開始。喬治・佩特曼在信中質問政府，為何不能派一名拒服兵役的人到他的農地工作，他是願意支付工資。他亦指出其遭遇並非單一事件，有很多同路人和他一樣感到困惑。最後，喬治・佩特曼指出面對另一個困境是因他擁有一個農場，令他失去領取養老金的資格。[8]

另一篇名為「士兵的妻子也可能會死去」的報導，則刻劃出衛港加軍配偶所面對的生活困境。報導講述一名士兵前往香港時，配偶住在臨時居所。該名衛港加軍因不知道配偶已遷往安大略省，只好透過溫尼伯家庭局（Family Bureau of Winnipeg）傳遞信件來告知近況。該名十九歲的軍人配偶，早在丈夫派往西印度群島時，已呈現缺乏經驗去處理個人財務的問題。因此，溫尼伯家庭局施予援手，提供支援來協助管理。該報導亦指出她像其他衞港加軍戰俘配偶一樣，戰爭令她面對無盡的焦慮。[9]

太平洋彼岸的戰爭，令許多加拿大家庭因此而支離破碎，軍眷只好靜默地等待消息。得知軍人被俘後，家人一直都惶惶不可終日，祈盼着他們能在戰俘營安頓下來。縱使軍眷能直接免於戰禍，但面對生活上的困境，有如度日如年。

來自遠方的「俘虜郵便」

官方的訊息，以至親歷事件的人現身說法，都不足以令軍眷釋懷。戰俘安全的最好證據，是他們書寫回家的一字一句。香港淪陷後不久，加日兩國在第三方協助下取得共識，日本允許戰俘書寫「俘虜郵便」回家。

1942 年 8 月，居於渥太華的瑪祖莉．泰利（Marjorie R. Terry）收到丈夫愛德華．泰利上尉（Captain Edward Terry, 1909－1942）的來信。愛德華．泰利上尉隸屬皇家加拿大陸軍軍餉團（The Royal Canadian Army Pay Corps），他在信內提及戰俘營的生活，包括閱讀書籍，並學習法語。此外，軍官仍獲支薪，他們用來購買香煙。[10]

隸屬加拿大軍牧服務團（Canadian Chaplain Service）的法蘭西斯．德洛里神父（Rev. Francis Joseph Deloughery, 1901－1975）寫給他父母的信件，寫道：「不需要擔心。我常保持活力，並且能夠定期為營地中的所有天主教徒提供適切的牧養。」[11] 而墨爾本．卡特中士（Corporal Melbourne Carter, 1910－2005）寫給妻子的信件，就談到審查制度。他指出：「我不能說太多，因為我們只被允許說這麼多，沒有更多。」[12] 同屬皇家加拿大來福槍營的腓特烈·艾堅遜少校寫給妻子的家書，只簡短地表示：「我感覺身體良好和健康，沒有任何傷患。」[13]

溫尼伯榴彈營的大衛·高頓上尉（Captain David Golden, 1920－2012）的家書，詳盡地描繪被關押的情況，令人更瞭解被囚者的生活：

> 1942 年 6 月 3 日
>
> 親愛的母親，
>
> 我希望這封信能使妳擔憂我的安全感到釋懷。我的身體狀況良好，能夠保持健康，生活得很好。我的體重比我一生中任何時候都重。
>
> 我不希望妳太擔心我，我會沒事的。把妳的精神和注意力留給自己和家裏的人。請讓我知道所有家庭成員的近況。讓我知道家裏發生的所有變化。
>
> 這裏的天氣是亞熱帶的，因此，我們花了很多時間曬太陽，結果我的皮膚曬得黑黑的。妳會很高興知道我已經設法拯救了我的小肥皂狗，它現與我相伴。
>
> 我希望我能每月寫信給妳，如並非如此，不要擔心。
>
> 我向每位家庭成員致愛，每天都記着我。
>
> 致愛，
>
> 大衛 [14]

1942 年 8 月 31 日發行的《溫尼伯論壇報》，刊登了有關衛港加軍戰俘的消息，表示約三十封「俘虜郵便」寄抵該市。縱使數量只是冰山一角，已經給人們帶來希望。那些郵件，猶如《聖經·箴言》第二十五章第二十五節所言：「有好消息從遠方來，就如拿涼水給口渴的人喝。」

戰俘書寫家書時，字數和內容有所限制，從加拿大寄往香港的郵件，要求亦相當嚴謹。溫尼伯榴彈營士兵查里斯·貝奇（Charles Birch, 1921－1982）母親收到來自渥太華的官方消息，表示一艘輪船將會運載信件和包裹駛往香港，信件必須以個人名義發出，不能提到戰爭，以及加拿大和其他地方的情況，包裹裏不能含有食物或煙草，只可有衣服和廁所用品。信件和包裹將在渥太華和日本接受檢查，並通過國際紅十字會轉交給戰俘。[15]

1942 年 4 月 28 日，皇家加拿大來福槍營戰俘協會（Royal Rifles of Canada Prisoners of War Association）[16] 向戰俘家屬發出信件，列明書寫給戰俘信件的程序指引，包括內容只可提及個人事務，不可提及戰況。筆跡必須清晰可辨，只容許單面書寫，並需列出與戰俘的關係。此外，家人亦被告知每月可郵寄一封信，但是內容將受到日方嚴格審查。信件寄出者亦不只限於家人，朋友和其他人都享有寫信給戰俘的權利。1943 年 8 月 21 日，加拿大通知該協會，客輪格利普霍姆號將前往亞洲，為關押在香港和日本的衛港加軍俘運送物資。基於船上的載貨量，將以醫療和其他救濟物資為首要考慮，因此，只接納信件投遞，拒絕任何私人包裹。[17]

來自東京的廣播

衛港加軍戰俘的消息，備受加拿大國內主要媒體，以及兩營部隊編成地區所關注。戰俘的消息，除依靠日本提供名單，以及他們與家人的信件外，來自日本的收音機廣播，亦是一種確認戰俘情況的途徑。

「訊息戰」在第二次世界大戰期間，是交戰國的另一戰場。早在 1935 年，日本已定期向海外進行電台廣播，此舉除了向國際社會宣傳日本官方訊息外，亦以美國太平洋沿岸和夏威夷（Hawaii）的日本僑民為服務對象。太平洋戰爭爆發後，日本首次利用戰俘作廣播。1941 年 12 月 19 日，一名在日本攻擊英屬馬來亞殖民地時被俘虜的澳洲軍人出現在日本電台廣播節目內，並向家人發表訊息。[18] 1943 年初，東京廣播電台開始加強「訊息戰」，利用播音節目向敵國發送英語廣播，企圖勾起敵軍的鄉愁和厭戰情緒。那些心理戰節目，包括針對敵方前線的《零時》，針對美國本土的《日之丸小時》，後改名為《人道呼喚》，以及《郵遞員呼喚》。[19]

針對美國本土的節目，日軍起用了十多名戰俘來製作，內容包括音樂節目、戰時新聞，以及戰俘講話。1943 年，美國太平洋沿岸的聽眾接收東京廣播電台節目時，聽到一首由衛港加軍戰俘演唱的歌曲《我永不會說再見》（*I'll Never Say Goodbye Again*）。該首樂曲由艾瑪·麥卡尼特（Elmer McKnight, 1914－1973）撰寫，靈感來自他掛念未婚妻的思憶愁緒。艾瑪·麥卡尼特，以及謝拉·麥卡尼特（Gerald McKnight, 1914－1992）和麥維爾·麥卡尼特（Melville McKnight, 1910－1984）均來自溫尼伯，三兄弟在戰前是救世軍軍樂團成員。被俘後，麥卡尼特昆仲被允許將單簧管、薩克斯管和小號帶入戰俘營，並且與多名戰俘組成「戰俘營樂隊」，以表演來維持大家的士氣。他們在戰俘營創作和演唱的《我永不會說再見》，不僅給其他戰俘帶來了希望，也給那些等着他們回家的人，傳來了堅實的信息。[20]

《我永不會說再見》播出後，加拿大廣播公司（Canadian Broadcasting Corporation）隨即請其他歌手重新演繹，並在國內多

衛港加軍戰俘艾瑪‧
麥卡尼特撰寫的歌曲
《我永不會說再見》，
靈感來自他掛念未婚
妻的思憶愁緒。

個電台播放，此舉令這首歌廣受歡迎。為尊重艾瑪‧麥卡尼特的貢
獻，加拿大確保這首歌是以「麥卡尼特」的名義發行。[21]

　　除了《我永不會說再見》，曾關押在「東京戰俘營 3-D」的當
奴‧尼爾遜（Donald Nelson, 1919－2008），曾接受過東京廣播電
台女播音員「東京玫瑰」户栗郁子（1916－2006）的訪問。他的
講話在《零時》播出時，被他的朋友在美國的親戚聽到，後轉折地
通知他的母親。[22] 另一名曾被「東京玫瑰」訪問的士兵查里‧金寶
（Charlie Campbell, 1921－1998），他在節目內的談話，不只向家人
問好，更借此機會讀出同袍的名字和來自何處，希望收聽到該廣播
的聽眾，能將訊息轉達他們家人和通報加拿大。他說：

Hello Mother and Dad. This is Charlie George Campbell, Royal Rifles of Canada, speaking to you from a Tokyo prisoner of war camp. To you and all my friends in Grand Cascapedia and New Richmond, I send regards. Also to my sister Marion of Montreal, my sister Lottie of Long Island, and my brother Cuthbert of Vancouver, B.C. I am fine and hope you are all well at home. I have received many letters from you, also a parcel. I hope you have received my letters. I am looking forward to more from you in the near future.

Otis Harrison sends his regards to his friends in Grand Cascapedia. Francis Robertson, Edgar Labrecque and Philip Lawliss send their best to their friends in St. Jules. Arnold Ross, Charlie Cochrane, Louis Robertson, Talston Hardy, Frank McColm, Theophile Cyr, Leo Cyr, Clifford Meredith, Woobum Burton, Eldon McWhirter send their regards to their families and friends in New Richmond. Alexander Flowers sends his love to his wife in New Carlisle. Alexander Joseph sends his regards to his friends at Paspebiac, and last but not least, Alfred Tennier sends his regards and best wishes to his friends in Hopetown. Anyone hearing this message, please inform Mr. and Mrs. Russell Campbell in Grand Cascapedia, Quebec. Well, so long from now. Till we meet again. Charlie. [23]

1944 年 9 月 2 日的《溫尼伯論壇報》，報導了大衛・伊雲斯（David Evans, 1920－1978）出現在東京廣播電台的節目內。據大衛・伊雲斯的母親描述，她收到一位美國朋友的來信，表示在廣播中聽到大衛・伊雲斯的講話。在廣播中，他表示受到很好的對待，不要擔心他，並且希望很快能夠回家。[24] 原隸屬溫尼伯榴彈營的大衛・伊雲斯在被訪時，正關押於「福岡戰俘營 5-B」。

兩個月後，居住於美國加利福尼亞州（California）聖加布里埃爾（San Gabriel）的利樺‧紐曼（Neva Newman）收聽東京廣播電台節目時，聽到約翰‧普洛克（John David Pollock, 1820－2005）的講話，他說：「我很好，希望再次見到你們。我沒有收到妹妹的消息。向我的朋友致以最深摯的問候。」利樺‧紐曼將此信息，透過加美兩國轉達給約翰‧普洛克的母親知道。[25]

日本的「訊息戰」，意圖向敵國宣傳戰俘受到良好對待，以此掩飾殘酷的真相。但對加拿大軍眷而言，電台廣播傳來的聲音，進一步確認個別戰俘仍然活着，這舉給軍眷對未來帶來了曙光和祈望。

軍眷團體與義務工作

1941 年末，加拿大在歐洲戰場上，已參戰了兩年。但是被德國俘虜的戰俘卻寥寥可數，因此加拿大並未設立專責部門來處理戰俘和軍眷的問題。香港戰役後，大量加拿大官兵被俘，令國防部（Department of National Defence）除面對公眾質疑和國內政治壓力外，處理戰俘和軍眷問題，亦逼在眉睫。

處理戰俘問題，雖然是由對外事務部（Department of External Affairs）、國家戰爭服務部（Department of National War Services）和國際紅十字會負責，但鑑於國防部接獲很多軍眷查詢，故此在 1942 年 3 月，國防門決定委派一名官員專責處理，包括建立溝通渠道，以及向查詢者致以慰問和支援。皇家加拿大來福槍營名譽中校法蘭克‧奇勒（Lieutenant-Colonel Frank Clarke）被任命處理衛港加軍成員及其家屬的利益，並提供建議和協助與加拿大戰俘有關的問題。[26]

刊登於《溫尼伯論壇報》的漫
畫，提醒民眾香港正處於鐵蹄
之下，不要忘掉香港的悲劇。

　　自第二次世界大戰爆發，國防義務工作開始蓬勃起來，許多婦
女加入義工組織，貢獻她們的閒餘時間，以此暫時忘掉對被囚戰俘
的牽掛，亦同時為服役中的軍人作支援。此外，還要證明身處「大
後方」的自己，與那些在前線服役的人，同樣為戰爭作出貢獻。以
溫尼伯榴彈營編成地區為例，志願服務組織發揮了重要作用，並為
加國其他地區樹立了榜樣。[27]

　　1939 年 10 月 10 日，大溫尼伯加拿大婦女義務登記局（Greater
Winnipeg Bureau for the Voluntary Registration of Canadian Women）
在波蒂奇大道（Portage Avenue）和夏格維街（Hargrave Street）交
界開設了辦事處。成立之初，該局對十六歲以上婦女作出呼籲，強
調愛國的動機：

　　　　如你每週能貢獻數天的時間，或者每週提供數小時，妳能

協助國家。不要忘記有大量的戰爭工作需要做。如果妳堅決維持加拿大是一個自由、民主的國家，還有其他必要、無償和不具體的工作需要犧牲時間來完成。任何使加拿大在這個時候保持運作的工作都是戰爭工作。這取決於溫尼伯的婦女來做這件事。我們有責任守住「大後方」。

註冊工作最初產生了一份包含七千名志願者的名單。溫尼伯的許多戰爭和社區服務機構都得到了中央義務工作局（Central Volunteer Bureau）的志願者幫助，許多局方轄下成員也屬於這類型組織，包括溫尼伯榴彈營婦女輔助會（Ladies' Auxiliary of the Winnipeg Grenadiers）。[28]

溫尼伯榴彈營婦女輔助會的成立，維繫着軍眷們的關係。香港淪陷後，大量衛港加軍生死未卜，輔助會成員面對錐心刺骨的痛。輔助會本着同舟共濟的原則，互相扶持，令會員有時間和空間調整身心，疏理情緒。

1942 年，加拿大總督夫人愛麗絲公主（Princess Alice, Countess of Athlone, 1883－1981）前往溫尼伯榴彈營總部參加工作會議，她在會上致詞時，向軍人配偶說：

> 我一直渴望見到你，並表達總督閣下和我本人的深切同情，因為你們所有人都在忍受，你們勇敢地站起來 …… 妳們是真正的英國人，堅定而勇敢 …… 對我們所有人來說，如此痛苦的境況是有口難言的。但將士們希望我們能保持勇氣。祈求上帝，讓我們很快得到更好的消息，讓我們從世界另一端傳來更好的消息。我丈夫曾參與上一場的大戰，他知道這一切意味著甚麼。他向妳們致以最誠摯和最美好的祝願，並祈盼妳們能接

到更好的消息。[29]

1942 年 11 月，喬治·特里斯特少校（Major George Trist,
1894－1977）的夫人在溫尼伯榴彈營婦女輔助會（香港團）年會，
報告了該年度所完成的工作，包括為紅十字會完成了二百件衣服，
五十件毛衣，三十四件嬰兒針織服裝，以及襪子。當中五十六雙襪
子隨親屬包裹（next-of-kin parcel）寄往香港，以及捐贈物資給現役
的溫尼伯榴彈營將士。福利委員會主席普爾夫人（Mrs. A. J. Poole）
亦在會上提交報告，指出該會曾向三百六十六名得不到親屬支援的
衛港加軍戰俘發送了親屬包裹。此外，該團成員亦探訪醫院，參與
援助俄羅斯、中國和希臘救濟組織的工作，亦為軍眷孩童舉辦了聖
誕節派對、野餐和家訪。[30]

除了溫尼伯的軍眷成立組織外，其他省份的衛港加軍家眷
亦成立相同組織。安大略省軍眷成立了香港駐軍親屬協會（The
Association of Relatives of Men at Hong Kong），薩克其萬省軍眷
則成立薩克其萬省戰俘親屬協會（Saskatchewan Prisoners of War
Relatives Association）。各組織亦透過信函往來，互通消息，以此協
助各地的軍眷，以及聲援被日本關押的加拿大軍人。[31]

此外，多個全國性團體亦以不同方式服務社群，當中紅十字會
是最活躍的全國性組織之一，為前線軍人提供支援，而加拿大退伍
軍人會則負責為軍人家屬提供康樂活動、教育服務和福利。[32] 另一
個組織是加拿大戰俘親屬協會（Canadian Prisoners of War Relatives'
Association），該組織是根據《戰爭慈善法》（*War Charities Act*）註冊，
創始人兼主席是阿塞林夫人（Beatrice Tobin）[33]。該會享有從戰時價
格和貿易委員會（Wartime Prices and Trade Board）獲得了碎牛肉、
水果、朱古力、茶葉，糖和咖啡的特殊配給券，分發給戰俘親屬。[34]

籌款

香港陷落後，為着喚醒國民，令他們堅信只要同心協力，必能克服眼前的困難。加拿大各地區紛紛舉辦不同活動，擴大籌集物資網絡，當中以兩個參與香港戰役軍團編成省份最為積極。基於溫尼伯榴彈營成員主要來自溫尼伯和周邊鄉鎮，該地區的籌募活動更覺明顯。

1942 年 3 月 10 日，溫尼伯盟軍勝利委員會（Winnipeg Council for Allied Victory）贊助一齣新的話劇在溫尼伯禮堂上演，所有收益全數撥捐給紅十字會，以援助衛港加軍戰俘。[35] 數天後，加拿大退伍軍人會英勇路紀念分會（Valour Road Memorial Branch, Canadian Legion）在同一地點舉辦「香港援助嘉年華會」（Hong Kong Aid Carnival），全部收益將用於購買食品和衣服，透過認可機構運往衛港加軍戰俘手中。而參與義賣門票的團體，包括溫尼伯榴彈營婦女輔助會、海外護士協會（Overseas Nursing Sisters' Association）、溫尼伯榴彈營官員會所（Winnipeg Grenadiers Officers' Mess）、溫尼伯榴彈營士長官會所（Winnipeg Grenadiers Sergeants' Mess）、英勇路紀念分會婦女及青年輔助團（Ladies' and the Junior Auxiliaries of Valour Road Legion）。贊助人包括曼尼托巴省省督勞倫 · 麥威廉斯（His Hon. Roland Fairbairn McWilliams, 1874－1957）、曼尼托巴省長約翰 · 白加（Hon. John Bracken, 1883－1969）、溫尼伯市長約翰 · 昆尼（John Queen, 1882－1946）等軍政人物外，溫尼伯榴彈營指揮官約翰 · 薛畿輔（John Sutcliffe, 1896－1942）夫人嘉芙蓮 · 薛畿輔（Kathleen Jane Sutcliffe）亦是贊助人之一。[36]

籌備香港援助嘉年華會並非一帆風順，根據《溫尼伯論壇報》在 3 月 11 日的報導，籌備委員會在 3 月 12 日於市中心的巴黎大廈

（Paris Building）開會，曾討論嘉年華會是否需要取消，主要是日軍不人道地對待戰俘的消息已被廣泛報導，此刻舉行嘉年華會，會否加深公眾的不安情緒。籌備委員會經慎重考量後，決定嘉年華會如期舉行，皆因日軍的暴行，令籌款活動更具說服力。[37]

1942 年 3 月 13 日舉行的嘉年華會，曼尼托巴省督代表該省對參與香港保衛戰的溫尼伯榴彈營軍人致敬，台上亦展示了該軍團的軍旗，並由溫尼伯榴彈營第二營管樂團負責開幕禮的音樂演奏。至於嘉年華會的節目，先由靴保・列頓管弦樂團（Herble Brittain Orchestra）演奏多首樂曲，繼而是 E. J. Casey Shows 的馬戲表演，以及抽獎環節。[38] 翌日活動，共有八千九百多人參加，創下了入場記錄。[39] 兩天的「香港援助嘉年華」活動，共籌得七千三百五十加元，淨額七千五百加元將捐給曼尼托巴省紅十字會（Canadian Red Cross, Manitoba Branch），作為援助衛港加軍戰俘之用。[40]

除大型活動外，社區內亦紛紛發起不同形式活動，各人本着「有錢出錢、有力出力」的互助精神，為被囚戰俘盡一點棉薄之力。艾碩・布羅克民眾俱樂部（Issac Brock Community Club）於 1942 年 4 月 15 日在艾碩・布羅克學校（Issac Brock School）禮堂贊助一場為戰俘籌款的音樂會，參演者包括哥頓・貝爾學校合唱團（Gordon Bell school choir），溫尼伯芭蕾舞團（Winnipeg Ballet）的初級成員將演出《紅心皇后》（Queen of Hearts）。該活動得到曼尼托巴省省督伉儷，市長約翰・昆尼，約翰・施文斯中校（Lieutenant-Colonel John Semmens, 1879－1960）的贊助下舉行，嘉芙蓮・薛畿輔亦獲邀出席。[41]

為被囚於香港的溫尼伯榴彈營戰俘購買補給品，溫尼伯愛國營救團（Winnipeg Patriotic Salvage Corps）向曼尼托巴省紅十字會贈送了一張五千加元的支票。據溫尼伯愛國營救團團長說，它們工作的成功，很大程度上取決於溫尼伯婦女的合作和支援，例如，德斯度高爾夫球會（Tuxedo Golf Club）婦女支部的成員為紅十字會籌集了一百五十加元。此外，該支部的十名成員更組成了一個小組，為紅十字會編織了一百五十四匹編織物。[42] 全國婦女慈善組織帝國女兒詔令（Imperial Order Daughters of the Empire）在省級會議上報告，該組織將向衛港加軍戰俘發送了二百萬支香煙、二千磅煙草和一千本書。[43]

除了社企組織積極響應外，軍眷和社會團體亦竭盡所能，為戰俘的福祉盡一分力。亞倫·凱爾索（Alan Kelso）的兩位叔叔，約翰·凱爾索（John Robert Kelso, 1920－1941）和享利·凱爾索（Henry Kelso, 1915－1941）都前往協防香港，亞倫·凱爾索花園裏採摘鮮花出售，並將所得的七加元捐給溫尼伯戰爭和福利服務協調委員會。其他捐款者包括葛蘭伯勒市（Glenboro）捐款五十六加元、哥倫布騎士會（Knights of Columbus）捐款二十加元、韋斯頓欖球會（Weston Football Club）捐款二十加元。[44] 聖約之子會（B'nai B'rith）捐款一百加元，令香港香煙基金接近二千加元。其他捐款來自東基度嵐流浪者棒球隊（East Kildonan Rangers），他們與第三號無線電學校（No. 3 Wireless school）進行了一場棒球表演賽，為該基金籌募十二加元。[45]

戰俘親屬協會與紅十字會緊密合作

衛港加軍戰俘面對前景不明朗，加拿大透過其他非參戰國，嘗試聯繫日本，將紅十字會包裹運往香港。鑑於加日兩國外交關係斷裂，以及太平洋航運受戰爭影響，令運送包裹波折重重。

1942 年 5 月，加拿大政府就有關戰俘家屬寄出「個人包裹」發出指引，指出政府正在向每個戰俘發送全套軍服，以及醫療用品和蚊帳，紅十字會正在運送食物。基於上述理由，「個人包裹」不得包含食物，包括朱古力、香煙和煙草等物品，並建議包裹內，可考慮廁所用品、牙刷和牙粉、剃鬚刀和刀片、硬指甲刷、肥皂和剃鬚肥皂、梳子和昆蟲粉等物品。[46] 近親被允許每三個月寄出「個人包裹」，重量可達十一磅。為了籌集「個人包裹」內的物資，軍眷面對沉重的經濟負擔。[47]

不幸地，運往香港的物品和包裹的訊息非常混亂，令軍眷無所適從。1942 年 5 月，阿根廷外交部宣佈，日本已同意允許一名國際紅十字會代表訪問香港，探視英國和加拿大戰俘的待遇，但否決紅十字會派遣補給船的提議，理由是不能保證該地區的航行安全。加拿大紅十字會原計劃在補給船上運送十四萬五千個食品包裹，由國際紅十字會代為分發。由於日本拒絕了派遣補給船的提議，計劃只好暫時擱置。[48]

1942 年 10 月，加拿大紅十字會官員卻表示，寄給戰俘的包裹已運抵香港，當中包括加拿大的二萬四千個食品包裹。除食品外，亦提供了一百五十盒藥品、香煙、脫水蔬菜及果汁。[49] 同年 11 月，根據戰爭福利服務協調委員會（Co-ordination Board for War Welfare Services）報告，基於日本政府無法保證能安全交付，捐贈給香港戰俘的香煙和煙草尚未運出，這些貨物已退回給製造商，以便在條件允許時，立即更換為新貨物。[50]

1943 年 6 月 2 日，《域多利時報》（Victoria Times）的報導，更表示紅十字會原定運往香港分發給加拿大和盟軍戰俘的大量食品，已儲存在倉庫內超過一年多。該報稱，在日本拒絕確保運輸安全的情況下，這些物資在運往美國三藩市（San Francisco）途中撤回至加拿大卑詩省（British Columbia）域多利（Victoria）。[51] 這證明部

加拿大紅十字會送給戰俘的食品和醫療用品，成為他們身心的慰藉。圖為1943年10月刊登於《溫尼伯論壇報》的紅十字會募捐廣告。

分物品未能依原定計劃運送。

為確定包裹能送到戰俘手中。加拿大戰俘親屬協會與國際紅十字會緊密合作，由來自瑞士的監察員負責調查，確保沒有被盜取。該會亦收到戰俘的來信，告訴他們取得包裹。[52] 對戰俘而言，這些包裹是非常最重要的，因為通過它們，戰俘感覺到「與家庭保持聯繫，不會覺得他們被遺忘了」。[53]

包裝包裹需要大量人力支援，義工組織成為不可或缺的勞動力，當中軍眷團體最為鼎力，皆因包裹內的東西維繫着戰俘的健康和生存機會。負責包裹的廠房，每天包裝五千個包裹。溫尼伯榴彈營婦女輔助會（香港團）的婦女和其他輔助小組的義工定期參與包裝活動，參與者包括召集人珍·鋕克（Jean Hook），她的丈夫亨利·鋕克少校（Major Henry W. Hook, 1900－1945）被關押在深水埗戰俘營。此外，在香港戰役陣亡的凱爾索昆仲（Corporal Henry Kelso, 1915－

1941 和 Corporal John Kelso, 1920－1941）的母親，以及約翰·佩恩上士（Sergeant John Payne, 1918－1942）的母親亦有積極參與包裝工作。在深水埗戰俘營因病去世的艾歷·伊斯特霍爾姆（Eric Eastholm, 1920－1942）的孖生弟妹，以及被關押在香港的阿爾拔·菲林明（Albert Fleming, 1902－1971）女兒莉莉安·菲林明（Lilian Fleming）在課餘時候，均前往紅十字會中心協助包裝包裹。[54]

香煙和煙草

　　紅十字會包裹內，必定包括香煙和煙草，可見吸食香煙在軍中非常普遍。軍隊吸煙的背景，可追溯至第一次世界大戰，那時正值香煙使用方便、製作工藝簡單、價格便宜和成本低廉。機器製香煙問世，更導致香煙廣受歡迎，吸煙人數大增。煙草更被認為是在戰壕保持部隊士氣重要的一環，因此與其他物品一起安放在口糧包

第一次世界大戰期間，瑪麗公主為慰勞前線將士，送給他們一個浮雕黃銅盒，內有一包煙草和一包香煙，間接將香煙與軍旅生活牽上關係。

The Red Cross prisoners-of-war packing plant opposite the Grain Exchange is packing its last parcel Friday.

"We're closing down for a month anyway," said J. D. Perrin, head of the volunteer organization. "We may open again in August, and perhaps not till September. Depending on the war, we may not have to open again at all."

"The International Red Cross has advised us that 600,000 parcels have been delivered in the Far East. Another 300,000 are on the water. When we close there will be a further 300,000 here in storage, awaiting shipment," said Mr. Perrin.

"The Winnipeg packing plant is the only one still in operation of the six that worked full speed ahead during the early years of the war. The Winnipeg plant is "the only one to be held in readiness in case operations are to be resumed. We will keep a skeleton paid staff and two weeks' supplies on hand, to start at quick notice, if necessary."

Since the war began the Winnipeg plant has packed nearly 2,750,000 parcels.

The six plants in Canada have packed 16,000,000 parcels for the boys behind barbed wire—the parcels all returning POW's now kept them alive. Since the European war ended, the local plant has packed a special Far East parcel with more meat than the European parcel contained; also a special parcel for Indians with curry powder and dried peas and flour for unleavened bread.

It was a volunteer job, that packing plant. Outside of a small paid staff, men and women of Winnipeg gave their services. Mr. Perrin said this morning 1,000 women had signed a contract to work. "Our plant runs like a factory—it has to. There are 135 women each morning on the assembly line packing. It takes another 20 getting boxes ready and stacking supplies in the afternoons.

The plant has packed 5,000 parcels each morning for five days a week.

Today the Hong Kong auxiliary was on the job along with other army auxiliaries. Mrs. J. L. Sutcliffe, whose husband, Col. Sutcliffe, was killed at Hong Kong, dropped in to say hello to the women; she now lives in Vancouver.

Many of the Hong Kong women have lost husbands and sons; still they pack. Take Mrs. J. L. Kelso, 728 Lipton st.: she lost two sons but she has continued to pack for other boys. Mrs. M. Payne, 37 Bank st., heard recently her son John had died. Mrs. R. Vale, 47 Sadler ave., lost a son.

Several school children, freed from studies, were lending a hand this morning: Bobby and Betty Eastholm, 12-year-old twins, came with their mother. Their big brother died in Hong Kong. Lillian Fleming came in her Guide uniform; her father was at Hong Kong. Donna Cooper, 13, came to help her mother pack.

These prisoner parcel packers will hang up their blue Red Cross smocks Friday for a month at least and probably forever. Left to right, Mrs. R. Vale, 47 Sadler ave., whose son is a prisoner at Hong Kong; Mrs. M. Payne, 37 Bank st., who heard recently her son had died there; Mrs. J. L. Kelso, 728 Lipton st., whose two sons were killed in the Hong Kong fighting; Mrs. John A. Norris, whose husband, Capt. Norris, is a prisoner. Mrs. Norris supervises the Hong Kong auxiliary packing work.

溫尼伯榴彈營婦女輔助會（香港團）成員參與包裝
戰俘包裹工作，包括約翰·佩恩上士的母親。

內。吸煙給士兵在恐怖的塹壕戰中，得到片刻忘卻戰場上的困擾，以及用以維繫戰友的情誼。「西面戰線」的美軍司令約翰·潘興將軍（General John Pershing, 1860－1948）曾被問及贏取戰爭的要訣時，他回答說：「要同等數量的煙草和子彈。」55 可見香煙和煙草對軍人的重要性。

英聯邦軍隊與香煙結下不解之緣，則可追溯至與英國皇室的關係。瑪麗公主（Princess Mary, 1897－1965）在第一次世界大戰期間，為慰勞前線將士，送給他們一個浮雕黃銅盒，裏面有一包煙草和一包香煙的聖誕禮物。並且附有一張她的肖像照片，以及喬治五世（King George V, 1865－1936）和瑪麗皇后（Queen Mary, 1867－1953）的聖誕賀卡，為前線士兵打氣。56

基於歷史原因，溫尼伯舉辦《香港週》期間，布施基金（Buckshee Fund）在零售店的櫃枱和其他公共場所設置捐款箱，讓公眾人士享受購物時，也可以捐款支持被囚的衛港加軍戰俘。負責管理布施基金的卡努基亞會（Canukeea Club），承諾從捐款箱籌得之善款，用以支付向香港戰俘贈送的香煙和煙草的費用。該會亦已從儲備金取出一千加元捐贈給香港香煙基金（Hong Kong cigarette fund）。[57]

溫尼伯加歷堅拿俱樂部（Winnipeg Canukenna Club）透過布施基金為溫尼伯榴彈營戰俘捐贈二萬支香煙，該會亦同時配對捐贈二萬支香煙給與皇家加拿大來福槍營戰俘。[58] 大溫尼伯戰爭和福利服務協調委員會（Greater Winnipeg Coordination Committee for War and Welfare Services），亦代表溫尼伯市民，包銷約五千三百加元的香煙。[59] 而駐紮在卑詩省的溫尼伯榴彈營第二營軍官，籌集了五百加元，支付從溫尼伯寄給衛港加軍戰俘的香煙和煙草運費。[60]

向戰俘他們發送的兩百萬支香煙和一噸吸煙的煙草，連同數以噸計的食品和醫療用品，都是通過紅十字會運去的。被關押在「大阪戰俘營 3-B」的堅尼夫·英科斯特（Kenneth Inkster, 1921－

刊登於《溫尼伯論壇報》的「香港香煙基金」漫畫，呼籲市民鼎力支持。

1950），道出戰俘吸食香煙的習慣。他說：

> 聖誕節那天，每個病人都收到三根香煙。在營地內，戰俘
> 平均每天要抽三根日本煙。有時，我們一天只被允許抽一根
> 煙。我們常常保留煙頭，然後用牛皮紙或任何能弄到的紙張，
> 再把它們捲起來。[61]

　　吸煙危害健康是不爭的事實，但在第二次世界大戰期間，社會
風氣對吸食香煙大為不同，被認為是生活時尚的配件。根據藥力學
理論，吸入尼古丁後，可以降低焦慮感，而香煙中的多巴胺等物
質，可以增加歡愉感。前線軍人或戰俘面對無常的遭遇，只好依賴
香煙來鬆弛緊張和不安的情緒。

註釋

1　"Jps Willing To List Hong Kong Prisoners." *The Winnipeg Tribune*, 14 January, 1942.

2　"Zion Church." *The Winnipeg Tribune*, 26 June, 1942.

3　"A Londoner views Winnipeg." *The Winnipeg Tribune*, 7 November, 1942.

4　Hong Kong Veterans Commemorative Association, *Personal Accounts: William Bell's Story*, https://www.hkvca.ca/williambell/chapter4.php，瀏覽日期：2022 年 1 月 17 日。

5　Norman Ward (ed.), *A Party Politician: The Memoirs of Chubby Power* (Toronto: Macmillan, 1966), p.231.

6　Evan George Stewart, *Hong Kong Volunteers in battle: a record of the actions of the Hongkong Volunteer Defence Corps in the battle for Hong Kong December 1941* (Hong Kong: RHKR The Volunteers Association Ltd, 2005), p.82.

7　"They saw the Jps take Hong Kong." *The Winnipeg Tribune*, 3 February, 1944.

8　"Soldiers' Farms." *The Winnipeg Tribune*, 18 April, 1942.

9　"Soldiers' wives may die, too." *The Winnipeg Tribune*, 23 September, 1942.

10 "Letter from Hong Kong tells of prison sports." *The Winnipeg Tribune*, 29 August, 1942.

11 "Officers writes of treatment at Hong Kong." *The Winnipeg Tribune*, 29 August, 1942.

12 "Hong Kong mail gladdens homes across Canada." *The Winnipeg Tribune*, 31 August, 1942.

13 Ibid.

14 "I am alive and well." *The Winnipeg Tribune*, 31 August, 1942.

15 "Letters, Parcels may be sent to Hong Kong." *The Winnipeg Tribune*, 22 April, 1942.

16 「皇家加拿大來福槍營戰俘協會」是根據《戰爭慈善法》註冊的戰俘直系親屬組織。

17 *Canadian War Museum Archives, Lloyd Cissell Doull Fonds, 1942-1945* (Fonds/Collection: 58A 1 6.14); Canadian War Museum Archives, *Peter Louis MacDougall, Notes and Letters, 1941-1945* (Fonds/Collection: 58A 1 29.6).

18 北山節郎:《ラジオ・トウキョウ 1─戦時体制下日本の対外放送》(東京:田畑書店,1987),頁 126。

19 《零時》節目的日語名稱是「ゼロ・アワー」,英語為 *Zero Hour*;《日之丸小時》節目的日語名稱是「日の丸アワー」,而《人道呼喚》節目的日語名稱是「人道の呼びかけ」,英語為 *Humanity Calls*;《郵遞員呼喚》節目的日語名稱是「ポストマン・コール」,英語為 *Postman Calls*。見池田德眞:《日の丸アワー:対米謀略放送物語》(東京:中央公論社,1979),頁 116-117。

20 Cameron MacIntosh, "Canadian PoWs' song from Japanese camp gave hope during WW II." *CBC News*. Canadian Broadcasting Corporation, 28 May, 2014.

21 Ibid.

22 "Oral History interview of Nelson, Donald", 7 May 1996. Interviewer: Chow Ka Kin Kelvin, File Name: NDN. Hong Kong Museum of History Collection.

23 Bay Chaleur Military Museum collection No. 2012.MM.0286.

24 "War prisoner heard from." *The Winnipeg Tribune*, 2 September, 1944.

25 "Message heard from prisoner." *The Winnipeg Tribune*, 21 November, 1944.

26 "Clarke to Arrange Aid for Hong Kong." *The Winnipeg Tribune*, 13 March, 1942.

27 P. G. Cambray and G. G. B. Briggs, Red Cross and St. John. *The official record of the humanitarian services of the War Orqanisation of the British Red Cross Society and Order of St. John of Jerusalem, 1939–1947* (Eastbourne: Sumfield and Day Ltd., 1949), p.178.

28 Jody Perrun, "The Spirit of Service: Winnipeg's Voluntary War Services During the Second World War", in Esyllt W. Jones, Gerald Friesen (ed.), *Prairie Metropolis: New Essays on Winnipeg Social History* (Winnipeg: University of Manitoba Press, 2009), p.164.

29 "Speaking of Building New Homes– 'It can be done' Says The Princess Alice." *The Winnipeg Tribune, 25 April, 1942.*

30 "Mrs. George Trist heads Auxiliary to Grenadiers." *The Winnipeg Tribune*, 12 November, 1943.

31 Jonathon Reid, *The Captain Was a Doctor: The Long War and Uneasy Peace of POW John Reid* (Toronto: Dundurn, 2020), pp.219－222.

32 Jody Perrun, *The Patriotic Consensus: Unity, Morale, and the Second World War in Winnipeg* (Winnipeg: University of Manitoba Press, 2014), p.162.

33 她的兒子約瑟夫·阿塞林（Joseph Edmund Tobin Asselin, 1920－1999）在皇家加拿大空軍服役，他駕駛的噴火戰鬥機（Spitfire）於 1941 年在法國聖奧梅爾（Saint-Omer）上空被擊落後，成為戰俘。

34 "Parcels give comfort to prisoner of war." *The Winnipeg Tribune*, 4 August, 1943.

35 "New Theatre Play in Aid of Hong Kong Men." *The Winnipeg Tribune*, 10 March, 1942.

36 "Legion Plans Carnival To Aid Hong Kong Men." *The Winnipeg Tribune*, 21 February, 1942.

37 "Hong Kong Prisoners' Aid Event to be held." *The Winnipeg Tribune*, 11 February, 1942.

38 "Carnival will open with Salute to Valor." *The Winnipeg Tribune*, 13 February, 1942.

39 "Crows Packs Carnival for Hong Kong Aid." *The Winnipeg Tribune*, 16 March, 1942.

40 "Carnival Nets at least $7,350." *The Winnipeg Tribune*, 25 March, 1942.

41 "Issac Brock Club Plans Concert in Aid to Hong Kong." *The Winnipeg Tribune*, 7 April, 1942.

42 "Salvage Corps gives cheques to Red Cross." *The Winnipeg Tribune*, 9 May, 1942.

43 "IODE will hold semi-annual meeting in Winnipeg in October." *The Winnipeg Tribune*, 25 August, 1942.

44 "Flowers stand run by two boys aids Hong Kong Fund." *The Winnipeg Tribune*, 13 August, 1942.

45 "B'nai B'rith aids Fag Fund." *The Winnipeg Tribune*, 11 August, 1942.

46 "Next-of-Kin advised on what they may send to Hong Kong Prisoners." *The Winnipeg Tribune*, 1 May, 1942.

47 "Parcels give comfort to prisoner of war." *The Winnipeg Tribune*, 4 August, 1943.

48 "Hong Kong food parcel plan laid over." *The Winnipeg Tribune*, 23 May, 1942.

49 "Winnipeg Grenadiers get food and smokes." *The Winnipeg Tribune*, 1 October, 1942.

50 "Service Centre will open soon." *The Winnipeg Tribune*, 18 November, 1942.

51 "Red Cross food for Hong Kong held up a year." *The Winnipeg Tribune*, 3 June, 1943.

52 "Parcels give comfort to prisoner of war." *The Winnipeg Tribune*, 4 August, 1943.

53 Red Cross and St. John. *The official record of the humanitarian services of the War Organisation of the British Red Cross Society and Order of St. John of Jerusalem, 1939–1947*, p.178.

54 "Holding the home front." *Winnipeg Tribune*, 8 May, 1943。另見 "Parcel packing shut sown

– perhaps for good." *The Winnipeg Tribune*, 28 June, 1945。

55 BFBS, *What is the background to smoking in the military?*, https://www.forces.net/heritage/ history/what-background-smoking-military?fbclid=IwAR0P26cPat9JuAcHIlMxlLTVKbKHgy u0RSWsqkWtTHEPaBumcbDgldK7go8，瀏覽日期：2021 年 10 月 31 日。

56 Lieutenant-General Jonathon Riley, "The Royal Welch Fusiliers and the Great Christmas Truce, 1914", *Transactions of the Honourable Society of Cymmrodorion*, Vol. 26, 2016 (2016), p.164.

57 "Hong Kong Week." *The Winnipeg Tribune*, 5 August, 1942.

58 "Cigarettes go to Hong Kong." *The Winnipeg Tribune*, 21 May, 1942.

59 "Somethng we can do about Hong Kong." *The Winnipeg Tribune*, 1 August, 1942.

60 "Grenadiers send smokes to Hong Kong comrades." *The Winnipeg Tribune*, 29 August, 1942.

61 "Prisoners Forced To Sing Harvey's Cherry Blossom Song, Witness Says." *The Winnipeg Tribune*, 19 March, 1946.

07

部隊復元回國

　　自 1944 年 11 月 24 日起，東京總共經歷過一百零六次空襲，包括五次大規模空襲。1945 年 3 月 10 日的空襲，面對盟軍四架大型轟炸機一波又一波地向戰俘營鄰近地區投下燃燒彈，日方的高射炮反擊得非常激烈。被擊中的盟軍轟炸機飛向大海，以便友方潛艇營救被擊落的機員。縱使「東京戰俘營 3-D」外圍有一個十英尺高的竹籬笆，戰俘看不到外面情況，但仍看到周圍的火焰高高升起，以及聽到日本人的尖叫聲。空襲後三天，當戰俘被帶去造船廠工作時，目睹整個地區猶如一片荒涼的廢墟。除了戰俘營和造船廠，所有東西都被燒為灰燼。[1]

　　此外，根據《高校風土記・旧制磐城中学校の卷》，1945 年 8 月 10 日美軍 B29 轟炸機空襲郡山，當轟炸機飛越「仙台戰俘營 1-B」時，引起騷動，戰俘非常雀躍。8 月 15 日，戰俘得知日本投降後，戰俘代表要求守衛立即釋放他們，並且決定盟軍部隊抵達前，以自治方式管理營地。戰俘營的守衛和工作人員感到大勢已去，部分人逃離營地。[2]

　　日本宣佈投降，比大多數加拿大軍方策劃者所預計的為早。突如其來的勝利，加拿大短時間內制定不同政策來應對，包括尋找戰俘，安排他們回國，以及尋找在戰役中陣亡的軍人墓穴。兩者都刻不容緩。

退伍軍人事務部

德國攻陷歐洲大陸後，英國國會上議院（House of Lords）自治領事務大臣（Secretary of State for Dominion Affairs）於 1941年 4 月 30 日宣佈成立帝國戰俘委員會（Imperial Prisoners of War Committee）。委員會成員包括來自英國、澳洲、紐西蘭（New Zealand）、加拿大、南非、印度的代表。此外，英國的自治領辦公室（British Dominion Office）、外交部（Foreign Office）、戰俘辦公室（Prisoners of War Office）的官員，陸軍部財務主任（Director of Finance, War Office）和陸軍部戰俘部副主任（Deputy Director of Prisoners of War）亦有參與工作。

1941 年 11 月 5 日，首次召開的帝國戰俘委員會會議，其職權範圍確立為「確保協調國王陛下政府在涉及我們自己和敵方戰俘的事項上的行動」。[3] 建基於這個組織的設立，成為英國和自治領當局在處理有關被日本俘虜的英聯邦戰俘基礎。委員會在戰爭期間只開了三次會議，加拿大、南非、澳洲和紐西蘭的高級專員只出席了首次會議。儘管委員會的會議次數不多，委員會內兩個小組委員會恆常地舉行會議，處理了被軸心國關押的戰俘事宜。

帝國戰俘委員會於 1942 年底開始計劃從遠東撤離獲釋的戰俘回到所屬國家。1944 年末，一份指令草案提交給參謀長聯席會議，並開始進行詳細規劃。太平洋總司令負責保護、維持和撤離各戰區內的盟軍戰俘。這些措施是為了確保在任何停戰協定達成後，解放戰俘營和確保被囚戰俘得到適當照顧，保存敵方關於戰俘的記錄，並逮捕被指控虐待戰俘的敵方人員，以及運送戰俘回所屬國家。**4**

第二次世界大戰期間，超過一百萬加拿大人在軍隊服役。隨着第二次世界大戰局勢逆轉，加拿大於 1944 年成立退伍軍人事務部（Department of Veterans Affairs），着手處理軍人回國退伍後的問題，以協助他們從軍旅生涯重回平民生活。為了幫助他們，加拿大政府推動多項措施。**5**

否極泰來的倖存者

衛港加軍戰俘在戰爭期間，分別關押在香港和日本兩地。日本突然宣布投降，出乎大家意料之外。關押於不同戰俘營的戰俘，面對此劇變，既歡欣，亦對當刻情境感到迷惘。

投降的消息傳到深水埗戰俘營後，對戰俘們來說，這不僅結束艱苦的生活，亦帶來解脫的感覺。隸屬溫尼伯榴彈營的約翰・維貝特（John Vibert, 1898－1976）憶述 1945 年 8 月 14 日的情況：

> 1945 年 8 月 14 日，戰爭結束後。有些人拿出一條毯子，讓華人在圍欄上裝置收音機。警衛已經離開。然後我們聽到這個消息，整夜難眠，就像小孩子得到零食一樣。所有消息都是關於戰爭完結的。
>
> 第二天，有小型飛機飛過來 —— 戰鬥機，其中十幾架在營地上空盤旋，扔下香煙、巧克力棒、食物等。每架飛機都裝滿了補給。他們飛得很低，並向我們揮手。我們抓東西等等，感到很高興。接下來，一架轟炸機飛了過來，裏面裝滿了 50 x 70 的大箱子。每個箱子需要四個人來抬起來。這些降落傘，每位加拿大同袍都會撕下一塊作為紀念品。**6**

戰俘亦將匿藏的收音機取出來，每天都在營地廣播。此外，每天晚上亦安排音樂表演來鼓舞士氣。隨着日子慢慢過去，營內紀律亦開始出現問題，將戰俘限制在營地內活動變得越來越困難。⁷

　　相比起關押在香港的戰俘，日本突如其來的投降，對關押在日本戰俘營的衛港加軍戰俘而言，卻是喜憂參半。日本投降後，被關押在「仙台戰俘營 1-B」的法蘭克・積堅斯（Frank Jiggins, 1915－1993）並未感到歡欣，反而憂慮卻油然而生，這是他首次有這般感覺，他與同袍懼怕日本人因戰敗而向他們報復，蓄意殺害他們，令他們無法活着回國。他說：「我們都以為會被日本人斬首，但後來守衛說我們可以自由地走了，我們頓覺摸不着頭腦。」那天晚上，嚴重營養不良的戰俘，為了食物而開始搜掠附近的村莊。他們拆掉戰俘營內部分木構件，升起篝火來烤雞。⁸

　　法蘭克・積堅斯心中所產生的疑慮不足為奇，因自戰事逆轉，美軍開始展開大規模空襲，向日本本土步步進逼。日軍已經無力阻止，發出了所謂的「玉碎精神」，號召日本國民以自殺攻擊模式，阻止美軍的軍事行動，而當權者已透過各種媒體來提升戰意。以女性雜誌《主婦の友》為例，除了刊載一些防空和救災知識外，亦刊印一些非常激進的仇視美國的口號，包括「別讓美國人活着！」（「アメリカ人を生かしておくな！」）、「打死美國人！」（「アメリカ人をぶち殺せ！」），以及「這就是敵人！野獸民族美國」（「これが敵だ！野獸民族アメリカ」）等口號。

　　同樣關押在「仙台戰俘營 1-B」的湯瑪士・馬殊上士（Sergeant Thomas Marsh, 1915－1995）憶述盟軍戰機飛越戰俘營的情況：

> 那是一架戰鬥機，當它在我們的營地上方高空盤旋時，我們都跑進營地。……六百人變得瘋狂。我們可以清楚地分辨出

1945 年 7 月號的《主婦の友》封面，強
調婦女是肩負戰爭勝利的勞動力。

1944 年 12 月號的《主婦の友》封面，印
有「打死美國人！」的口號。

紅色、白色、藍色和代表美國的白星 ...... 喜極而泣，裸着上身而只穿着「褌」的人跳了起來，跳來跳去 ...... 男人們互相拍打，握手，哭泣。這是真的。真的結束了 ...

他們像神派遣的天使，來解放他的子民。他們意味着自由和快樂。這是美好的一天，我生命中最美好的一天！

我被壓抑了四年情緒，突然震撼地釋放。我回到營房，像嬰兒一樣哭泣，卻不感到羞恥。有些人情緒變得歇斯底里，不得不送住醫療室院，另一些人則目瞪口呆地坐着，高興得無法說話。[9]

另一名關押在「仙台戰俘營 1-B」的戰俘，卻有着不同的經歷。當奴·尼爾遜（Donald Nelson, 1919－2008）憶述日本投降後不久的情況，說：

我們不知道戰爭已結束，只知道有些不對勁。警衛逃到山上，我們意識到一切已經結束了。他們大多脫下制服，並埋在地下，避免被追捕。然後荷蘭空軍軍機給我們空投下四十五加侖的桶子，內有香煙、食物。兩名同袍站在屋頂上觀看空投時，屋頂意外被擊中而身亡。

亞歷山大·軒達臣中士（Corporal Alexander Henderson, 1914－1991）、威廉·摩亞（William Moore, 1922－1989）和我決定離開營地，前往大約五英里外的「仙台戰俘營 2-B」。我們知道那裏有一個戰俘營，因為最好朋友關押在該處。我們朝該營地進發，並在那裏取得聯繫。[10]

8 月 15 日的「仙台戰俘營 4-B」，卻是另一種境況。當天中午，

1945 年 8 月 15 日，《舒布魯克每日紀事報》頭版報導日本投降。皇家
加拿大來福槍營部分成員來自舒布魯克，包括艾蒙・赫德上尉。

戰俘們在被隔離在遠離公眾揚聲器的地方。在當天下午，全市頓時陷入愁雲慘霧之中，很多人跪在地上哭泣，一切彷彿停頓下來。戰俘返回營地，卻是充滿了希望和歡欣。[11] 對被關押在該戰俘營的喬治·麥當奴上士（Sergeant George MacDonell, 1922－2023）而言，這意味着他重獲自由。但自由並不一定等同於安全，皆因戰俘營內的二百九十五名戰俘，仍受日軍的管控，日本軍官有可能寧死不屈。而大橋戰俘營指揮官吉田善吉中尉曾下達命令，如盟軍營救行動迫在眉睫時，將不擇手段殺死營內戰俘。因此，戰俘代表開始與日方進行談判，以解決戰俘的安危問題。

縱使吉田善吉中尉對戰敗感到羞辱和憤怒，但經過數小時的談判，最終與戰俘達成協定，包括撤離警衛，而吉田善吉中尉將自我隔離在辦公室內，由一隊憲兵提供保護。

美國毀滅性的轟炸，大部分日本城市已變成廢墟，數百萬日本人已缺乏食物、水和藥物。戰俘營亦只有約三天的食物存量。戰俘與當地友善的農民達成協議，以食物換取與戰俘營內庫存的物品，以此解決營內糧食不足的情況。此外，戰俘從收音機聽到美軍將進行空中搜索各戰俘營的位置，戰俘按照廣播指示，在營內最大的屋頂漆上「POW」的白色字樣。

數天後，一架機翼和機身塗有美機標誌的單引擎飛機飛越營地上空，盤旋多次後，空投一個銀色錫盒，內裏包括一些螢光布條和一張手寫的紙條，寫着：「哥迪·牛頓中尉（初級），美國海軍亨閣號。已報告位置。」[12] 螢光布條說明了求援指示：「如需要要藥物，展示『M』。如需要要食物，展示『F』。如需要要支援，展示『S』。」戰俘按此展示了「F」和「M」。當飛機再次飛越營地時，目測地面上寫的信息，並晃動機翼示意後迴轉離開。

數小時後，二十多架復仇者型轟炸機（Grumman TBF Avenger）

戰俘從收音機聽到美軍將進行空中搜索各戰俘營的位置，按照廣播指示，在營內最大的屋頂漆上「PW」或「P.O.W.」的白色字樣，以資識別。

飛往營地，空投食物和藥品，包括蛋粉（powdered eggs）、豬肉罐頭和豆類罐頭。藥物包括戰俘營內醫務員也不認識的盤尼西林（Penicillin）。[13]

幾天後，一架 B-29 超級堡壘轟炸機（B-29 Superfortress）飛越上空，以降落傘空投多枚六十加侖的桶子，這些桶子裝滿了罐頭口糧和其他用品，包括新制服和鞋子。有些桶子降落在附近的村落，戰俘以降落傘的尼龍物料（nylon）和部分食物作為報酬，要求村民歸還。隨後數天，大量物資繼續空投到戰俘營，當戰俘意識到物資已充裕，因此在屋頂寫上「不用了！」。第二天，飛機在營地上空盤旋，發射紅色火箭以表明已經收到了資訊信息後離開。

9 月 14 日，一架飛機投下了一張紙條通知他們，美國海軍特遣部隊將在第二天協助他們撤離。翌日，美國海軍陸戰隊由一名上校率領下抵達大橋戰俘營的。[14]

關押於「大阪戰俘營 3-B」的當奴‧麥法誠下士（Lance Corporal

```
ONYAMA PRISONER OF WAR CAMP

OSAKA CAMP NO. III

AUGUST 31st 1945.....................................CANADAIN

WARRANT OFFICERS, N.C.Os. and MEN

HQRS.NO.      N A M E                    RANK        REMARKS

9521  ABRAHAMS, Frederick Percy          Pte.
9522  ACHTYMICHUK, William               Pte
9523  ADAMS, Frederick George Henry      CEM
9524  AIMOE, Angus Frederick             Pte
9525  ARCHIBALD, James Wallace           Rfm
9526  ARSENYCH, Paul                     Pte
9527  AUBERT, Jack                       Pte
9528  AULD, George                       L/Cpl
9529  BAKULUK, Harry                     Pte
9530  BALLILGALL, Aurther Thomas         Pte
9532  BATTEN, John Henry                 Pte
9535  BELTZ, John Steven                 Pte
9536  BERGEN, Edward Henry               L/Cpl
9538  BOTTERILL, Jack                    L/Cpl
9539  BRASS, Raymond Alexander           Pte
9540  BRAZEAU, Lucien Antonio            Pte
9542  BRONSON, Ray Earl                  Pte
9544  BROWN, Murray                      Pte
9545  BURCH, Alvin                       L/Cpl
9456  CAMERON, Harry Douglas             Pte
9547  CARPENTER, Clifford Joseph         L/Cpl
9548  CLARK, Arlie                       Pte
9550  CLARK, Gordon                      Pte
9551  CLUBB, Albert Nelson               Pte
9552  COLE, Edward William               Pte
9556  CUTHILL, Thomas                    Sgt
9557  DANN, Milton Robert                L/Cpl
9558  DALZELL, Robert                    Pte
9560  DELORME, Joseph Enore              Pte
9561  DeVLEIGER, Alexander Antoine       Pte
9562  DICKIE, Earl William               Cpl
9564  DONNELLY, Howard Gerald            Sgt
9566  DRAHO, Edward                      Pte
9567  DRAHO, Emil                        Pte
9569  DUKELOW, Robert John               Pte
9571  DURRANT, Gordon Christopher        Pte
9572  DURRANT, Horace Frank              Pte
9573  DURRANT, Philip Leonard            Pte
9574  DYCK, Daniel                       Pte
9575  ENGLISH, Frederick Arthur Ernest   Pte
9574  FAVEL, Alexander                   Pte
9577  FLEGG, Aubrey Peacock              Pte
9578  FOSTEY, William                    Pte
9580  GALBRAITH, Nelson Carlyle          Pte
9581  GLADEAU, William Louis             Pte
9583  HADDAD, Michael                    Pte
9584  HAMELIN, Alfred James              Pte
9586  HARBOUR, George William            Pte
9587  HARDY, John Herbert                Pte
9588  HELBREN, Robert James              Pte
9590  HISCOX, Sidney                     Cpl
9591  HOFF, Arthur Norman                Pte
9592  HOLDEN, Oliver Andrew              Pte
9593  HOLLINGSWORTH, Gordon              Cpl
9595  INKSTER, Kenneth Jack              Pte
```

被營救關押在「大阪戰俘營 3-B」的衛港加軍
戰俘名單，包括堅尼夫·英科斯特。

Donald MacPherson, 1920－2005），發覺戰俘營守衛瞬間消失得無影無蹤。戰俘們捉了一頭大白豬，合力將牠屠宰，烹煮來吃。[15]

位在新潟的「東京戰俘營 5-B」，日本守衛遵從《終戰詔書》而放下了武器。有別於日常做法，當天早上，隸屬美國陸軍野戰炮兵團的戰俘指揮官法蘭西斯・法盧斯少校（Major Francis E. Fellows, 1905－1975）刻意地無視副指揮官伊藤中士的存在。點名時，戰俘亦改以英語來報上編號，並隨即解散。這是戰俘最後一次點名，這讓他們感到歡呼雀躍。感到困惑的副指揮官伊藤中士，在守衛們的注視下進入警衛室。[16]

日本投降前數天，「福岡戰俘營 5-B」已流傳一枚炸彈被投下於日本某城市。數天後，被安排前往礦井當夜班工作的戰俘，沒有被傳令集合。翌日的早班和午班工作隊伍亦安排在營內等候。原隸屬澳大利亞陸軍的戰俘指揮官朗奴・威廉斯中尉（Lieutenant Ronald G. Williams, 1920－1977）和原隸屬溫尼伯榴彈營的喬治・古特絲中士（Corporal George Coutts, 1916－2012）察覺到事有蹊蹺，一同向營地指揮官問過究竟。會面期間，營地指揮官確認戰爭已經結束，並將佩刀獻給朗奴・威廉斯中尉。朗奴・威廉斯中尉詢問營地指揮官，佩刀是否家傳之寶，日本指揮官簡單地回答：「是。」朗奴・威廉斯中尉着令他保留佩刀，並且收藏起來。為避免引起即時混亂，兩名戰俘代表暫時將日本戰敗保密，並着手組織安全小組來接管戰俘營。[17]

縱使戰爭已經結束，「福岡戰俘營 5-B」的戰俘須等待到 8 月 28 日，才收到空投物資。等待期間，一些戰俘只好前往附近村落尋找食物，他們亦闖入日本囤積紅十字會包裹的建築物，尋找藥品等物資，以及宰殺了營地所有動物來充飢。[18]

「雄獅行動」

1945 年 8 月 15 日，日本宣佈投降後，停泊在澳洲雪梨港口的英國太平洋艦隊「TG 111.2 特遣部隊」接到命令，啟程前往香港。該小組由不撓號（HMS *Indomitable*）、輕型艦隊航母壯嚴號（HMS *Venerable*）、兩艘輕巡洋艦、四艘驅逐艦和武裝商船羅拔王子號組成，於 1945 年 8 月 30 日抵達香港。[19] 8 月 30 日，代號「雄獅行動」（Operation Lion）的軍事行動正式展開，夏慤海軍少將（Rear-Admiral Cecil Harcourt, 1892－1959）乘巡洋艦速逐號（HMS *Swiftsure*），在其他艦艇護航下，進入維多利亞港，標誌着香港重光。[20]

隨夏慤海軍少將到港的，包括出生於域多利的羅景鎏海軍上尉（1909－2012）。1943 年 1 月，羅景鎏得到珀西·紐尼斯中將（Vice-Admiral Percy W. Nelles, 1892－1951）的推薦加入海軍服役。加入皇家加拿大海軍後，羅景鎏分別在滿地可號（HMCS *Montreal*）和歌和老尼斯海軍基地（HMCS *Cornwallis*）接受訓練。1943 年 6 月，羅景鎏完成軍官訓練後，被授予海軍中尉軍銜。由於他對無線電的運作有深厚經驗，服役初期，被派往渥太華海軍總部，負責與無線電通訊有關的工作。1944 年 7 月，他被晉升為上尉。[21]

1944 年 9 月，羅景鎏被借調到皇家海軍，並於 10 月底到達英國。由於精通粵語和英語，他被派往三軍情報團（Combined Services Detailed Intelligence Corps），主理緬甸戰區的工作。1945 年初，羅景鎏轉往位於哥倫坡（Colombo）的蘭卡海軍基地（HMS *Lanka*），參與反攻仰光的籌備工作。光復仰光後，他被調往英國太平洋艦隊服役。[22]

羅景鎏在英國太平洋艦隊服役期間，可說是他軍旅生涯的顛峰期。他被安排出任夏慤海軍少將的「將軍尉官」（Admiral's

關押在「深水埗戰俘營」的戰俘於營內廣場漆上「ＰＷ」字樣。

Lieutenant）。作為一名「將軍尉官」，有如將軍的耳目，他必須對整個戰況瞭如指掌，隨時為將軍提供敵友兩軍的資訊。[23]

作為一名「將軍尉官」，羅景鎏亦跟隨艦隊抵達香港。由於羅景鎏是一名加拿大華人，精通粵語和英語，夏慤海軍少將委派他帶領皇家海軍陸戰隊（Royal Marines）登陸皇家海軍船塢，成為戰後第一位登陸香港的盟軍軍官。當局勢受到控制後，他被派往深水埗戰俘營，營救集中營內的加拿大戰俘。[24]

8 月 30 日，羅拔王子號是第五艘進入港口的船隻，當船隻駛向藍煙囪貨倉碼頭（Holt's Wharf）時，岸上圍觀者發出歡呼的尖叫聲。經過登陸小隊對九龍岸上設施謹慎檢查後，船隻停泊在該碼頭。根據羅拔王子號指揮官窩利士‧克里海軍上校（Captain Wallace B. Creery, 1900－1987）記錄，碼頭仍被日軍佔領，他們正將貨物從貨倉搬上一艘船上。皇家加拿大海軍登陸小隊登上碼頭，命令日軍棄械投降，以及停止一切工作和離開碼頭。日本的指揮官禮貌地回

FINAL EDITION

The Winnipeg Tribune

The Weather

Forecast: Fair, Quite Warm

56th Year   Price, 5 cents; With Comics, 10 cents.   WINNIPEG, MONDAY, SEPTEMBER 3, 1945   By Carrier in Winnipeg—25c per Week   No. 211

CANADIANS REPORT ON TREATMENT—
Hong Kong Winnipeggers Reached

Japs Sign Surrender Ending 8 Years' War

Prince Robert Arrives To Speed Men Home

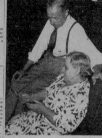

CABLE FROM HONG KONG: Mr. and Mrs. R. W. Goodey read a cable from their son, Jack, a Hong Kong prisoner.

Cosgrave Signs Jap Surrender For Canada

Hirohito Gains in Esteem

Hong Kong Men Wire "Safe and Well"
2 Messages Received Over Weekend

STERN JUSTICE FOR JAPS UNDER POTSDAM TERMS

Nazi Chiefs Getting Religion?
Frank Penitent; Streicher Defiant; But Not a Peep Out of "Fat Stuff"

Manitoba Men Free In Japan

Jap Suicide Snipers Fire on British

Attlee Broadcasts On War Anniversary

Wren Thumbs Way Across Continent by Air

Man Unconscious, Another Badly Cut In Street Brawl

Chiang, Communist Reach Agreement

Army Repats

British Fleet in Hong Kong Harbor

HISTORIC CEREMONY OF JAP SURRENDER ABOARD U.S.S. MISSOURI

1945 年 9 月 3 日的《溫尼伯論壇報》報導倖存的溫尼伯榴
彈營官兵已被營救，以及英國太平洋艦隊已抵達香港。

覆，解除士兵武裝是違反協定的。經過一輪磋商，登陸小隊仍然命令日軍解除武裝和要求他們離開，並且徵用所有車輛。²⁵

另一位隨特遣部隊抵達香港是朗奴‧薩迪克（Ronald B. Suddick, 1924－2010）憶述當艦隻泊岸時，部隊被告知要注意安全，因為在九龍以外的山上仍有日軍出沒。部隊在尖沙咀火車站和天星碼頭集結，並且在香港基督教青年會大樓駐紮。隨後，部隊在市區巡邏，解除了許多日軍武裝。當部隊找到了戰俘營後，加拿大戰俘被護送上船。當朗奴‧薩迪克看到他們時，可以看到被俘期間，他們經常被毒打、挨餓，被折磨得虛弱不堪，瘦弱的身軀上滿是傷痕。

羅拔王子號離開了碼頭後，停泊在維多利亞港內。同時間，安大略號（HMCS *Ontario*）駛入港口，帶同補給品，包括茶葉和一些郵件。²⁶十八歲加入皇家加拿大後備海軍（Royal Canadian Navy Volunteer Reserve）成為二等水兵的馬丁‧麥基哥（Martin McGregor, 1922－1999），1941 年 8 月 15 日受訓成為二等電報員（Ordinary Telegraphist），先後在多艘軍艦服役。1945 年 6 月 4 日，馬丁‧麥基哥志願加入太平洋戰區戰鬥，登上羅拔王子號，直至1945 年 10 月 26 日離開了那艘船。²⁷

馬丁‧麥基哥的戰爭日記，詳盡地記錄了羅拔王子號在香港情況：

> 1945 年 8 月 30 日，星期四至 1945 年 9 月 7 日，星期五：
> 我在 1945 年 9 月 7 日星期五寫下了日記的最後一部分。[8月] 15 日，在幾艘船的沿著航道（大潭峽或類似的地方）向前航行，我們停靠在九龍，與維多利亞（香港島）隔岸相望。我們是第一艘船泊岸，華人都在喝彩。加拿大戰俘幾乎立即開始上船。他們於 8 月 17 日佔領了深水埗軍營。香港的日軍比九龍

幫派成員更早投降。

有一次偷偷溜上岸，得到了一些微不足道的紀念品。沒有休假，只有登陸小隊登岸（警衛等等）。

日本人於今天9月7日簽署了降書，看到周圍有很多日本人。昨天他們仍是全副武裝，直至他們被圍堵。還沒登上香港島，只偷偷登上九龍一次。

第一艘醫療船，牛津郡號（HMHS *Oxfordshire*）幾天前離開。昨晚（9月6日）澳洲或紐西蘭的船隻離港。大約一天前，澳大利亞女皇號（*Empress of Australia*）帶着三千名皇家空軍抵達。

現在允許在監管下上岸休假。今天是我的休假，亦是第一次有機會上岸，但我還沒有去。今晚，香港發生搶劫事件，我想這就是原因吧。

盟軍在戰爭末期展開的「黑名單行動」（Operation Blacklist），附件包括一張日本九州戰俘營位置圖。

預計很快就會離港。守衛者號（HMS *Vindex*）來了。安大略號（HMCS *Ontario*）（加拿大巡洋艦）將於 12 日抵達。到那時我們可能會離開。今天是 9 月 7 日 ..... [28]

日本簽署降書後，隸屬於美國特遣部隊的羅拔王子號接到離港命令，途徑馬尼拉，前往珍珠港（Pearl Harbour）。

營救日本本土的衛港加軍戰俘

在太平洋戰區的尋找被日軍俘虜的戰俘存在很大問題，根據 1980 年由美國服務組織「前戰俘」（Ex-Prisoners of War）的醫學研究委員會出版了一幅已知日本戰俘營和拘留營的地圖。地圖背面列出六百七十七個戰俘營，分佈在東南亞、日本、朝鮮和中國淪陷區。[29] 在戰爭期間，盟軍戰俘的數量和分佈存在不確定性，造成營救上的困難。

與歐洲的戰事相比，遠東戰區盟軍戰俘的撤離難以評估。雖然日本政府自 1944 年開始，透過中立國提供一些有關戰俘身份和戰俘營位置的資訊，但這種情報非常有限和不完整，盟軍只能倚靠敵後情報人員提供戰俘營的確切位置，以及戰俘人數。[30] 因此，盟軍最終能夠制定一幅各淪陷區內盟軍戰俘營的分佈圖。[31]

隨着盟軍在太平洋地區的攻勢加快，他們遇到並從日本人手中釋放英聯邦俘虜的可能性更大。到 1944 年 5 月，位於倫敦的「帝國戰俘委員會」指出，道格拉斯·麥克亞瑟將軍（General Douglas MacArthur, 1880－1964）在阿德默勒爾蒂群島（Admiralty Islands）和新幾內亞（New Guinea）尋獲大約四百六十多名印度裔英軍戰俘。[32] 英國和自治領政府延伸討論在其他地區尋獲戰俘的可能性，並於 1944 年 11 月達成共識，英國參謀長隨後將這些建議轉交給美國，以爭取聯合參謀長的指示。[33]

日本投降後，投降條款內規定他們必須保護所有戰俘的安全和福祉，並在盟軍接管之前，提供足夠的食物、營房、衣服和醫療服務。在此之前，戰俘營管理權將移交給戰俘營戰俘指揮官負責。日方亦要準備完整戰俘清單，以及所屬營地位置，並在需要時，將他們轉移到可以方便移交給盟軍的地方。[34]

為了在停戰後立即向戰俘提供救濟品，資訊傳單、食物、衣服和醫療用品空投到戰俘營。因此，僅在東南亞司令部所覆蓋的地區，就向大約二百五十個戰俘營地，大約一百二十五萬磅紅十字會的物資空投到戰俘營。1945 年 9 月 12 日，所有已知的營地已接收到空投物資。[35]

由於日本的突然宣布投降，盟軍西太平洋戰區司令部決定抽調澳大利亞部隊成員，成立第一支營救小組，在其他英聯邦小組抵達之前，處理所有英聯邦戰俘事宜。[36] 營救太平洋地區戰俘的準備工作，基本上與太平洋地區與盟軍的攻勢同時進行。考慮到這一點，盟軍決定由戰區指揮官負責營救、照料和撤離被日本及鄰近地區的盟軍戰俘和被拘留者。[37] 加拿大撤離聯絡小組，其任務是接收被美軍在日本附近找回的加拿大戰俘，並且協助他們回國。[38]

加拿大撤離聯絡小組

隨着日本無條件投降，當務之急是釋放和照顧被關押的戰俘，例如與家人聯繫、醫療和健康問題、衣服和食物供應，以及盡快安排他們回國與家人團聚。而在日本投降後不久，加拿大政府已籌組撤離聯絡小組前往遠東地區安排撤離加國戰俘。盟軍佔領日本期間，曾在加拿大駐東京公使館工作，出生於日本長野縣的艾格頓·諾文（Egerton H. Norman, 1909－1957）代表加拿大在道格拉斯·麥克亞瑟將軍指揮的盟軍最高統帥部（Supreme Commander of the Allied Powers）負責統籌工作。

1945 年 8 月 25 日，《聖嘉芙蓮標準報》（St. Catharines Standard）報導麥格洛提中校（Lt.-Col. M. W. McA'Nulty），聯同安格斯·巴域少校（Major Angus Barwick, 1895－1957）帶領加拿大撤離聯絡小組（Canadian Repatriation Liaison Group），一行三十名官兵前往馬尼拉，籌劃接回關押在東亞地區的加拿大戰俘。[39] 基於戰爭結束的航運力不足，軍方無法立即將所有戰俘運送回國，這是加拿大協助他們重回平民生活的第一個障礙。有見及此，加國政府採取積分制度來決定士兵回家的優先順序。士兵在加拿大服役每個月獲得兩分，在海外服役每個月獲得三分，如果已結婚，將獲得百分之二十的加分。分數越高，先回國的機會就越大。此外，在太平洋戰爭中，自願服役的士兵被考慮優先送回加國。回國後，每名士兵都享有三十天的假期，然後順序安排退伍。[40]

協防香港的加拿大官兵，只有一千四百二十八名倖存下來。被營救的衛港加軍戰俘，根據個別的情況，以三條不同的路線回國：

（一）肺病患者、重病患者和無法空運者，乘醫療船往關島休養，後經美國三藩市，乘特殊的醫療鐵路車廂，前往卑詩省。

（二）那些在回國前，需要幾個星期深切治療的戰俘，被送往關島的醫院，然後乘飛機或輪船到三藩市，然後乘火車前往卑詩省。

（三）其他人乘輪船或空運到馬尼拉的主要接待營地接受體檢，然後，乘船前往加拿大或三藩市，繼而乘火車前往卑詩省。所有在香港被釋放的加拿大戰俘，皆被送到馬尼拉的接待營。

在日本正式投降前，預計來自不同淪陷地區的同盟國戰俘將會轉送到菲律賓，駐菲律賓的美軍開始將「第五補給倉庫」（5th Replacement Depot）改建為英國和英聯邦戰俘的撤離營地。「第五補給倉庫」初由澳洲陸軍組成的第三澳洲接待小組管理，除管理營地外，亦負責照顧英聯邦士兵的事務，直到他們各國的撤離小組到達。當加拿大人員到達時，營地佈置已極具加拿大氛圍，包括街道用上加拿大各城市主要街道名字，例如多倫多的央街（Yonge Street）、滿地可的聖嘉芙蓮街（Saint-Catherine Street），以及溫哥華的固蘭湖街（Granville Street）等名字。

1945 年 9 月 5 日，英國醫療船牛津郡號抵達馬尼拉，接載首批三百一十九名從香港撤離的戰俘和拘留者，包括英國人、加拿大人、南非人、澳洲人、印度人、挪威人和一名美國人。往後時間，來自香港的戰俘，分別搭乘羅拔王子號、英國戰艦和澳洲運輸船皇后號（HMAT *Empress*）抵達馬尼拉。

第一批抵達加拿大國土的官兵，是那些被關押在日本的戰俘。日軍投降後，美軍開始將他們先送到橫濱，後將需要醫療照顧的人被載送到關島（Guam），然後轉往三藩市。抵達三藩市後，他們被安排乘坐專列前到西雅圖（Seattle），然後乘渡輪到加拿大卑詩省首府域多利。[41]

經過多個月的工作，加拿大撤離小組與皇家加拿大通訊團第一特種無線小組（No. 1 Special Wireless Group, Royal Canadian Corps of Signals），以及英國撤離小組的成員一起乘坐皇家海軍醫療船莉蒂西亞號（HMHS *Letitia*）於 11 月 12 日離開馬尼拉，12 月 6 日抵達溫哥華。[42]

為支援退伍軍人重新融入平民生活，加拿大政府已制定了一個包括服務，養老金和津貼的全面的計劃，並根據《退伍軍人憲章》（*Veterans Charter*），由成立於 1944 年的退伍軍人事務部負責管

1945 年 9 月 27 日，亞歷山大·軒達臣下士在母親生辰當天，返回溫尼伯與父母團聚。

HOME ON MOM'S BIRTHDAY: From a Japanese prison camp, Cpl. Alex Henderson, liberated Grenadier, arrived home Thursday evening on his mother's birthday. "It's the best birthday present of all," said his mother as Alex kissed her. Mr. and Mrs. A. Henderson took their son home to 162 McIntosh ave.

理，協調退伍軍人的福利和服務。在《退伍軍人憲章》的制定過程中，對於殘疾退伍軍人的需求，引起相當多的討論。政府政策是支持他們全面恢復經濟和社會生活，並設立了一個復康部門提供專門治療。[43]

尋找陣亡軍人

溫尼伯榴彈營第一營 C 連指揮官約翰·拜利少校（Major John Bailie, 1907－1974）在香港戰役期間，擔任西旅 E2 連長。被俘後，先後關押於北角戰俘營、深水埗戰俘營和亞皆老街戰俘營。在被關押期間，約翰·拜利少校保留了一批關於加拿大軍人傷亡的資料，特別是北角戰俘營和深水埗戰俘營的戰俘死亡記錄。

大平洋戰爭結束後，加拿大先後加入兩個由多國建立的監督和政策制定機構：遠東諮詢委員會（Far Eastern Advisory Commission）

位於日本橫濱的英聯邦戰爭公墓。

和遠東委員會（Far Eastern Commission），致力確保日本履行投降條件。當盟軍戰爭墳墓部隊（Allied War Graves Units）在日本和香港展開工作時，加拿大卻沒有派代表參與。[44] 約翰・拜利少校只好透過加拿大戰爭罪行聯絡分遣隊（Canadian War Crimes Liaison Detachment）成員，支援他在日本和香港的工作。[45]

日本投降後，戰爭公墓小組的搜索行動立即開始，在缺乏完整資料下，成功尋回多個在戰時的墳墓。約翰・拜利少校在報告中指出：「至少可以說，在香港找回、登記、辨認和集中戰爭死難者的任務是最困難的。經驗豐富的專家認為，香港是最困難的地方之一。」[46]

尋找在戰役中陣亡，或在被俘期間逝世的加拿大軍人遺骸，需要大量的研究和資料搜集。他們大多埋葬在戰場、戰俘營和工作場所附近。經過搜索及重整資料後，位於日本橫濱的英聯邦戰爭公墓，以及香港的西灣國殤紀念墳場和赤柱軍人墳場成為他們的最後安息地。

建造英聯邦戰爭公墓（Yokohama War Cemetery）的命令來自 1946 年 5 月 18 日的英聯邦佔領軍（British Commonwealth Occupation Force）。[47] 公墓設計包括四個區域，包括英國，澳大利亞和印度軍隊各佔一個區域，紐西蘭和加拿大軍隊共用一個區域。原埋葬於橫濱美國空軍陵墓（United States Armed Forces Cemetery No. 1 Yokohama）的加軍遺骸，於 1946 年 11 月 1 日移葬至位於橫濱的英聯邦戰爭公墓。[48]

根據退伍軍人事務部記錄，西灣國殤紀念墳場安葬了二百八十三名陣亡的衛港加軍，紀念牆上則刻有二百二十八名殉死

香港西灣國殤紀念墳場。

沙場卻未能尋回屍首的加拿大軍人。赤柱軍人墳場安葬了二十名加拿大陣亡軍人，而位於日本橫濱的英聯邦戰爭公墓，則安葬了一百七十三名衛港加軍。[49]

註釋

1　Hong Kong Veterans Commemorative Association, *Frank Christensen*, http://www.hkvca.ca/historical/accounts/christensen.php，瀏覽日期：2021 年 7 月 26 日。

2　笹本妙子：〈仙台第 1 分所（湯本‧常磐炭礦）〉，（未刊稿，POW 研究会），頁 1-4。

3　W. Wynne Mason, *Prisoner of War* (Wellington, New Zealand: War History Branch, Department of Internal Affairs, 1954), p.97.

4　Ibid, pp.510-511.

5　Veterans Affairs Canada, *Back to "Civvy" Street: Post-War Veteran Re-Establishment*, https://www.veterans.gc.ca/eng/remembrance/history/historical-sheets/civvy，瀏覽日期：2020 年 12 月 5 日。

6　Hong Kong Veterans Association of Canada, *The Royal Rifles of Canada in Hong Kong, 1941-1945* (Sherbrooke, Quebec: Progressive Publications, 1980), p.405。據考證，引文中的日期應是 1945 年 8 月 15 日。

7　D. Burke Penny, *Beyond the Call* (Nepean, Ontario: Hong Kong Veterans Commemorative Association, 2009), p.298.

8　"'There was a job to do', Veterans say." *Port Hope Evening Guide*, 9 November, 1984.

9　Steve Paikin. "WW2: The Canadians Who Fought for Hong Kong." *The Agenda*. TVO, 13 December, 2021.

10　"Oral History interview of Nelson, Donald", 7 May 1996. Interviewer: Chow Ka Kin Kelvin, File Name: NDN. Hong Kong Museum of History Collection.

11　Georges Verreault, *Diary of a prisoner of war in Japan 1941-1945* (Rimouski, Quebec: VERO, 1995), p.249.

12　原文為 Lieutenant Claude Newton (Junior Grade), USS Carrier Hancock. Reported location。

13　盤尼西林是在 1928 年發現的抗生素。1943 年製藥公司徹底掌握了批量生產盤尼西林的技術，正式廣泛應用於戰場。對於 1941 年末，已被關押在戰俘營內的醫務員來說，他們對此藥物缺乏基本醫學認知。

14　Quillette, On This Day in 1945, Japan Released Me from a POW Camp. Then US Pilots Saved My Life, https://quillette.com/2020/08/15/on-this-day-in-1945-japan-released-me-from-a-powcamp-then-us-pilots-saved-my-life/，瀏覽日期：2021 年 12 月 25 日。

15 "Oral History interview of MacPherson, Donald", 3 May 1996. Interviewer: Chow Ka Kin Kelvin, File Name: MPD. Hong Kong Museum of History Collection.

16 Brereton Greenhous, *"C" Force to Hong Kong: A Canadian Catastrophe 1941-1945* (Toronto: Dundurn Press, 1997), p.145.

17 Michael Palmer, *Dark Side of the Sun: George Palmer and Canadian POWs in Hong Kong and the Omine Camp* (Ottawa: Borealis, 2009), p.117.

18 Ibid, p.118.

19 H. P. Willmott, *Grave of a Dozen Schemes: British naval planning and the war against Japan. 1943 - 1945* (Annapolis, Md.: Naval Institute Press, 1996), p.184.

20 Commodore P. J. Melson, ed, *White Ensign–Red Dragon: The History of the Royal Navy in Hong Kong 1841 – 1997* (Hong Kong: Edinburgh Financial Publishing (Asia) Ltd., 1997), pp.69－78.

21 Marjorie Wong, *The Dragon and the Maple Leaf : Chinese Canadians in World War II* (London, Ont.: Pirie Pub., 1994), p.61.

22 Ibid, p.62.

23 Ibid, p.62.

24 Ibid, p.64.

25 William G. Hillman, *Hillman WWII Scrapbook~HMCS Prince Robert: Hong Kong 1945*, http://www.hillmanweb.com/rcn/prstory07.html，瀏覽日期：2021 年 1 月 22 日。

26 William G. Hillman, *Tales of the Prince Robert: Ronald B*. Suddick, http://www.hillmanweb.com/rcn/suddick.html，瀏覽日期：2021 年 1 月 22 日。

27 William G. Hillman, *Martin McGregor, V-24365, Telegraphist Trained Operator*, http://www.hillmanweb.com/rcn/mcgregor.html，瀏覽日期：2021 年 1 月 22 日。

28 Ibid.

29 Medical Research Committee of American Ex-Prisoners of War, Inc., *Japanese prisoner of war camps during World War II, 1941–1945: know locations of camps where American, British, Dutch, Australian, Canadian, Indian, and other Allied military and civilian personnel were imprisoned by the Japanese*, https://upload.wikimedia.org/wikipedia/commons/3/32/JapanesePowCamps-WWII-front.jpg，瀏覽日期：2021 年 1 月 28 日。

30 Air Ministry, *J.L.P.C. paper No.(45)23: Aid to Allied Prisoners of War and Internees on the Capitulation of Japan* (Fonds/Collection: AIR40/3208).

31 Ibid.

32 War Office, *Imperial Prisoner of War Committee Summary of action taken relating to prisoners of war Summary number 36* (Fonds/Collection: WO165/59).

33 War Office, *Colonel H. J. Phillimore, Historical Monograph: The Second World War 1939-1945, Army Prisoners of war* (Fonds/Collection: WO366/26).

34 *Prisoners of War*, p.511.

35 Ibid, p.511.

36 Ibid, p.511.

37 National Archives of Australia, *Memorandum, "Recovery of Australian prisoners of war held by Japan", statement prepared for Frank Forde, Minister for the Army, 26 August 1945* (Series: A816, 54/301/294).

38 Australian War Memorial, *Service and casualty ... Reception Camp and British PW Reception Camp* (Series: AWM54, 329/11/1).

39 "Canadians Fly to Manila." *St. Catharines Standard*, 25 August, 1945.

40 *Back to "Civvy" Street: Post-War Veteran Re-Establishment*，瀏覽日期：2020 年 12 月 5 日。

41 Hong Kong Veterans Commemorative Association, *'C' Force – The Hong Kong Story*, https://www.hkvca.ca/submissions/NMM/Panel%209.pdf，瀏覽日期：2021 年 12 月 29 日。

42 Ibid.

43 Mary Tremblay, "Going Back to Main Street: The Development and Impact of Casualty Rehabilitation for Veterans with Disabilities, 1945-1948", in Peter Neary and Jack L. Granatstein (ed.), *The Veterans Charter and Post-World War II Canada* (Montreal & Kingston: University of Calgary Press, 1998), pp.160-161.

44 G. Kingsley Ward, T. A. Edwin Gibson, *Courage Remembered: The Story Behind the Construction and Maintenance of the Commonwealth's Military Cemeteries and Memorials of the Wars of 1914-1918 and 1939-1945* (Toronto: McClelland & Stewart, 1989), pp.58-63.

45 Directorate of History and Heritage, *Report on Canadian War Graves – Pacific Theatre* (Fonds/Collection: 593.013〔D10〕)

46 Ibid.

47 Ibid.

48 Ibid.

49 Veterans Affairs Canada, *Canadians in Hong Kong*, https://www.veterans.gc.ca/eng/remembrance/history/second-world-war/canadians-hong-kong#aftermath，瀏覽日期：2022 年 7 月 17 日。

08

衛港加軍退伍軍人福利

第二次世界大戰期間，超過一百萬加拿大人和紐芬蘭人參與戰事，當中約四萬五千名軍人陣亡，另有五萬五千多名軍人受傷，包括超過五百五十名衛港加軍客死異鄉，以及一千四百多名被送回國的衛港加軍戰俘。[1] 1960 年代，隨着大部分第二次世界大戰退伍軍人踏入中年，加拿大學者開始對他們的健康與疾病進行分析研究，以便政府調整退伍軍人福利，以及整體醫療系統作出相應安排。

第二次世界大戰結束，衛港加軍戰俘經歷三年零九個多月的關押生活，成為他們永不磨滅的印記。縱使戰爭陰霾已成過去，他們卻要面對另一場挑戰。軍人回國後，除面對生活上的種種問題，他們的貢獻亦被忽視，爭取賠償更是一條漫長的道路。

退伍軍人福利法規的歷史發展

自第一次世界大戰以來，有關加拿大退伍軍人的關注，只着重於他們的健康情況，對於長期護理及福利照顧，皆缺乏法律上的保障。第二次世界大戰期間，加拿大設立退伍軍人事務部，負責退伍官兵就業輔導、福利安置，以及開展有關退伍軍人的健康研究等事宜。隨着二十世紀多場重大戰役的退伍軍人在 1960 年代已屆垂暮之年，退伍軍人的健康研究亦達到頂峰，研究重點亦從照顧傷病轉移到長期健康研究，以及兵役對退伍軍人及其家屬生活的影響。[2]

近代的加拿大軍人的基本生活保障，可追溯至 1930 年代初。1930 年，當時訂立的「退伍軍人津貼計劃」（War Veterans Allowance Program）生效後，加拿大退伍軍人得到基本生活保障。對於那些難以找到工作的人們，政府通過津貼計劃提供了經濟援助。起初，已婚退伍軍人的福利為每週十三加元，未婚退伍軍人每週九加元。[3]

1939 年 9 月 1 日，德國入侵波蘭後，英國和法國於 9 月 3 日向德國宣戰。縱使加拿大延至 9 月 10 日才對德國宣戰，加拿大早於 9 月 2 日，已根據聯邦樞密令（Orders in Council），將《退休金法》（*Pension Act*）的福利擴大至戰爭期間服役的軍人。1940 年，當歐洲戰情急轉直下，德軍直趨英倫海峽（English Channel），把近四十萬英法聯軍逼退至法國臨海市鎮鄧寇克，加拿大於 5 月 21 日，頒佈另一項聯邦樞密令，將領取退休金資格具體區分和說明，包括將「保險原則」（insurance principle）和「補償原則」（compensation principle）的承保範圍作出區別。自此，國外服役的軍人受「保險原則」保障，不論任何原因，該原則為服兵役期間導致殘疾或死亡將提供全方位保險。相比之下，在加拿大境內服役的軍人，只能就服役期間，因直接關係導致死亡或殘疾，方可根據「補償原則」領取退休金。[4]

1941 年 10 月 1 日，加拿大頒佈的樞密院〈第 7633 號命令〉，承諾為戰爭期間在武裝部隊服役的所有人提供保障。該樞密院命令頒佈的動機和目的，包括提升軍隊士氣，令軍人在戰場上奮勇作戰，並且確保戰爭勝利後，協助軍人重回平民生活。[5]

1942 年，隨着戰爭範圍擴大，加拿大參軍人數亦大幅上升，加拿大先後訂立多條法例來保障軍人退伍後的生活。7 月 20 日訂立的大溫尼伯協調局列車接待委員會（Train Reception Committee, Greater Winnipeg Co-ordinating Board）致送給衛港加軍的回國歡迎咭。

《退伍軍人土地法》（*Veterans' Land Act*），可視為是 1919 年訂立的《軍人安置法》（*Soldier Settlement Act*）的延續。《軍人安置法》主要是為第一次世界大戰退伍軍人提供購買土地，庫存和設備的貸款，讓他們退伍後，恢復農耕工作。《退伍軍人土地法》則是協助退伍軍人興建房屋、開展業務或購買土地提供援助，退役軍人只需支付少量首期，就可以向政府貸款購買土地、牲畜和設備。貸款透過分期還款，令他們不用承受沉重的財政負擔，可按部就班來重新建立人生方向。此外，該法例亦鼓勵退伍軍人以兼職農民身份定居農村，或從事商業捕魚活動。[6]

　　1944 年，退伍軍人事務部成立後，軍人退伍後的保障更臻完善。為確保退伍軍人不用面對經濟困擾，當他們退伍後，可立即獲得金錢上的支援，令回國的士兵及其家人獲得穩定的經濟基礎，以建立新生活。福利包括：

（一）退伍軍人獲得一百加元購買便服。

（二）退伍軍人每服役三十天可獲發七加元五角的戰爭服務酬金，在海外每天額外支付二十五分加元，在加拿大境外服役每六個月可獲發一週的酬金。

（三）大約一百萬男女領取了戰爭服務酬金，每位退伍軍人平均獲得四百八十八加元。

（四）在服役期間陣亡將士的配偶所領取的養老金，為殘疾退伍軍人所得的百分之七十五，子女則獲得了額外的援助金。

（五）在服役期間陣亡將士的子女，獲得修讀高等教育的財政支援。[7]

此外，根據法律規定，任何人都不得因曾參軍而失去原有工作。然而，許多退伍軍人在戰前並未曾進入職場，或者發現他們返回原有工作崗位時，已覺得不再合適，加拿大政府提供了許多計劃來協助他們尋找工作。此外，退伍軍人事務部為大約八萬名退伍軍人提供了職業培訓，並幫助傷兵康復。[8]那些不想要土地或培訓的人，則可以獲得「重建信貸」（re-establishment credit），以翻新他們的房屋，購買傢俬或創業。[9]

同年頒佈的《戰爭服務補助金法》（*War Service Grants Act*），規定只要軍人在海外服役，可同時獲取「退役金」和「復元信貸」（Re-establishment Credit）。退役金的金額將根據服役時間和地點分級，按月分期支付給志願役和根據 1940 年《國家資源調動法》（*National Resources Mobilization Act*）入伍的人。復元信貸，則可用於各種開支，包括購買家居用品，重新就業，支付政府保險費或購買政府年金。[10]

1945 年訂立的《退伍軍人復原法》（*Veterans' Rehabilitation*

Act），則協助退伍軍人可申請教育和培訓資助。[11] 1946 年訂立的《退伍軍人商業和職業貸款法》（*Veterans' Business and Professional Loans Act*），退伍軍人創立的新生企業，在「期待回報」時享有優惠，但合資格的申請人，僅限於有資格獲得戰爭服務慰勞金的退伍軍人。曾根據《退伍軍人土地法》接受協助人士，則不符合申請資格。《退伍軍人商業和職業貸款法》由銀行提供貸款，並由政府擔保，受助金額以不超過整體開支的三分之二為限，最高金額為三千加元，利率為百分之五，最長還款期為十年。[12]

　　戰後派發給退伍軍人的小冊子《回到公民生活》（*Back to Civil Life*）的序言，開宗明義地說明退伍計劃目標是透過自助、諮詢、政府援助和商業合作，令每名退伍軍人都有謀生的能力，以及如何盡可能恢復正常生活。因此各種福利，需要官方批准。[13] 此外，加拿大亦從來沒有承諾為退伍軍人提供就業機會，只提供協助他們尋找工作。[14]

　　隨着二戰退伍軍人相繼踏入知命之年，加拿大在 1971 年，將所有被日本俘虜一年或一年以上的前戰俘，以及被評估為無障礙殘疾的戰俘，發放相當於殘疾撫恤金百分之五十的戰俘賠償。但對已經領取百分之五十或以上殘疾撫恤金的人士，這項提供額外的戰俘賠償並不適用。

　　第二次世界大戰結束二十週年之際，加拿大在 1976 年訂立《前戰俘賠償法》（*Compensation for Former Prisoners of War Act*）。根據該法例，所有在第二次世界大戰期間，曾被敵國俘虜的加拿大軍人提供戰俘賠償。然而，鑑於曾被日本俘虜的加拿大戰俘遭遇較為嚴重，他們獲發額外戰俘賠償的比率較高。因此，衞港加軍退伍軍人有權獲得百分之五十的戰俘賠償，而在歐洲戰區被俘的加拿大軍人則有權獲得百分之十至二十的戰俘賠償，具體取決於他們的關押時間長短。

此外，戰俘賠償金是額外發放，最高相當於全數殘疾撫恤金。1986 年，戰俘賠償上限取消後，不論領取殘疾撫恤金的百分比如何，都可獲發戰俘賠償金。這意味輕度殘疾的衛港加軍退伍軍人，也可獲得全數的殘疾撫恤金，當中一半金額是基本殘疾撫恤金，另一半是戰俘補償。而最殘疾嚴重者，則獲得相當於百分之一百五十的殘疾撫恤金，當中一百零五人符合規定。領取退休金的退伍軍人亦同時享有額外保健福利、服裝津貼和保顧問諮詢。

《退休金法》亦規定任何殘疾退伍軍人的妻子，其撫恤金按百分之五十或以上支付，在配偶去世後，自動有資格領取寡婦撫恤金。這項立法不僅來自加拿大退休金委員會（Canada Pension Commission）首席醫療顧問李察遜醫生（Dr. H. J. Richardson）的研究，亦是來自公眾壓力，要求向被日本關押的加拿大戰俘提供特殊賠償。1991 年 5 月，基於「維生素缺乏症」（avitaminosis），所有衛港加軍退伍軍人自動獲得至少百分之五十的殘疾撫恤金。[15]

身心健康的困擾

退伍軍人的「殘疾撫恤金」，素來是以固定百分率來處理，如喪失少許手指，受傷賠償為總賠償額的百分之三，約十七加元；如果是右手手指，受傷賠償為總賠償額的百分之五；食指為百分之十；喪失一隻手，受傷賠償為總賠償額的百分之六十，約二百七十加元；腿部到髖關節，受傷賠償為總賠償額的百分之九十。[16]

固定賠償百分率，只適用於明顯的身體殘障。但對衛港加軍退伍軍人而言，異常的高發病率，可能與他們被長時間關押，以及受嚴重傷害情度相關連。有見及此，除基本的「殘疾撫恤金」

（Disability Pension）外，戰俘亦因應其兵役或因兵役而加劇的醫療狀況獲得額外補助。[17]

1964 年，李察遜醫生對衛港加軍退伍軍人進行研究。李察遜醫生將一百名曾被日本關押的戰俘與他們非戰俘退伍軍人的兄弟進行比較研究。該研究的結論是曾被俘虜組別，不論在經濟、健康和社交範疇，遠遜於另一組別。[18] 此外，該研究亦發現，在 1946 至 1964 年期間，曾被俘虜者組別，有十二人死於肺結核，當中只有五人可以預測，死亡率與整體加拿大人口相若。[19]

精神疾病方面面，李察遜醫生在兩組別的退休金狀況數據顯示，曾被俘虜者的精神狀況補償比率較高，當中二十八名戰俘獲得補償，而對比群組只有三名。[20] 另一項由加奧醫生（Dr V. A. Kral）等專家以二十名衛港加軍退伍軍人和他們的親兄弟進行研究。研究顯示十二名衛港加軍退伍軍人出現緊張，焦慮和抑鬱比率明顯較高。[21] 此外，哈利・科洛諾夫醫生（Dr. Harry Klonoff, 1924－2016）等學者利用「明尼蘇達多項人格問卷」（Minnesota Multiphasic Personality Inventory）作評測症狀性抑鬱，將關押在歐亞兩地的加拿大戰俘作比較，結果顯示曾被日本關押者的歇斯底里心理特徵和抑鬱因子量表較高。[22]

1971 年，加拿大政府根據李察遜醫生的研究報告，決定向所有第二次世界大戰加拿大戰俘評估為殘疾，並向日本關押一年或更長時間的加拿大戰俘發放百分之五十的殘疾撫恤金。[23]

1974 年，曾在戰時被關進德國納粹集中營的猶太裔醫生阿爾拔・哈斯（Dr. Albert Haas, 1911－1997），以紐約大學醫學中心心肺實驗室和胸部康復部門主任（Rusk Institute of Rehabilitation Medicine, New York University）身份向加拿大國會下議院發表報告，指出戰俘營的經歷都對衛港加軍退伍軍人造成不可磨滅的心理

加拿大國會山莊中央大樓

影響。他指出平均而言，這些退伍軍人的平均壽命比正常人短至少五年。日本戰俘營的奴役生活，令他們面對「過早衰老」，引致部分人需要接受「強制退休」。[24]

心理創傷

相比起其他戰區的退伍軍人，醫務人員察覺到衛港加軍退伍軍人的傷患較多。他們在戰爭期間所經歷的慘痛遭遇，影響他們一生。多名醫生的研究顯示出日本戰俘營的經歷，令衛港加軍退伍軍人的身心健康受到嚴重影響。

經歷強烈創傷事件的心理反應，特別是那些關乎生命威脅的事件。它可以影響任何年齡，文化或性別的人，並且有不同的名稱。在美國南北戰爭中，它被稱為「士兵的心臟」（soldier's heart）。第一次世界大戰時期，它被稱為「震嚇癡呆症」（shell shock），在第二次世界大戰，它被稱為「戰爭精神官能症」（war neurosis）。1980 年，美國精神醫學學會認正式認定為一種精神病，在《精神疾病診斷與統計手冊》（*The Diagnostic and Statistical Manual of Mental Disorders*）內，該等症狀被稱為創傷後壓力症（post-traumatic stress disorder）。

人的心理健康是通過如何思考，感受和行動來表達的，以應對日常生活的挑戰。退伍軍人可能會經歷悲傷，憤怒，沮喪和自尊受損的感覺。在大多數情況下，這些感覺是短暫的，一般通過休息或改變環境來緩解，並且不影響他們的日常生活。許多士兵在戰鬥中出現與創傷後障礙相關的症狀，但對大多數人而言，在家人和朋友的幫助下，創傷性壓力症狀在最初幾個月內會減輕或消失，極少數人會在餘生中繼續被這些症狀纏繞。[25]

加拿大軍人執行作戰任務時所造成的持續心理困擾，均被稱為「行動壓力創傷」（operational stress injury），包括診斷出精神疾病，如焦慮症、抑鬱症和創傷後壓力症，以及其他干擾日常功能的非嚴重性疾病。此外，約有五分之一的加拿大退伍軍人，曾被診斷在某時段，患有「行動壓力創傷」。[26]

根據英國皇家精神科學院（Royal College of Psychiatrists）的解釋，創傷後壓力症是一種心理健康問題：

> 創傷後壓力症是一種心理健康情況，當有人暴露於創傷性事件時可能導致該病症。許多經歷過創傷事件的人，會產生負面情緒，思想和記憶。但是，隨著時間的推移，大多數人的情況會改善。當這些負面反應沒有消失，干擾某人的日常生活

時，他們可能患有創傷後障礙。[27]

患有嚴重創傷後壓力症的退伍軍人表現出一系列透過治療無法解決的身體癥狀，包括頭痛，震顫，胃和肌肉疼痛，消化不良和呼吸急促，以及常見的精神症狀。[28]

表六　創傷後壓力症四大徵狀

組別	癥狀
第一組徵狀	患者會不停回想起創傷的畫面，畫面可能是回閃（Flash back），或於噩夢中發生，甚至會因為生活上其他事物而觸發記憶。
第二組徵狀	涉及一些逃避的行為（avoidance），患者會不想接觸一些令他們記得起關於回憶的事，或是避開一些相似的實際環境，一旦聽到別人提起這件事也會出現緊張的情緒。除了害怕經過同一地點外，相似的地方都會引起病者的恐慌。
第三組徵狀	患者情緒會變得負面，把將來想得極度負面，並影響到日常生活。
第四組徵狀	病人可能會會出現一些生理的反應，性情可能會變得十分敏感，受到很小的刺激都會引發很大的反應，如不停的抖顫，整個人跳起，又或變得很煩躁，出現失眠、容易發脾氣和焦慮等反應。

（資料來源：〈PTSD 四大癥狀・你遇上了沒有〉，《明周文化》，網頁版〔2019 年 10 月〕。）

英國精神醫學學者 Edgar Jones、Kamaldeep Bhui 和 Alberta Engelbrecht 曾經透過二百二十五名於 1945 至 2000 年間服役的英國退伍軍人作研究對象，瞭解對從軍隊重回平民生活的挑戰。當中一些曾參與第二次世界大戰的退伍軍人在日常生活所面對的影響，可作為了解加拿大退伍軍人的借鏡。

曾經目睹或經歷死亡威脅的退伍軍人，在戰後經歷家人和朋友的死亡時，部分人會勾起戰場上的創傷。持久的心理疾病不僅影響日常生活，許多退伍軍人在新的工作環境中也遇到困難，當被招聘出任初級職位時，許多人需要重新適應文書或工廠的重複性工作。

　　該項研究指出百之三十五的退伍軍人，曾表現出自我感知低落。此外，未能在戰場上保衛同袍，以及在同袍受傷或死亡時，未能及時伸出援手，而產生內疚感。百分之十七的退伍軍人更呈現社交障礙的情況，足以反映該群體面對的焦慮。對在服役期間遭受心理健康問題困擾的退伍軍人而言，研究亦顯示他們面臨更高的社會孤立風險。[29]

　　另外，研究亦指出百分之二十四的退伍軍人受睡眠障礙困擾，部分原因是反覆的噩夢和夢見戰鬥的情景。原隸屬戈頓高地兵團（Gordon Highlanders）的亞里士打‧阿克特（Alistair Urquhart, 1919－2016），在馬來亞戰役被俘，在其自傳 *The Forgotten Highlander* 寫道：「直到今天，我仍被病痛和噩夢纏繞，我因為害怕隨之而來的噩夢，以至仍與睡眠抗爭。」[30]

　　亞里士打‧阿克特的經歷，在衛港加軍退伍軍人身上亦有出現。來自魁北克省列斯特古治（Listuguj）的柏德烈‧麥愨歷（Patrick Metallic, 1916－1971），是一名密卡莫族（Mi'kmaw）原住民，1941年隨皇家加拿大來福槍營參與香港戰役。被俘後，在香港關押了一年多，並於 1943 年 1 月 19 日被送往日本，被關押在「東京戰俘營3-D」。關押期間，被強逼參與奴役外，亦曾遭到嚴重毆打。退伍後，戰俘營的經歷對柏德烈‧麥愨歷性格影響深遠，戰時所受傷害的記憶不斷地重現在夢境，這種情況持續了很多年。心理創傷導致染上酗酒，以此來對付心魔。柏德烈‧麥愨歷於 1971 年 5 月 19 日在家鄉去世，享年五十五歲。[31]

　　威廉‧貝爾下士（Lance Corporal William Bell, 1917－2013）的兒子丹尼斯‧貝爾（Dennis Bell）指出大多數退伍軍人都有嚴重的酗酒問題。有些衛港加軍退伍軍人只睡在地板上，因為他們已不習慣睡在床上。威廉‧貝爾在戰爭中倖存下來，他是約翰‧奧士本二級准尉（Warrant Officer II John R. Osborn, 1899－1941）捨己救活同袍之一。約翰‧奧士本二級准尉的救命之恩，令威廉‧貝爾久久不能釋懷。[32]

溫尼伯榴彈營的積‧鶴治健臣（Jack Hodgkinson, 1917－2013），在香港戰役期間，曾被流彈擊中頭部，破碎的頭骨只靠一塊皮膚保護。直至戰後回國，才有機會接受手術治療。曾被送往「仙台戰俘營 4-B」關押的他，先是在造船廠工作，後被安排到煤礦，導致肺部永久性病損。他亦從不談論戰時經歷，女兒 Patricia Bale 談及父親時，表示：

> 爸爸一生都在做戰俘經歷的惡夢，十二月對他來說總是一段艱難的時期。每個聖誕節的早上，他總是會給自己一個獨處的時間，然後才與和家人一起拆禮物 …… 很可能是聖誕節那天，他回憶起投降和帶來的苦困。[33]

除了心靈上的傷害外，曾被日本關押的加拿大戰俘，因在關押期間，攝取營養不足而長遠影響他們的健康。加拿大退休金委員會首席醫療顧問李察遜醫生在 1960 年代進行醫學研究，對維生素缺乏症的影響作探討，旨在說服委員會增加養老金以涵蓋「無定形」（intangibles）的疾病。[34]

當醫學研究指出衛港加軍退伍軍人多患有維生素缺乏症（avitaminosis），加拿大意識到該疾病對這個群體影響深遠，包括他們需要提前退休，以及未能領取全數的殘疾撫恤金。[35] 2001 年 8 月 17 日，退伍軍人事務部宣佈，維生素缺乏症患者的撫恤金將由百分之五十提升至全數金額，這一決定提高僅餘的一百五十名衛港加軍退伍軍人的福利。[36]

加拿大戰俘賠償

1951 年 9 月，盟國與日本簽署的《對日和平條約》（*Treaty of Peace with Japan*），根據條約第十四（A）款〈賠償、在外國財產〉：

> 聯盟國承認：日本應賠償聯盟國戰中所生的一切損害與痛苦，但因日本目前擁有的資源不足以支持一個自主的經濟體，且不足以完全賠償前述之一切損害與痛苦。

第十四（B）款：

> 除本條約另有規定，聯盟國放棄賠償請求權、聯盟國與其國民放棄其他於戰爭期間被日本及日本國民戰爭行為之賠償請求權，以及放棄佔領之直接軍事費用請求權。[37]

1951 年 9 月，盟國與日本簽署的《對日和平條約》。

儘管《退休金法》和其他法例已為退伍軍人提供更優惠的福利，但衛港加軍退伍軍人的素求是在戰時被日本強逼勞動的合理賠償。多年來，加拿大一直強調盟國與日本在 1951 年 9 月簽署的《對日和平條約》，已於 1952 年 4 月 28 日於加拿大生效。根據條約條文，加拿大已代表退伍軍人取得合理賠償。1987 年，衛港加軍戰俘在慈善組織「加拿大戰爭截肢者」（War Amputations of Canada）的支援下，通過聯合國人權委員會向加日兩國提出賠償申訴。

　　「加拿大戰爭截肢者」利用其在聯合國人權法庭的非政府組織地位，根據《聯合國安理會第 1503 號決議》（*United Nations Resolution 1503*）向日本政府提出索償。該決議使衛港加軍退伍軍人可透過聯合國人權委員會，審理日本人在戰時嚴重違反《日內瓦第二公約》，並協助追討他們在戰爭期間被強逼勞役的欠薪。

　　該組織亦根據《公民權利和政治權利國際公約》（*International Covenant on Civil and Political Rights*），向聯合國人權事務委員會提起訴訟。這項行動主要針對加拿大政府沒有根據《日內瓦第二公約》的規定保護衛港加軍戰俘的權益。[38]

　　1993 年 5 月 30 日，申訴人哈里・艾堅遜（Harold Atkinson, 1922－2002）、約翰・史杜特（John Stroud, 1920－2008）和羅渣・些亞（Roger Cyr, 1922－2001）代表衛港加軍退伍軍人經律師向聯合國人權事務委員會（International Covenant on Civil and Political Rights）提出申訴。他們聲稱加拿大違反《公民權利和政治權利國際公約》第二條第三款（a）項和第二十六條，令他們成為受害者。

　　申訴人認為，日本戰俘營內情況慘無人道，他們被逼在極端惡劣環境下遭受奴役，虐待和酷刑。部分戰俘因缺乏合適營房、食物和醫療用品導致生病和死亡，有些戰俘更慘遭日本守衛殺害。他們亦指出遠東國際軍事法庭於 1948 年 11 月的判決，已裁定日本軍隊的做法和政策是公然違反戰爭法和人道主義法。衞港加軍戰俘在嚴重營養不良和受到虐待情況下，併發出維生素缺乏症、糙皮病、瘧疾和其他熱帶疾病、肺結核、熱帶瘡等疾病。該等疾病，令他們的健康終生受到影響。

1993 年 10 月 31 日，聯合國人權事務委員會受理投訴，包括指控加拿大政府持續剝奪申訴人獲得補償的權利，違反了《公民權利和政治權利國際公約》第二條第三款（a）項。委員會認為加拿大政府在缺乏法律賦予權力下，與日本簽訂《對日和平條約》，並且放棄申訴人應獲得賠償的權利，以及隨後未能在適當的國際訴訟上支持他們對日本的索賠，這些結果令申訴人面對人權被嚴重侵犯，並且沒有提供任何補救辦法。

申訴人亦指出加拿大對他們特定殘疾的評估不足，抹殺他們取得恰當補償的權利。他們亦強調縱使那些事情發生在《公民權利和政治權利國際公約》生效前，但持續影響伸延至《公民權利和政治權利國際公約》生效後。在這方面，他們申述日本戰俘營的經歷，確切地令衞港加軍戰俘身心健康持續惡化。他們堅信即使《公民權利和政治權利國際公約》和《任擇議定書》於 1976 年 8 月 19 日才在加拿大生效，加拿大仍然持續其侵權行為。

加拿大政府在 1994 年 9 月 21 日作出辯解，陳述指控是否應該受理，並提供有關加拿大退伍軍人賠償總體計劃的背景資料。根據加拿大的《退休金法》和其他相關法例，退伍軍人可以獲得各種免稅福利，以及從就業或其他收入來源，以維持基本生活保障。

加拿大亦指出根據《對日和平條約》，日本在加拿大的資產被沒收後，衞港加軍退伍軍人獲取日薪一元五角加元的一次性賠償，以承認他們曾受嚴苛遭遇。殘疾撫恤金是針對因服兵役而產生特定殘疾而發給，金額與退伍軍人的殘疾程度有關。在被日本人關押超過一年的戰俘，包括所有衛港加軍退伍軍人，一百八十人領取全數的撫恤金，九十一人領取百分之五十的撫恤金，而其餘的前戰俘則領取兩者之間的撫恤金金額。[39]

1997 年 3 月，加拿大議會外交和國際貿易常務委員會（Foreign Affairs and International Trade Standing Committee of the Canadian Parliament）審議對衛港加軍戰俘的戰爭賠償問題，就衛港加軍戰俘代表被日本關押，向委員會提交了建議支付賠償金的意見。加拿大政府向該委員會就有賠償問題答覆，提交向衛港加軍戰俘提供的賠償和援助安排年表，並且指出政府的基本立場是與日本簽訂的《對日和平條約》，已徹底和最終解決有關第二次世界大戰的賠償問題。[40]

1998 年 6 月 2 日，加拿大國會下議院外交和國際貿易委員會（Committees of the House, Foreign Affairs and International Trade）會議，加拿大改革黨（Reform Party of Canada）下議院議員彼得‧高寧（Hon. Peter Goldring, 1944－）就外交和國際貿易常設委員會（Standing Committee on Foreign Affairs and International Trade）於 1998 年 5 月 7 日所提交的第五次報告發表言論，指出對於曾被日本俘虜的衛港加軍退伍軍人來說，因曾被強逼奴役，終生承受身心痛苦。他們被加拿大派駐外地，以生命和健康為代價，並被對人道主義漠不關心的敵國關押。

此外，他亦指出日本在 1953 年的經濟狀況，普遍被認為無力作出賠償，加拿大因此代表衛港加軍退伍軍人接受以日薪一加元作為和解金額。隨着日本經濟迅速復甦，並且成為一個工業強國，這些現代工業，曾以蔑視和殘酷來對待如奴隸般的戰俘。該等成就應歸功於衛港加軍戰俘在奴役時所付出的代價。因此，他們應該得到道歉和合理的賠償，即以日薪十八加元來計算，並且絕不接受日薪一加元的方案。

彼得．高寧強調日本現在是地球上最富有的國家，加拿大現有機會糾正這一錯誤。如退伍軍人事務大臣只精神上支持衛港加軍退伍軍人，而不作補償，只會成為整件事件的幫兇。因此，加拿大應採取行動來糾正多年前所犯下的錯誤，繼續向日本索取賠償。[41]

時任加拿大外交部長萊特．艾禾菲（Hon. Lloyd Axworthy, 1939－），回應彼得．高寧質詢時，說：

> 議長先生，在 1952 年條約談判期間，為展現衛港加軍在那場嚴重戰鬥中作出的難以置信的犧牲，政府制定了一籃子補償計劃。我們正在繼續為此而努力。只是條約一旦簽署，就沒有其他法律手段可以作出追究。[42]

1998 年 12 月 3 日，下議院議員彼得．高寧提出一項私人草案，就衛港加軍戰俘因被逼從事奴役工作提供賠償，他說：

> 議長先生，1941 年聖誕節是開始了一段可悲的時期。對二千名衛港加軍而言，他們被日本人關押，並且強逼在日本工廠中當苦工。日本在 1950 年代初，達成了日薪一加元的和解協定，這不是一種實質的和解。1955 年，加拿大政府仍然反對向這些退伍軍人提供進一步的賠償。此草案旨在糾正多年來所產生的嚴重錯誤。這早就應該這樣做的。它是公平的，正確的，並得到所有黨派的支援。我必須將之實現。[43]

有關賠償要求最終由下議院外交和國際貿易常務委員會牽頭，並於 1998 年 5 月發佈了一份全面報告，完全支持這些索償。1998 年 12 月 11 日，加拿大向三百五十名戰俘，以及五百名遺孀，每人賠償二萬四千加元。[44] 特惠金金額是根據《日內瓦公約》的規定計算出來，即需要從事苦工的戰俘應按拘留國勞工適用的每日工資計算而獲得補償。[45]

遲來的道歉

鑑於加拿大堅持日本已根據簽訂的《對日和平條約》，履行所規定的賠償義務，並且因應衛港加軍退伍軍人的情況，修訂了所獲取的福利的金額，以及發放特惠賠償金，事情好像已告一段落。但對衛港加軍退伍軍人而言，日本承擔戰爭責任，以及承認過去對戰俘所犯下的罪行和作出真誠道歉，才能真正解開他們的心結。

2015 年 7 月 19 日，日本三菱集團旗下的三菱綜合材料公司就戰爭期間徵用戰俘參與勞動的行為，先後向美國、英國、澳洲及荷蘭戰俘道歉。然而該企業以證據不足為由，無法核實公司有否徵用加拿大戰俘參與勞動，拒絕向衛港加軍戰俘道歉。對曾被參與奴役的衛港加軍退伍軍人而言，日本三菱集團的說法極為失望。時任香港退伍軍人紀念協會主席卡露·哈德莉（Carol Hadley）指出其父親波治·希治伯格下士（Lance Corporal Borge Agerbak, 1914－2001）在關押期間，曾被送往三菱集團旗下的一個礦場做苦工。而喬治·彼得森中士（Corporal George Peterson, 1921－2021）亦憶述在被囚期間，與另外一百二十五名同袍被送到三菱企業旗下的煤礦工作，飽受飢餓及疾病困擾。[46]

事情擾攘多年後，日本外務大臣政務官加藤敏幸（1949－）於 2011 年 12 月 8 日，就二戰期間加拿大戰俘受到日軍虐待，向加拿大戰俘作出「由衷地致歉」。對比起在戰爭期間，曾被日軍虐待的英國和荷蘭戰俘，這是一個遲來的道歉。[47]

整項儀式，參與者只有四名日本人和十名加拿大人，當中包括三名戰俘，賀利士・謝拉特（Horace "Gerry" Gerrard, 1922－2019）、亞瑟・皮弗赫（Arthur Pifher, 1921－2015）和喬治・彼得森中士。但是日本官方記錄，並沒有提及加藤敏幸作出任何道歉。與會的香港退伍軍人會全國秘書長達勵爾・軒達臣（Derrill Henderson）在他的抄寫記錄內，記載着加藤敏幸表示：「深深的悔恨⋯⋯衷心的道歉。」

縱使史提芬・布蘭尼在聲明中稱：「這個重要姿態是和解的關鍵一步，也是所有戰俘生命中的重要里程碑。」但對部分仍倖存的衛港加軍退伍軍人而言，這遲來的歉意，其實意義不大。皇家加拿大來福槍營喬治・麥當勞上士（Sergeant George MacDonell, 1922－2023）在加拿大廣播公司的訪問中，指出：「這種道歉對我們來說，幾乎是毫無意義。現在我們可能只剩下三十人，其餘的人都死在戰場上，或者在日本的戰俘營內離世。他們在此之前已死掉。七十年來，日本人一直否認在東南亞發生的事情。」[48]

另一名隸屬於皇家加拿大來福槍營的霍米達斯・費迪堤（Hormidas Fredette，1917－2023）亦對日本的道歉不以為然，皆因日本向第二次世界大戰期間在戰俘營遭受殘酷待遇的加拿大退伍軍人道歉為時已晚，沒有重大意義。他說：「你永不能忘記。因為如果你試圖在日間忘記，晚上仍然夢到。」[49]

註釋

1　Veterans Affairs Canada, *10 Quick Facts on... The Second World War*, https://www.veterans.gc.ca/eng/remembrance/information-for-educators/quick-facts/second-world-war，瀏覽日期：2022 年 8 月 22 日。

2　Alice B. Aiken and Stephanie A. H. Belanger (eds.), *Shaping the Future: Military and Veteran*

Health Research (Kingston, Ont.: Canadian Defence Academy Press, 2011), pp.15-23.

3 Veterans Affairs Canada, *Back to "Civvy" Street: Post-War Veteran Re-Establishment*, https://www.veterans.gc.ca/eng/remembrance/history/historical-sheets/civvy，瀏覽日期：2020 年 12 月 5 日。

4 Veterans Affairs Canada–Canadian Forces Advisory Council, "The Origins and Evolution of Veterans Benefits in Canada 1914－2004" (published Reference Paper, Veterans Affairs Canada, 2004), p.10.

5 Ibid, p.9, 16.

6 *Back to "Civvy" Street: Post-War Veteran Re-Establishment*，瀏覽日期：2020 年 12 月 5 日。

7 Ibid.

8 Ibid.

9 Ibid.

10 "The Origins and Evolution of Veterans Benefits in Canada 1914-2004", p.11.

11 *Back to "Civvy" Street: Post-War Veteran Re-Establishment*，瀏覽日期：2020 年 12 月 5 日。

12 Ibid.

13 "The Origins and Evolution of Veterans Benefits in Canada 1914-2004", p.11.

14 *Back to Civil Life* (Ottawa: Department of Veterans Affairs, 1945), p.3.

15 Veterans Administration, United States. Office of Program Planning and Evaluation, *Study of Former Prisoners of War* (Washington, D.C.: Office of Program Planning and Evaluation, 1980), p.130。另見 Peter Yeend, *Compensation (Japanese Internment) Bill 2001* (Canberra: Department of the Parliamentary Library, 2001), pp.7-8。另見 Dennis Wallace (Assistant Deputy Minister, Veterans Services, Department of Veterans Affairs), "Standing Committee on foreign Affairs and International Trade", House of Commons of Canada, 35th Parliament, 2nd Session (11 March 1997)。

16 "Hong Kong Veterans are still suffering 30 years after the war." *Toronto Star*, 22 July, 1975.

17 *Compensation (Japanese Internment) Bill 2001*, p.7.

18 H. J. Richardson, *Report of a Study of Disabilities and Problems of Hong Kong Veterans* (Ottawa: Canadian Pension Commission, 1965), pp.3-74.

19 Ibid, p.50.

20 Ibid.

21 V. A. Kral, L. H. Pazder, B. T. Wigdor, "Long-term effects of a prolonged stress experience", *The Canadian Journal of Psychiatry*, Vol.12, Issue 2. (1967), pp.175-181.

22 H. Klonoff, C. Clark, J. Horgan, P. Kramer and G. McDougall, "The MMPI profile of prisoners of war", *Journal of Clinical Psychology*, Vol.32, Issue 3. (1976), pp.623-627.

23 "The Origins and Evolution of Veterans Benefits in Canada 1914-2004", p.38.

24 "Hong Kong Veterans are still suffering 30 years after the war." *Toronto Star*, 22 July, 1975.

25 Veterans Affairs Canada, *Post-traumatic stress disorder (PTSD) and war-related stress*, Post-Traumatic Stress Disorder (PTSD) and war-related stress - Veterans Affairs Canada，瀏覽日期：2020 年 12 月 4 日。

26 Veterans Affairs Canada, *Understanding mental health*, https://www.veterans.gc.ca/eng/health-support/mental-health-and-wellness/understanding-mental-health，瀏覽日期：2020 年 12 月 4 日。

27 Royal College of Psychiatrists, *Post-traumatic stress disorder (PTSD)*, https://www.rcpsych.ac.uk/mental-health/problems-disorders/post-traumatic-stress-disorder，瀏覽日期：2020 年 12 月 4 日。

28 "War veterans being failed by PTSD treatment, new research has found." *Royal College of Psychiatrists Online News*, 28 June, 2019.

29 Edgar Jones, Kamaldeep Bhui and Alberta Engelbrecht, "The return of the traumatized army veteran: a qualitative study of UK ex-servicemen in the aftermath of war, 1945 to 2000", *International Review of Psychiatry*, Vol. 35, 1995 (1997), pp.14－24.

30 Alistair Urquhart, *Forgotten Highlander* (London, UK: Abacus, 2000), p.302.

31 CBC, *Remembering a Mi'kmaw soldier who spent years as a prisoner of war*, https://www.cbc.ca/news/indigenous/mi-kmaw-pow-second-world-war-1.5351532?fbclid=IwAR3gcXEKwnLt5U6myb_2HlUKWPlOco7KoiaK5Qg4imELzNw1Cv0USZfQBYU，瀏覽日期：2021 年 11 月 11 日。

32 "Few vets 'survived' Hong Kong." *The Free Press*, 17 August, 2013.

33 Hong Kong Veterans Commemorative Association, *Individual Report: H6461 Arthur Schwartz*, https://www.hkvca.ca/cforcedata/indivreport/indivdetailed.php?regtno=H6730，瀏覽日期：2022 年 10 月 29 日。

34 "Hong Kong Veterans are still suffering 30 years after the war." *Toronto Star*, 22 July, 1975.

35 Ibid。另見 *Compensation (Japanese Internment) Bill 2001*, pp.7-8。

36 "The Origins and Evolution of Veterans Benefits in Canada 1914-2004", p.39.

37 Her Majesty's Stationery Office, *Statutory Instruments: The Japanese Treaty of Peace Order, 1952*, https://www.legislation.gov.uk/uksi/1952/862/made/data.xht?view=snippet&wrap=true，瀏覽日期：2022 年 1 月 14 日。

38 "The Origins and Evolution of Veterans Benefits in Canada 1914-2004", p.39.

39 *Study of Former Prisoners of War*, p.130.

40 Gilbert Laurin (Deputy Director, Legal Operations Division, Department of Foreign Affairs and International Trade), "Examination of compensation for Canadian Far East Prisoners of

War during World War II", House of Commons of Canada, 35th Parliament, 2nd Session (11 March 1997).

41 Peter Goldring (Edmonton East, Ref.), "Committees of the House, Foreign Affairs and International Trade", House of Commons of Canada, 36th Parliament, 1st Session (2 June 1998).

42 Ibid.

43 *Compensation (Japanese Internment) Bill 2001*, p.9.

44 "The Origins and Evolution of Veterans Benefits in Canada 1914-2004", p.39.

45 *Compensation (Japanese Internment) Bill 2001*, p.9.

46 見《文匯報》，2015 年 7 月 26 日，〈藉辭「證據不足」‧三菱拒向衛港加兵道歉〉條。

47 Business Intelligence For B.C., *Smattering of applause for trading partner's apology*, https://biv.com/article/2012/01/smattering-of-applause-for-trading-partners-apolog，瀏覽日期：2022 年 9 月 8 日。

48 CBC, *Canada accepts Japan's apology for Hong Kong PoWs*, https://www.cbc.ca/news/canada/canada-accepts-japan-s-apology-for-hong-kong-pows-1.986950，瀏覽日期：2021 年 11 月 11 日。

49 CBC, *Veteran won't accept Japan's apology to PoWs*, https://www.cbc.ca/news/canada/nova-scotia/veteran-won-t-accept-japan-s-apology-to-pows-1.1099196，瀏覽日期：2021 年 11 月 11 日。

09

香港戰役對參與的
加拿大軍人的影響

　　第二次世界大戰是衛港加軍人生的轉折點，他們回國後，加拿大提供不同的資助計劃，協助他們重回平民生活。有些人選擇重投社會，亦有些人為前途而奮進。部分人返回家鄉，選擇過着平淡生活，與往事告一段落。各人因應自身的處境，有着不同際遇。縱使缺乏正式統計來研究衛港加軍退伍軍人選擇甚麼路向，但從個別人物的戰後生活情況，或許能呈現出一點實況，讓人有所啟發。

　　對於在戰事中陣亡官兵，各地樹碑立傳，記錄歷史的痕跡，供遊人憑弔外，亦銘記戰爭所帶來的毀滅性破壞與災難，反思戰爭侵略的殘酷，教育國家與人民的責任，慰告英烈在天之靈。

踏進校園

　　衛港加軍退伍軍人根據《退伍軍人復原法》內的條件，申請教育和培訓資助前往大學或專上學院，修讀不同學科。並且在修畢課程後，在不同領域各展所長。

　　曾在香港「戰俘營 A」當勤務員的堅尼夫・甘邦（Kenneth Cambon, 1923－2007），戰後經馬尼拉、檀香山和維多利亞返回魁北克市。回國後，他的前僱主鼓勵堅尼夫・甘邦接受加拿大為退伍軍人提供免費的大學教育資助。堅尼夫‧甘邦選擇前往麥基爾大學（McGill University）修讀為期兩年的醫學預科課程。畢業後，於滿地可的伊莉莎白女王醫院（Queen Elizabeth Hospital）實習。及後受聘於德梅拉拉鋁土礦公司（Demerara Bauxite Company），派駐英屬幾內亞（British Guinea），為期兩年。1955 年，他在英國倫敦的耳鼻喉科醫院完成了六個月實習後，前往美國德克薩斯大學加爾維斯頓分校（University of Texas at Galveston）完成耳鼻喉科駐院醫生培訓。1957 年，他與家人遷往溫哥華，任教於英屬哥倫比亞大學（University of British Columbia），並在溫哥華綜合醫院（Vancouver General Hospital）和卑詩省兒童醫院（BC Children's Hospital）任職。退休後，被英屬哥倫比亞大學委任為名譽教授（Professor Emeritus）。[1] 堅尼夫‧甘邦行醫和教學之餘，亦將他在第二次世界大戰的經歷，寫成 *Guest of Hirohito*，該書為研究衛港加軍戰俘的重要記錄之一。

另一位同樣進入醫學院的是羅拔‧尼克遜（Robert Nixon, 1921－1962）。復原回國後，進入曼尼托巴大學（University of Manitoba）醫學院接受專上教育，並於 1953 年從該校畢業。羅拔‧尼克遜先後在溫尼伯綜合醫院，聖博義綜合醫院（St. Boniface General Hospital）和鹿屋醫院（Deer Lodge Hospital）完成了四年的內科研究生工作。1959 年，他加入了埃斯特萬醫療診所（Estevan Medical Clinic）行醫。直至他因空難去世為止。[2]

除醫學領域外，亦有衛港加軍退伍軍人修讀其他科目而成為專業人士，亞瑟‧施瓦茲（Arthur Schwartz, 1918－2015）於 1950 年在亞伯達大學（University of Alberta）取得礦業工程師資格，並在卑詩省的不列顛尼亞礦業公司（Britannia Mines）開展其職業生涯，隨後在安大略省的迪堅遜礦業公司（Dickinson Mines）和硬石礦業公司（Hard Rock Mines）短暫任職。及後，在安大略省的諾蘭達礦業公司（Noranda Mines）工作。退休後，定居於亞伯達省（Alberta）。2012 年，亞瑟‧施瓦茲因其在第二次世界大戰中的功績，獲頒發女王伊莉莎白二世女王鑽石禧獎章（Queen Elizabeth II Diamond Jubilee Medal）。[3]

重投軍旅

回國的加拿大軍人，多數選擇退伍，重過平民生活。但有部分衛港加軍，基於不同原因，選擇留在軍隊。腓特烈‧阿當斯二級准尉（Warrant Officer II Frederick Adams, 1892－1982）於 1892 年出生於英國肯特郡（Kent），1912 年移居加拿大。第一次世界大戰期間，他在溫尼伯榴彈營第七十八營服役。第二次世界大戰期間，隨溫尼伯榴彈營參與香港戰役，後被日軍俘虜。戰後，先後在皇家加拿大空軍（Royal Canadian Air Force），以及鹿屋醫院工作合共十二年。繼後在溫尼伯教育局（Winnipeg School Board）工作，直至退休。[4]

1940 年 9 月，年僅十九歲的法蘭克‧基斯甸臣（Frank Emil Urwald Christensen, 1920－1996）加入女皇直屬金馬倫高地兵團（Queen's Own Cameron Highlanders）。一年後，被調往溫尼伯榴彈營，並於 1941 年 11 月 16 日，隨部隊前往香港協防。香港守軍投降後，先後關押在香港和日本本土的戰俘營。1946 年 3 月退伍。翌年 5 月 18 日，他再次加入皇家加拿大工兵團（Royal Canadian Engineers），先後在大韓民國和德意志聯邦共和國（Federal Republic of Germany）駐守，亦曾在 1960 年參與聯合國應急部隊（United Nations Emergency Force）任務，在約旦河西岸示羅（Shilo）擔任維和行動。1967 年，以四十六歲之齡退伍。在加拿大武裝部隊服役二十六年期間，共獲頒十一枚獎章，以表彰他的服務。[5]

出生於英國利物浦（Liverpool）的雷吉勞‧卡爾上士（Sergeant Reginald Kerr, 1918－2014），第二次世界大戰爆發前，原是皇家加拿大砲兵團（Royal Canadian Artillery）成員。戰爭爆發時，他轉至加里騎兵堡壘裝甲部隊（Fort Garry Horse）服役，後再轉到溫尼伯榴彈營。雷吉勞‧卡爾上士是部隊軍樂團成員，並接受過醫療勤務兵的訓練。1947 年，雷吉勞‧卡爾上士加入了溫尼伯的皇家加拿大空軍軍樂團（Royal Canadian Air Force Band），並曾隨同軍樂團與國內的不同交響樂團合作表演，以音樂貢獻國家。[6]

在關押期間，患上腳氣病、糙皮病、痢疾和結膜炎（conjunctivitis）的腓特烈‧卓文（Frederick Chapman, 1924－2001）回國後，被安排送往桌利莊園（Chorley Park）療養達八個多月。[7] 由於他只有第十班教育水平（Grade 10，相等於香港教育制度的中學四年級），亦沒有其他工作經驗。康復後，要求繼續在軍隊服務，並被安排在博登營的加拿大皇家陸軍服務團擔任簡單的行政工作。如此同時，他亦透過函授課程來提升教育水平，最後，考獲加拿大交通與運輸學院（Canadian Institute of Traffic and Transportation）的管理文憑。1962 年，腓特烈‧卓文轉往航空運輸委員會（Air Transport Board）服務。兩年後，他加入公務員行列。但是被俘期間的折磨和身心創傷，令他無法長時間工作。1973 年，基於健康情況不佳而被逼在四十八歲之齡，接受醫生建議，選擇提早退休。[8]

原隸屬溫尼伯榴彈營的阿當‧施奈爾下士（Lance Corporal Adam Schnell, 1923－2000）於 1946 年離開部隊後，在 1953 年重新入伍，在皇家加拿大軍需團服役，直到 1970 年退伍。退休後，他在穆斯喬（Moose Jaw）和史維特卡倫特（Swift Current）的農場工作了數年。[9]

公職人員

大衛·高登上尉（Captain David Golden, 1920－2012）出生於冼佳亞（Sinclair），先後在溫哥華和滿地可度過了童年生活，十一歲時回到溫尼伯接受教育，並於 1941 年畢業於曼尼托巴大學法學院。同年，他被選為「羅德學人」（Rhodes Scholar），獲全額資助到英國牛津大學繼續升學。隨着戰局的發展，大衛·高登決定棄筆投戎，以情報官身份加入溫尼伯榴彈營，後晉陞為上尉。香港淪陷後，在戰俘營度過了三年零八個月。退伍後，在曼尼托巴省（Manitoba）取得大律師資格，繼而前往英國領取羅德獎學金（Rhodes Scholarship）。1947 年，他與森姆·費特曼（Samuel Freedman, 1908－1993）一起執業，並在曼尼托巴大學法學院任教。

1951 年，他接受加拿大國防生產部（Department of Defence Production）邀請，加入該部門法律處，展開其公務員生涯。大衛·高登晉陞成為處長，繼而在 1954 年 9 月，以三十四歲之齡，成為聯邦政府內最年輕的副部長。

1961 年，大衛·高登離開公務員行列，轉往加拿大航空工業協會（Air Industries Association of Canada）工作。一年後，重返政府出任工業部副部長一職。1962 年 7 月，出任加拿大航空工業協會主席。1969 年，當聯邦政府與私營企業一起創建電星公司（Telesat Canada），為國家開發通信衛星系統時，大衛·高登被委任為總裁。他於 1981 年辭去總裁職務，留任為董事長，直到 1985 年退休。

為了表彰他對加拿大的貢獻，1977 年獲頒「官佐級加拿大勳章」（Officers of the Order of Canada）。2002 年獲頒發「女皇伊莉莎白二世金禧獎章」（Queen Elizabeth II Golden Jubilee Medal），以及 2012 年獲頒發「女皇伊莉莎白二世女皇鑽石禧獎章」。[10]

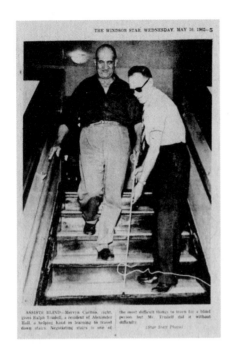

ASSISTS BLIND—Mervyn Carlton, right, gives Ralph Trudell, a resident of Alexander Hall, a helping hand in learning to travel down stairs. Negotiating stairs is one of the most difficult things to learn for a blind person, but Mr. Trudell did it without difficulty.

(Star Staff Photo)

僅存百分之十視力的馬
溫·卡爾頓在多倫多加
拿大國家盲人研究所教
授視障人士使用手杖。

　　從遠東地區回國後，僅存百分之十視力的馬溫·卡爾頓（Mervyn Carlton, 1917–）在多倫多大學（University of Toronto）接受高等教育，並於 1950 年畢業。根據大學刊印的 Torontonensis Yearbook 1950，他在畢業時寫下的職業意向是從事社會服務工作。[11]

　　身為一位視障人士，馬溫·卡爾頓在多倫多加拿大國家盲人研究所（Canadian National Institute for the Blind）當調整培訓主任。負責教授視障人士在步行和上落梯級中使用手杖。馬溫·卡爾頓工作的加拿大國家盲人研究所（Canadian National Institute for the Blind），創立於 1918 年，旨在協助因戰爭而導致失明的退伍軍人能重返社會。[12]

　　另一個協助失明退伍軍人的是 1922 年成立的皮爾遜爵士失明士協會（Sir Arthur Pearson Association of War Blinded），會員包括所有在戰鬥或服役期間失明的軍人，該會與加拿大國家盲人研究所建立緊密聯繫，並在聯邦政府資助下，使失明人士得到良好的治療、培訓和教育。[13] 第二次世界大戰後，加拿大國家盲人研究所亦擴大服務範圍，先後在卡加利（Calgary），溫哥華，麗賈納（Regina）和渥太華開設辦事處，將活動擴展到居所和工作安置等服務。該機構亦強調視障患者接受適當的康復訓練後，將有助提他們的就業機會。[14] 此外，皮爾遜爵士失明士協會，亦向加拿大五所盲人學校提名的高中學生頒發獎學金，協助他們克服視障所帶來的身心障礙，重建自信心，並融入社會。馬溫·卡爾頓曾先後出任獎學金計劃主席，以及皮爾遜爵士失明士協會主席。[15]

布利斯·高爾（Bliss Cole, 1923－2011）於 1940 年加入加拿大皇家加拿大來福槍營。他和父親埃爾默·高爾參謀上士（Staff Sergeant Elmer Cole, 1898－1944）一同隨部隊前往香港。被日軍俘虜後，他的父親在戰俘營中病逝。戰後，布利斯·高爾先遷往紐賓士域省薩塞克斯（Sussex），後與妻子搬到紐賓士域省聖約翰市。他先在退伍軍人事務部醫院（Department of Veterans Affairs Hospital）工作。該醫院關閉前不久，轉職至加拿大海關（Canada Customs），擔任海關關員。[16] 一同在退伍軍人事務部醫院工作的約翰·韋伯（John Webb, 1922－2004），則轉職到工人賠償委員會（Worker's Compensation Board），後以總務部門主管職位退休。[17]

約翰·比頓（John Beaton, 1920－2005）出生於溫哥華，在該城市成長。1939 年加入加拿大軍隊，在皇家加拿大通訊團服役，擔任電單車通訊兵。戰後回到溫哥華，加入加拿大郵政（Canada Post）工作，直到 1978 年退休。[18]

士丹利·艾加（Stanley Edgar, 1916－1997）在聖博義（St. Boniface）為加拿大專員團（Canadian Corps of Commissionaires）

工作，直到 1980 年退休。成立於 1925 年的加拿大專員團，是一家加拿大非牟利保安機構，成立目的是為退役軍人提供就業機會。機構最初在滿地可成立，後擴展至多倫多和溫哥華，為退役軍人提供過渡性和永久性的工作。[19]

重操故業

皇家加拿大陸軍醫療團士丹利·彭斐爾上尉（Captain Stanley Banfill, 1907－2007），1928 年在魁北克省的主教大學（Bishop's University）取得學士學位，繼後於 1933 年在麥基爾大學取得醫學博士和外科碩士學位（Medicinæ Doctorem et Chirurgiæ Magistrum）。1941 年末，隨加拿大軍團前往香港協防。香港戰役期間，在慈幼修院的救護站被日軍俘虜，並且先後關押在亞皆老街戰俘營（Argyle Street Camp）和深水埗戰俘營。

第二次世界大戰結束後，於 1946 年 6 月 15 日獲得英國頒發「大英帝國員佐勳章」（Member of the Order of the British Empire），以作表揚其在戰時所作出的貢獻。1947 年，香港大學逐漸復課，王國棟（Gordon King, 1900－1991）復任產科及婦科學系主任兼講座教授，並在 1948 年起重新兼任醫學院院長。1950 年至 1951 年，在香港大學醫學院任教的士丹利·彭斐爾接任香港大學醫學院院長一職。離開香港大學後，他返回母校麥基爾大學出任解剖學教授兼醫學院副院長，直至 1971 年退休。[20]

1943 年 12 月 2 日，安妮·華特詩中尉（Lieutenant Anna May Waters, 1903－1987）遣返回國。休養多個月後，重返部隊服務，在醫療船樂蒂莎號（TSS *Letitia*）服役。1946 年 8 月，安妮·華特詩中尉從皇家加拿大陸軍醫療團退伍，後回溫尼伯居住。1950 年 9 月至

1951 年 10 月，她在美國俄勒岡州立肺結核療養院（The Oregon State Tuberculosis Hospital）工作。她在該療養院工作期間，醫學發展對結核病的理解更多，新的藥物治療亦對該疾病有所影響。作為一個教育機構，工作人員致力於向居民傳授結核病及其治療知識。[21] 離開俄勒岡州立肺結核療養院後，安妮‧華特詩轉往檀香山的萊希醫院（Leahi Hospital）工作。1952 年 10 月至 1955 年，安妮‧華特詩返回溫尼伯照顧患病父親。父親離世後，她於 1956 年 4 月，再度前往夏威夷工作，在摩洛凱島卡勞帕帕（Kalaupapa, Molokai）一所由天主教修會負責營運的療養院照顧痲瘋病人，直到 1966 年 5 月退休。[22]

出生於溫尼伯的約翰‧卡佛少校（Major John Crawford, 1906－1997），於 1930 年取得醫學士學位後，曾在紐約當研究生。返回加拿大後，先後在溫尼伯兒童醫院（Winnipeg Children's Hospital）和聖博義綜合醫院工作，亦在曼尼托巴省大學擔任兒科（paediatrics）講師。1933 年，他被任命為皇家加拿大陸軍醫療團軍官，1939 年被徵召入伍，擔任溫尼伯榴彈營高級醫務官，曾參與香港戰役，後被日軍俘虜。

第二次世界大戰結束後，他繼續留在加拿大軍隊，先後出任醫學研究主任、醫務署署長（Director General of Medical Services）高級顧問，以及加拿大軍隊醫學委員會執行參謀等職位。1946 年 6 月 15 日獲得英國頒發「大英帝國員佐勳章」，以作表揚其在戰時所作出的貢獻。[23]

1956 年，約翰‧卡佛從軍隊退役，接受退伍軍人事務部治療服務局局長（Director General of Treatment Services, Department of Veterans Affairs）的任命。1965 年，他被任命為衛生和福利部的聯邦衛生部副部長（Federal Deputy Minister of Health in the Department of Health and Welfare），曾代表加拿大出席修訂《日內瓦公約》的

外交會議，並撰寫了許多關於軍事醫學的文章和技術論文。[24]

開創事業社會各領域

有別於重披戎裝或成為專業人士，部分衛港加軍退伍軍人選擇開創事業。當中《退伍軍人商業和職業貸款法》，協助退伍軍人創立的新生企業，引領他們走向商界發展。

雷爾頓‧金寶中尉（Lieutenant Railton Campbell, 1918－2001）曾在加拿大輕步兵團（Canadian Light infantry）服役，第二次世界大戰期間，被調到溫尼伯榴彈營。回國後，他與妻子搬到了美國加利福尼亞州橘郡（Orange County）。1961 年開設了一家鋼鐵製造公司，名為 R.A. 金寶公司（R.A. Campbell Incorporated）。[25]

安德烈‧布傑下士（Lance Corporal Andre Poquet, 1917－2009）在 1930 年代的經濟大蕭條期間，曾在的聖克洛德（St. Claude）數個農場工作。第二次世界大戰後，他回到聖克洛德，買下一個農場，並與朋友合資經濟古董店，專門尋找「木製壓背」椅子，修復後再轉售出去。[26]

此外，個別衛港加軍退伍後，在社會各領域獨當一面。阿利‧恩萊特下士（Lance Corporal Arley Enright, 1922－1998）在加拿大國家鐵路公司（Canadian National Railway）工作了二十九年，由在魁北克省加斯佩辦公室內的一名文員開始，經多年努力，以大西洋地區區域總監身分退休。[27] 而喬治‧寶愨（George Belcourt, 1918－2001）是河地區梅蒂斯原住民（Red River Métis）。1946 年，購買了一塊農田，並且建築一所農舍作居所。多年來，除以務農為生外，他亦從事焊接和清理灌木叢等工作。1975 年，喬治‧寶愨在斯特拉斯堡（Strasbourg）購買了一塊地，在那裏享受退休生活。[28]

威廉‧巴特利中尉（Lieutenant William Bradley, 1911－2000）先後在舒布魯克高校（Sherbrooke High School）、主教大學和麥基爾大學接受教育。回國後，威廉‧巴特利先在自尾寅人壽保險公司（Dominion Life Insurance Company）工作，後轉職至派斯兄弟公司（Price Brothers）。[29] 他亦曾在魁北克市和芝加哥（Chicago）的皇子紙業股份（有限）公司（Prince Paper Corporation）出任行政人員。[30]

隸屬溫尼伯榴彈營的約瑟‧米哈爾科（Joseph Michalkow, 1919－2008）則在 1957 年與家人搬到薩克其萬省的瓦朗（Arran），在該村莊的國家穀物起卸廠房（National Grain Elevators）工作。1959 年，遷居溫尼伯，在加拿大青銅公司（Canadian Bronze Company）工作，直到退休。[31] 而同袍威廉‧尼高遜（William Nicholson，1921－2003），戰後在老牌企業哈德遜灣公司（Hudson's Bay Company）工作。1956 年，公司將他從溫尼伯調職至卑詩省喬治王子城（Prince George）。工作多年後，威廉‧尼高遜決定自立門戶，在喬治王子城開設會計事務所。後來，他與家人移居至域多利，並且創立了花園城市倉庫有限公司（Garden City Warehousing Limited）。[32]

皇家加拿大來福槍營的艾雲‧戴維森（Alvin Davidson, 1917－1978）於 1951 年搬到安大略省畢爾德摩（Beardmore），受僱於布朗普頓紙漿和造紙公司（Brompton Pulp and Paper Company），後來轉職到雷奇金礦有限公司（Leitch Gold Mines Limited）。1966 年回到梳亞威爾（Sawyerville），經營一家小餐館。由於健康情況不佳，只好從職場退下來，與家人遷往社布魯克（Sherbrooke）居住。[33]

原居於魁北克省白金漢市的堅尼夫‧金馬倫（Kenneth Stanley Cameron, 1912－1996），參軍前在通用汽車公司（General Motors Garage and Dealership）工作，1940 年 7 月，加入皇家加拿大陸軍服務團第九分遣隊。幾個月後，他被調到皇家加拿大軍需團，並跟隨衛港加軍軍團前往香港協防。日軍佔領香港後，堅尼夫·金馬倫成為階下囚。退伍後，堅尼夫·金馬倫定居渥太華，從事保險業和房地產。此外，他亦在多個志願團體當義工，包括加拿大國家盲人研究所（Canadian National Institute for the Blind），教導視障人士打高爾夫球和冰壺。[34]

隸屬於皇家加拿大通訊團的占士·米契爾下士（Lance Corporal James Mitchell，1918－2008）退伍後，在一所自然資源公司出任倉庫主管，於 1978 年退休。閒暇時間，他是一名業餘無線電操作員。[35]

另一名隸屬於皇家加拿大通訊團的威廉·亞里士打（William Allister, 1919－2008），出生於一個烏克蘭猶太移民家庭，在滿地可成長。1941 年，加入軍團後，先後在魁北克省和諾華斯高沙省（Nova Scotia）接受了基礎訓練，後隨加拿大軍隊前往香港協防。香港陷落後，曾先後關押在香港和日本的戰俘營。[36]

退伍後，他搬到洛杉磯（Los Angeles）發展演藝事業，先後在電影 *Berlin Express* 和 *Big Fight* 當演員。及後，他改為從事寫作和繪畫，在紐約擔任商業藝術家和編劇。1960 年代末回到加拿大，在滿地可的一家廣告公司工作，同時亦書寫電影劇本和廣播劇，以及拍攝紀錄片。1983 年，他決定重回日本，希望從旅途中的遊歷來衝擊被俘時殘酷經歷所帶來的感受。長達一個月的遊歷，激發起靈感和引導他寫下了他的回憶錄 *Where life and death hold hands*。1986 年，該書籍得到加拿大文學促進基金會（Foundation for the Advancement of Canadian Letters）頒發的作家獎給他。除 *Where life and death hold hands* 外，威廉·亞里士打亦曾書寫另一本有關戰俘生活的書籍 *A Handful of Rice*，該書籍分別翻譯成荷蘭文、挪威文語和日文。

除了回憶錄為他帶來榮譽外，威廉·亞里士打的藝術家身分，亦令他的人生錦上添花。他的畫作，收藏於加拿大、法國、南非、墨西哥（Mexico）、美國和日本各地的藝術館。他所繪畫的「東方遇上西方」系列（East Meets West Collection），由十八件藝術品組成，講述了一個幾乎被人遺忘的可悲事件，即加拿大放棄派往香港與日本人作戰的士兵。這系列的作品，被視為一種個人心理治療。威廉‧亞里士打將傳統日本藝術、文學和佛教元素注入系列內，將兩種文化在和平與和諧中顯現出來。曾在英屬哥倫比亞大學亞洲中心，以及加拿大駐東京大使館畫廊展出。[37]

加拿大紀念建構物

衛港加軍軍人重過平民生活後，在各領域貢獻社會。但是他們在戰場上和戰俘營內所承受的苦難，以及在戰爭中陣亡的同袍，加國人民並沒有因歲月流逝而忘記。紀念衛港加軍事蹟的紀念碑、牌匾，以及其他紀念建構物，分別坐落在加拿大多個省份和香港，以不同形態來呈現國家和人民表彰他們為了世界和平所作出的犧牲和貢獻。

位於溫尼伯的鹿屋中心（Deer Lodge Centre）有着悠久的歷史，持續向加拿大軍隊和退伍軍人提供醫療保健服務。該中心擁有四百多個宿位，提供各種康復和長期護理設施。[38]

1991 年 8 月 14 日，鹿屋中心裝置了一塊彩色玻璃鑲嵌窗畫。該彩色玻璃鑲嵌窗畫，題材以紀念衛港加軍的事蹟為主軸，別樹一格。中央鑲嵌 "Hong Kong Veterans of Canada" 字樣和徽章，上方鑲嵌 "We Will Never Forget" 字樣，以及下方鑲嵌 "POW December 1941 August 1945" 字樣。此外，玻璃鑲嵌窗畫亦包括一艘俗稱「大

加拿大溫尼伯鹿屋中心的彩色玻璃鑲嵌窗畫，表彰衛港加軍在香港戰役所付出的代價。

眼雞」的唐式帆船和一個十字架。窗畫中反映出來的點滴，顯出這場慘烈戰役中衛港加軍所付出的代價。

同年 12 月 19 日，時任曼尼托巴省省督喬治·莊臣（Hon. George Johnson, 1920－1995）和時任曼尼托巴省衛生廳長大衛·賀卓特（Hon. David W. Orchard, 1946－）為鹿屋中心內的約翰·奧士本大樓揭幕。該大樓以在香港戰役中捨生取義的約翰·奧士本二級准尉（Warrant Officer II John R. Osborn, 1899－1941）名字來命名，大樓中庭豎立了一座紀念碑，用以紀念他在香港戰役中英勇行為。

1991 年 10 月 25 日，時任曼尼托巴省省督喬治·莊臣和時任曼尼托巴省省長加利·菲文（Hon. Gary Filmon, 1942－）主持「溫尼伯榴彈營」牌匾的揭幕儀式。該紀念牌匾採用銅牌製造，永久懸掛在曼尼托巴省議會大廈走廊，以資紀念。此外，溫尼伯的聖公會諸聖堂（All Saints Anglican Church）毗鄰奧斯本尼堡軍營（Fort Osborne Barracks），是大量軍人和家屬崇拜的地方。教堂內的牆壁和柱子掛有多塊紀念牌匾，懷念為國捐軀的軍人，當中兩塊紀念牌匾，與香港戰役有關。其中一塊紀念溫尼伯榴彈營陣亡將士，鑄有：

> TO THE GLORY OF GOD
> AND IN MEMORY OF THE
> OFFICERS AND MEN OF THE
> WINNIPEG GRENADIERS WHO
> GAVE THEIR LIVES AT HONG
> KONG AND OF THOSE WHO
> SUBSEQUENTLY DIED IN
> JAPANESE PRISON CAMPS
> 'REST ETENAL GRANT
> UNTO THEM O LORD'

另一塊紀念牌匾，則鑄曾參與有香港戰役的溫尼伯擲彈兵團的個別成員名字。聖公會諸聖堂亦掛有多面軍旗，包括一枝香港退伍軍人（Hong Kong Veterans）的旗幟。

另外，溫尼伯市政府和聖維大理歷史學會（St. Vital Historical Society）推動下，為表彰七名曾參加香港戰役的溫尼伯榴彈營軍人，利用溫尼伯市政府和曼尼托巴省政府合共捐助的七萬五千加元，在聖維大理（St. Vital）的祖利斯·馬格公園（Jules H. Mager Park）內設立雅登七人紀念廣場（Arden Seven Commemoration）。該紀念廣場安放了七張椅子，象徵着七位曾居住在溫尼伯雅登大道

（Arden Avenue）的鄰居，另設有紀念牌匾，概述了他們參與香港戰役的故事。七名衛港加軍，包括費特‧阿巴謙斯（Fred Abrahams, 1922－1998），比爾‧蘭卡士打（Bill Lancaster, 1921－1970），雙胞胎喬治‧彼得森中士（Corporal George Peterson, 1921－2021）和莫里斯‧彼得森（Morris Peterson, 1921－1986），以及艾費特‧薛拿下士（Lance Corporal Alfred Shayler, 1913－1989），愛德華‧薛拿中士（Corporal Edward Shayler, 1918－2011）和哈利‧薛拿（Harry Shayler, 1919－1944）三兄弟。[39]

除了溫尼伯，位於魁北克市的魁北克輕步兵營軍械庫（Voltigeurs de Quebec Armoury）內，亦掛有一塊紀念牌匾，以紀念加拿大軍隊在香港保衛戰的貢獻。[40] 此外，亞伯達省卡加利的前加拿大軍事基地居里軍營（Currie Barracks），有著悠久的歷史。[41] 1995 年，加拿大聯邦政府宣布關閉居里軍營。翌年 10 月 21 日，卡加利市議會批准居里軍營地段發展計劃，發展成為該城市第二個核心都會區域的一部分，並興建社區設施、住宅及商業等核心建築項目。[42]

基於該地段與加軍歷史有着深厚的淵源，地區重建時，街道命名以軍事歷史為主軸，包括以軍事勳章命名的「維多利亞十字勳章大道」（Victoria Cross Boulevard SW）、「緬甸星章路」（Burma Star Road SW）；以軍事人名命名的「瑪莉‧多佛徑」（Mary Dover Drive SW）；以軍人氣魄命名的「勇氣圓環」（Valour Circle SW），以及加拿大軍隊在第二次世界大戰時，最初在歐洲和亞洲戰場的戰役命名的「第厄普徑」（Dieppe Drive SW）和「香港道」（Hong Kong Road SW）。[43]

2009 年 8 月 15 日，香港退伍軍人紀念協會經多翻努力，得到國家資本委員會（National Capital Commission）、私人捐款和香港經濟貿易辦事處的幫忙，在渥太華豎立「香港保衛戰紀念牆」（The

Defence of Hong Kong Memorial Wall）。該紀念牆以類似於香港山脈的花崗岩為主體結構，並有一千九百七十六名將士、兩名護士和一隻名叫「甘德」（Gander）的紐芬蘭犬的名字。**44**

2015 年 7 月，位於紐芬蘭與拉布拉多省（Newfoundland and Labrador）甘德鎮（Town of Gander）的甘德紀念公園（Gander Heritage Memorial Park），揭幕了兩座新雕像。一座是軍犬甘德上士（Sergeant Gander, ？－1941），另一座是領犬員腓特烈・基利（Frederick Kelly, 1921－2001）。12 月 19 日，皇家加拿大來福槍營 C 連與日軍短兵相接期間，一枚日軍手榴彈被拋到加軍傷兵附近。甘德上士懂性地用口叼起手榴彈，跑向日軍方向。手榴彈隨後爆炸，甘德上士因而壯烈犧牲。2000 年，它獲追頒「迪金勳章」（Dickin Medal），以彰顯其英勇行為。**45**

「紀念名稱項目」

長期以來，加拿大部分地區是以紀念在為國捐軀的加拿大人來命名，以此方式來紀念國民參與戰爭的故事，以及表揚個人犧牲來換取和平。以曼尼托巴省為例，該省透過「紀念名稱項目」（Commemorative Names Project），將四千二百多個湖泊、島嶼、海灣和其他地理特徵，以戰爭中陣亡的省民來命名，當中包括參與香港戰役的將士。**46**

出生於聖博義的艾維・阿格勞（Hervé Abgrall, 1919－1941）於 1941 年 12 月 19 日陣亡，葬於西灣國殤紀念墳場。位於馴鹿湖（Reindeer Lake）東北面的阿格勞湖，於 1972 年以他的名字命名。**47**同屬溫尼伯榴彈營的約翰・亞當斯（John Adams, 1915－1942），入伍前是一名印刷工人。被關押在北角戰俘營期間，與三名溫尼伯榴

彈營同袍逃離戰俘營。被日軍捕獲後，於 1942 年 8 月 26 日被日軍
處決，享年二十七歲。1994 年以他的名字命名的亞當斯湖，位於大
沙湖（Big Sand Lake）以東。[48]

另一名隸屬於溫尼伯榴彈營的威廉·史密夫（William A. Smith,
1924－1942）於 1942 年 11 月 27 日在戰俘營因病離世，葬於西灣國
殤紀念墳場。曼尼托巴省天鵝河（Swan River）東南面的史密夫湖
以他的名字命名。[49] 另一名因病身故的腓特烈·亞伯上士（Sergeant
Frederick J. Abel, 1902－1942），葬於西灣國殤紀念墳場。以他的名
字命名的亞伯湖位於布羅切特湖（Lac Brochet）東北面。[50]

1909 年 4 月 15 日出生於英國伯明罕（Birmingham）的厄尼斯
特·博斯威爾（Ernest A. Boswell, 1909－1943），十歲時移民到加
拿大。1930 年至 1933 年在貝璐和德芙連軍團（Peel and Dufferin
Regiment）服役。1939 年 9 月 6 日，加入溫尼伯榴彈營前，厄尼斯
特·博斯威爾在溫尼伯當農民。加入部隊後，隨部隊前往牙買加，
及後前往香港駐防。1943 年 11 月 29 日，因維生素缺乏症在深水埗
戰俘營病逝。遺下妻子及兒女。為了紀念他的犧牲，曼尼托巴省政
府於 1973 年將位於克羅素湖（Cross Lake）以北的湖泊命名為博斯
威爾湖（Boswell Lake）。[51] 其餘二百三十多個以衞港加軍姓名來命
名的湖泊、島嶼、海灣等地方，散落於加拿大不同省份，以紀念這
些在香港戰役中犧牲的將士。（見附錄二）

香港紀念建構物

香港戰役是加拿大軍隊在第二次世界大戰爆發後，參加的第一
場陸地戰。十八天的戰鬥，共有二百九十名加拿大官兵陣亡，包括
加軍在二戰中軍階最高的陣亡軍官約翰·羅遜准將（Brigadier John

K. Lawson, 1887－1941），以及在戰役中，唯一獲頒發大英帝國最高榮譽的「維多利亞十字勳章」（Victoria Cross）的約翰‧奧士本二級准尉。

　　為紀念衛港加軍為和平自由而犧牲，每年 12 月的第一個星期日，加拿大駐香港及澳門總領事館均會按傳統在西灣國殤紀念墳場，舉行加拿大陣亡將士追思儀式，悼念為捍衛香港而陣亡的加拿大及同盟國軍人。

　　除了悼念儀式外，多個紀念衛港加軍將士的建構物，座落於香港不同地區。位於九龍塘的九龍東軍營，舊稱奧士本軍營（Osborn Barracks），是以約翰‧奧士本二級准尉來命名。1990 年代初，奧士本軍營位於聯福道以東的地段，撥給香港浸會大學興建逸夫校園、

2005 年 12 月 4 日，加拿大駐港澳總領事館假西灣國殤紀念墳場舉行陣亡將士追思儀式，曾參與香港戰役的羅拔‧基頓上士到場致辭。

聯校運動中心及部分浸會大學道校園。1997年7月1日，中華人民共和國對香港恢復行使主權後，軍營由中國人民解放軍駐香港部隊接管，更名為九龍東軍營。

　　1927年開始使用的深水埗軍營，在日佔時期改為戰俘營，部分被俘虜的加拿大軍人，曾被關押在該處。1945年8月，駐港英軍重新使用該軍營，直至1977年關閉。深水埗軍營拆卸後改建成麗閣邨及深水埗公園，為紀念衛港加軍對香港的貢獻，香港戰俘聯會（The Hong Kong Prisoners of War Association）及加拿大駐港退伍軍人協會（Hong Kong Veterans Association of Canada），先後於1989年及1991年在深水埗公園栽種樹木。

位於九龍塘的九龍東軍營，舊稱奧士本軍營，
是以約翰・奧士本二級准尉命名。

　　加拿大駐港退伍軍人協會在 1991 年 12 月 5 日設立紀念牌匾，
分別以英文、法文和中文刻上簡單字句，供遊人憑弔。中文紀念牌
匾，寫着：

　　　　一九四一年至一九四五年期間，加拿大國家軍人由於在戰
　　俘營內備受折磨而殉職者多名，其忠烈行為，令人欽敬難忘。
　　謹於 1991 年 12 月 5 日種植楓樹兩株。

　　　　永為紀念
　　　　加拿大駐港退伍軍人協會

　　　　　加拿大駐港退伍軍人協會在前深水埗軍營舊址設立
　　　　　紀念牌匾，以紀念衛港加軍的忠烈行為。

1991 年 5 月正式啟用的香港公園，原為域多利軍營（Victoria Barracks）。1979 年 3 月 30 日，駐港英軍將域多利軍營的土地交還香港政府。香港政府決定把軍營近半山部分交由市政局和英皇御准香港賽馬會合作發展成為香港公園。[52] 1992 年 1 月，香港公園的豎立了一個士兵銅像，紀念香港戰役中犧牲的約翰・奧士本二級准尉。士兵銅像本為紀念一戰陣亡將士而造，初豎立於淺水灣余氏古堡。1981 年，因古堡清拆，銅像被送贈給駐港英軍，豎立在奧斯本軍營內，以紀念約翰・奧士本二級准尉及其他在 1941 年香港戰役中的軍民。1992 年，士兵銅像重置於香港公園，下方設有紀念牌匾，陳述他的事蹟。

除香港公園內的銅像外，連接陽明山莊及鰂魚涌的衛奕信徑第二段，陽明山莊起步點附近，亦豎立了「奧斯本紀念碑」，紀念約翰・奧士本二級准尉，並刻有他為保護同袍免受榴彈所傷而犧牲自己的事跡。而位處香港島黃泥涌峽徑第九及第十站，是香港保衛戰時的西旅指揮部和相關設施。西旅指揮部司令羅遜准將在日軍攻打黃泥涌峽時，被日軍包圍。他在突圍時，不幸戰死沙場，成為香港保衛戰中陣亡軍階最高將領。西旅指揮部和相關設施，大部分得以留存，當中包括三個地堡。其中一個地堡以羅遜准將命名，稱之為「羅遜旅長」地堡。此外，加拿大政府亦在西旅指揮部外豎立紀念牌匾，分別以中文和加拿大官方語言，簡述羅遜准將抵抗日軍入侵香港時陣亡的經過。

豎立在香港公園內的士兵銅像，以紀念香港戰役中犧牲的約翰·奧士本二級准尉。

註釋

1　"The three battles of Canada's Hong Kong veterans." *The Globe and Mail*, 17 December, 2021; Graham Bryce, "Dr Kenneth Cambon 1923–2007", *BC Medical Journal*, Vol. 49, No. 8 (2007), p.452。另見 "Kenneth Cambon Obituary." *The Globe and Mail*, 3 March, 2007。

2　"Robert Nixon Obituary." *The Winnipeg Evening Tribune*, 25 July, 1962.

3　Hong Kong Veterans Commemorative Association, *Individual Report: H6730 John Hodgkinson*, https://www.hkvca.ca/cforcedata/ext_files/links/H6461.jpg，瀏覽日期：2022 年 10 月 29 日。

4　Hong Kong Veterans Commemorative Association, *Individual Report: H6502 Frederick Adams*, https://www.hkvca.ca/cforcedata/indivreport/indivdetailed.php?regtno=H6502，瀏覽日期：2022 年 10 月 29 日。

5　Hong Kong Veterans Commemorative Association, *Individual Report: H20604 Frank Christensen*, https://www.hkvca.ca/cforcedata/indivreport/indivdetailed.php?regtno=H20604，瀏覽日期：2022 年 10 月 29 日。

6　Hong Kong Veterans Commemorative Association, *Individual Report: H26072 Reginald Kerr*, https://www.hkvca.ca/cforcedata/indivreport/indivdetailed.php?regtno=H26072，瀏覽日期：2022 年 10 月 29 日。

7　桌利莊園在第二次世界大戰期間，被改為一所軍事醫院。

8　"Hong Kong Veterans are still suffering 30 years after the war." *Toronto Star*, 22 July, 1975.

9　Hong Kong Veterans Commemorative Association, *Individual Report: L22237 Adam Schnell*, https://www.hkvca.ca/cforcedata/indivreport/indivdetailed.php?regtno=L22237，瀏覽日期：2022 年 10 月 29 日。

10　Manitoba Historical Society, Manitoba History: The Remarkable Career of David A. Golden, http://www.mhs.mb.ca/docs/mb_history/67/golden_da.shtml，瀏覽日期：2021 年 7 月 20 日。

11　University of Toronto, *Torontonensis Yearbook 1950* (Toronto: University of Toronto, 1950), p.49.

12　Serge Marc Durflinger, *Veterans with a Vision: Canada's War Blinded in Peace and War* (Vancouver: UBS Press, 2010), pp.339-340.

13　Corinne Doria, ""From the darkness to the light" Memoirs of blind Canadian veterans of the First and Second World Wars", *Canadian Journal of Disability Studies*, Vol. 7, No. 3 (2018), p.126.

14　Ibid, p.128.

15　*Veterans with a Vision: Canada's War Blinded in Peace and War*, pp.339-340.

16　Hong Kong Veterans Commemorative Association, *Individual Report: E30079 Bliss Cole*, https://www.hkvca.ca/cforcedata/indivreport/indivdetailed.php?regtno=E30079，瀏覽日期：2022 年 10 月 29 日。

17 Hong Kong Veterans Commemorative Association, *Individual Report: E30579 John Webb*, https://www.hkvca.ca/cforcedata/indivreport/indivdetailed.php?regtno=E30579，瀏覽日期：2022 年 10 月 29 日。

18 "Obituaries" *Vancouver Sun*, 11 May, 2005.

19 Hong Kong Veterans Commemorative Association, *Individual Report: H20649 Stanley Edgar*, https://www.hkvca.ca/cforcedata/indivreport/indivdetailed.php?regtno=H20649，瀏覽日期：2022 年 10 月 29 日。另見 Commissionaires, *About Us*, https://commissionaires.ca/en/about-us/，瀏覽日期：2022 年 10 月 29 日。

20 "Stanley Banfill Obituary" *Globe and Mail*, 9 May, 2007. 另見 Charles G. Roland, *Long Night's Journey into Day: Prisoners of War in Hong Kong and Japan, 1941-1945* (Waterloo: Wilfrid Laurier University Press, 2001), p.32.

21 Amy Vandegrif, "Oregon led the fight against TB with the first State Hospital" (unpublished reference paper, Willamette Heritage Center, 2 September 2012), pp.1-2.

22 Hong Kong Veterans Commemorative Association, *Biography-Anna May Waters*, https://www.hkvca.ca/submissions/Waters/index.php，瀏覽日期：2022 年 10 月 29 日。

23 Hong Kong Veterans Commemorative Association, *Individual Report: X87 John Crawford*, https://www.hkvca.ca/cforcedata/indivreport/indivdetailed.php?regtno=X87，瀏覽日期：2022 年 10 月 29 日。

24 Ibid.

25 Hong Kong Veterans Commemorative Association, *Individual Report: X38 Railton Campbell*, https://www.hkvca.ca/cforcedata/indivreport/indivdetailed.php?regtno=X38，瀏覽日期：2022 年 10 月 29 日。

26 Hong Kong Veterans Commemorative Association, *Individual Report: H20688 Andrew Poquet*, https://www.hkvca.ca/cforcedata/indivreport/indivdetailed.php?regtno=H20688，瀏覽日期：2022 年 10 月 29 日。

27 Hong Kong Veterans Commemorative Association, *Individual Report: E30255 Arley Enright*, https://www.hkvca.ca/cforcedata/indivreport/indivdetailed.php?regtno=E30255，瀏覽日期：2022 年 10 月 29 日。

28 Hong Kong Veterans Commemorative Association, *Individual Report: H6618 George Belcourt*, https://www.hkvca.ca/cforcedata/indivreport/indivdetailed.php?regtno=H6618，瀏覽日期：2022 年 10 月 29 日。

29 Quebec Officers and Men Safe." *Montreal Gazette*, 8 September, 1945.

30 Hong Kong Veterans Commemorative Association, *X36 William Bradley*, https://www.hkvca.ca/cforcedata/indivreport/indivdetailed.php?regtno=X36，瀏覽日期：2022 年 10 月 29 日。

31 Hong Kong Veterans Commemorative Association, *L41354 Joseph Michalkow*, https://www.hkvca.ca/cforcedata/indivreport/indivdetailed.php?regtno=L41354，瀏覽日期：2022 年 10

月 29 日。

32 Hong Kong Veterans Commemorative Association, *Individual Report: H6264 William Nicholson*, https://www.hkvca.ca/cforcedata/indivreport/indivdetailed.php?regtno=H6264，瀏覽日期：2022 年 10 月 29 日。

33 Hong Kong Veterans Commemorative Association, *Individual Report: E29846 Alvin Davidson*, https://www.hkvca.ca/cforcedata/indivreport/indivdetailed.php?regtno=E29846，瀏覽日期：2022 年 10 月 29 日。

34 Quillette, On Remembrance Day, Celebrating Two Canadian Prisoners Who Took Down an Entire Shipyard, https://quillette.com/2020/11/11/on-remembrance-day-celebrating-two-canadian-prisoners-who-took-down-an-entire-shipyard/amp/?fbclid=IwAR0FkznxNy52vQbnjuNIrrNtI5dZ22ylfAls0GPRO5mXXgK0S4oWobj79r0，瀏覽日期：2021 年 12 月 25 日。

35 Hong Kong Veterans Commemorative Association, *B31782 James Mitchell*, https://www.hkvca.ca/cforcedata/indivreport/indivdetailed.php?regtno=B31782，瀏覽日期：2022 年 10 月 29 日。

36 Baron Byng High School Museum, *William Allister (BBHS '36)*, http://www.baronbynghighschool.ca/alumni/william-allister/，瀏覽日期：2022 年 9 月 8 日。

37 Ibid。另見 DorianneArt, *William Allister–The East Weds West Collection*, https://williamallister.com/，瀏覽日期：2022 年 9 月 8 日。

38 Deer Lodge Centre, *Welcome to Deer Lodge Centre Resident Information Booklet* (Winnipeg: Deer Lodge Centre, 2019), p.1.

39 CBC, *Winnipeg's Arden 7 honoured for service in Battle of Hong Kong*, https://www.cbc.ca/news/canada/manitoba/winnipeg-s-arden-7-honoured-for-service-in-battle-of-hong-kong-1.2705134，瀏覽日期：2022 年 8 月 23 日。

40 Veterans Affairs Canada, *Defense of Hong Kong Memorial Plaque*, https://www.veterans.gc.ca/eng/remembrance/memorials/national-inventory-canadian-memorials/details/6141，瀏覽日期：2023 年 1 月 1 日。

41 Brown & Associates Planning Group and Urban Design Associates, *Currie Barracks: A Neighbourhood Land Use Plan* (Calgary: Brown & Associates Planning Group and Urban Design Associates, 2014), p.23.

42 Ibid, p.11.

43 卡加利分為東南（SE）、東北（NE）、西南（SW）、西北（NW）四個區。街道名稱的 SW，代位處該城市西南區。

44 Vivienne Poy, "Hong Kong Veterans Memorial Wall", Senate of Canada, 40th Parliament, Volume, 2nd Session (8 December 2009).

45 CBC News, *'Much loved' Newfoundland dog Sergeant Gander honoured with statue*, https://www.cbc.ca/news/canada/newfoundland-labrador/much-loved-newfoundland-dog-sergeant-

gander-honoured-with-statue-1.3166092，瀏覽日期：2021 年 11 月 28 日。

46 United Nations Group of Experts On Geographical Names: Commemorative Naming in Canada (GEGN.2/2019/74/CRP.74). 另見 Government of Manitoba, *Manitoba Geographical Names Program*, https://www.manitoba.ca/forest/land-management/geographical_names/index.html，瀏覽日期：2021 年 12 月 31 日。

47 Government of Manitoba, *A Place of Honour: Manitoba's War Dead Commemorated in its Geography*, https://www.gov.mb.ca/forest/pubs/geo_names/sample-e.pdf，瀏覽日期：2021 年 12 月 31 日。

48 Ibid.

49 Saskatchewan Provincial Command of The Royal Canadian Legion, *Military Service Recognition Book* (Regina: Saskatchewan Provincial Command of The Royal Canadian Legion, 2012), p.311。註：根據西灣國殤紀念墳場的墓碑，威廉・史密夫於 1942 年逝世，而非網頁內的 1944 年。

50 *A Place of Honour: Manitoba's War Dead Commemorated in its Geography*，瀏覽日期：2021 年 12 月 31 日。

51 Veterans Affairs Canada, *Canadian Virtual War Memorial~Private Ernest Arthur Boswell*, https://www.veterans.gc.ca/eng/remembrance/memorials/canadian-virtual-war-memorial/detail/2220802?fbclid=IwAR2pw4aTeuZmo3lsGelUAjy0RVR_lhtYf-k4S3rVZWipWuKE07tmji7KzjY，瀏覽日期：2022 年 1 月 2 日。

52 康樂及文化事務署，《香港公園：簡介》，https://www.lcsd.gov.hk/tc/parks/hkp/background.html，瀏覽日期：2022 年 8 月 23 日。

結語

年僅十七歲的腓特烈·卓文（Frederick Chapman, 1924－2001）
和雷蒙·奧克利（Raymond Oakley, 1921－1941）厭倦了在奧里利亞
市（Orillia）的一家洗衣店工作，兩人決定乘搭「順風車」前往加拿
大東岸尋找新機遇。當他們在紐賓士域省薩塞克斯市（Sussex）的
一家餐廳用餐時，一名加拿大陸軍招募士官走近，建議他們加入皇
家加拿大來福槍營。雷蒙·奧克利具備入伍資格，但堅持未達入伍
年齡的腓特烈·卓文結伴加入。最終，腓特烈·卓文填寫入伍表格
時，謊稱已滿十八歲而獲得取錄。[1]

1941 年 10 月 27 日，皇家加拿大來福槍營和溫尼伯榴彈營士兵
登上阿瓦特亞號，由羅拔王子號護航，離開溫哥華前往香港。對腓
特烈·卓文和雷蒙·奧克利而言，加入軍隊原是一條給他們開拓視
野的仕途，始料不到的是兩人的人生路途，從此迎來劇變。

日本發動太平洋戰爭，並在短時間內攻佔大量城市，國際社會
錯愕不已。香港戰役的十八天戰鬥，死傷枕藉。據加拿大退伍軍人
事務部統計，二百九十名衛港加軍壯烈犧牲，另有四百九十三名受
傷。[2] 被俘的衛港加軍，面對三年零八個多月的關押，活在水深火熱
裏，飽受被囚的煎熬。

隸屬於皇家加拿大通訊團的賀利士·謝拉特（Horace "Gerry"
Gerrard, 1922－2019）在戰後接受《沙尼治新聞》（Saanich News）
訪問時，憶述他的戰俘經歷：「成為戰俘的第一年，我甚至沒有一張

氈子，只有一塊很輕的帆布，我同它來包裹身體。」[3]

衛港加軍戰俘被囚期間，被逼從事奴役工作，包括修築啟德機場，以及被逼在日本本土的礦場、造船廠等地方工作，每天只靠有限的食物來維持生命。二次大戰結束時，戰俘營的生活，令他們的健康嚴重受損。戰俘生活條件非常惡劣，除了喪失行動自由，有的還被強逼勞動，參與生產，有的則遭到嚴刑拷打。由於飲食不足，衛生及醫療品質極差，在營養不良以及受到霍亂、瘧疾等傳染疾病的威脅下，加上嚴酷的勞役，不少人因而喪生於異域。

慘烈的戰鬥和戰敗令士兵驚慌失措，士兵身心無疑地受創傷，削弱整體士氣。戰俘營的暗淡無光的生活，更令人洩氣。士氣低落帶來壓力和困擾，嚴重影響健康。士氣低落可來自不同因由，包括來自家庭的壞消息，以至文化衝擊下的反應，以日本守衛掌摑戰俘為例，日本人視之為懲罰，主要是挫其銳氣，而西方社會視之為一種侮辱，無法接受。[4]

在戰俘營內，如何保持士氣和令戰俘抱着積極心態，成為一門學問。1941 年 10 月，英國資訊部內政情報科（Home Intelligence Division of the Ministry of Information, Great Britain）主管史提芬 ‧ 泰萊（Stephen Taylor, 1910－1988）曾解釋「士氣」一詞，指出：「不是由一個人的想法或言論來定義，而是由他做了甚麼，以及他如何做來定義。它取決於個人或團體的行為和怎麼過。」[5]

團隊精神和凝聚力有助於提高士氣，並且可以在各種層面上運作。提高或維持士氣的變數包括對指揮官的信心，同袍之間的情誼，對執行任務的信念，以及公平的待遇。

衛港加軍戰俘內，一些官兵早在故鄉已互相認識，包括親戚關係或朋友關係，當中來自德蒙維利（Drummondville）的杜爾兄弟，便是其中例子。[6] 而隸屬皇家加拿大來福槍營的雷夫‧麥克林與戴頓・艾特肯（Deighton Aitken, 1919－1942）則同在簡特史東島（Grindstone Island）長大，一同申請入伍。[7] 在最困難的情況下，這種親友互相扶持的關係，成為了對生存的一種盼望，對提升士氣有莫大幫助。此外，等待已久的家書，能滋養士兵心靈。縱使書箋無聲，字裏行間的消息，讓被囚者得到莫大的心靈慰藉。

香港保衛戰的落敗，亦使加拿大國內產生變化。數以千計的婦女被動員成為勞動能力，通過不同方式來支援國家。衛港加軍戰俘家眷積極參與義工服務，在後方發揮重要作用。此外，加拿大政府舉辦的「曼尼托巴省日」（Manitoba Day），會場分別掛上了溫尼伯榴彈營的軍徽，並寫着「香港・聖誕節・1941 年」，以及加拿大女皇金馬倫高地兵團（Queen's Own Cameron Highlanders of Canada）的軍徽，以及寫着「第厄普・1942 年 8 月 19 日」。可見國家並未忘記一群為國犯險的年青人。[8]

日軍和戰俘營守衛的劣行罄竹難書，戰後的橫濱軍事法庭對日本乙級和丙級戰犯進行審判，控方證人的供詞披露戰俘所犯下的滔滔罪行，令人髮指。此外，少部分戰俘為求一己之私利而泯滅良知，透過權力有系統地欺壓同袍，加劇其他戰俘的苦難，更是可悲。1946 年 3 至 6 月間，在溫尼伯奧士本尼堡軍營舉行的軍事法庭，審訊四名來自英國和加拿大士官，有關他們在「大阪戰俘營 3-B」內對其他戰俘施以體罰的情況，揭露出人性的黑暗面。

戰爭的殘酷，除了戰場的生死外，其影響之深遠更是有目共睹。三年零八個多月的關押日子，磨滅人的意志。衛港加軍戰俘目擊同袍被殘忍對待，或被疾病折磨，如同生活在地獄之中。心靈上的創傷，毫無疑問地留下了深刻的烙印。戰爭邁向終局，不代表陰霾悉數消散。倖存的戰俘帶着疲憊的身軀回國，再次踏足加拿大國土。而倖存的軍人往後的人生，飽受戰爭帶來的後遺症折磨。部分人一直在創傷的幽谷徘徊，導致性情大變。對戰俘本人和家屬造成難以彌合的創傷。

身心受苦外，衛港加軍退伍軍人亦面對的不公平的對待。戰後的日本政府斷然拒絕道歉，加拿大政府冷待老兵的訴求，逼使他們提出訴訟，尋求公義和追討應得的賠償。對曾戍守香港的加國軍人而言，這正是控訴政府對待老兵的不公平和不作為。

香港作為一個港口城市，多元族群在香港歷史中寫下可歌可泣的篇章。過千名年輕人，大部分只是十幾歲或二十歲出頭，肩負着作為一位軍人的職責，為國犯險。他們的故事，記錄着一段加拿大軍人的人生歷程，細看之下，也能瞧見他們人生數十載的起伏跌宕。對衛港加軍和家眷而言，香港已不單是太平洋彼岸的一個蕞爾小島，而是牽動心靈的命運共同體。

第二次世界大戰是歷史上最大規模的戰爭，香港保衛戰牽引着加港兩地的關連。加拿大政府在香港保衛戰學到代價慘重而寶貴的教訓，國內對派遣軍人到海外服役充滿疑慮，逼使總理麥堅時·金在 1942 年 2 月 28 日接受《溫尼伯自由新聞》(*Winnipeg Free Press*) 訪問時，指出當時在英國協防的加拿大軍隊只會用於「保衛帝國的心臟」，為了保衛英國免被德國入侵，委婉地避談再次派遣加軍上前線作戰。[9]

一場戰役，並不只限於勝與負，其表質是顯而易見的「成則為王，敗則為寇」的二次元對立面。表象所展現的，只是事實的一部分，內裏卻蘊藏着無窮無盡的想像空間。一千九百多名加國軍人而言，他們身處歷史漩渦之中。軍人在戰爭期間所作出的貢獻是捍衛普世價值觀，包括真理、正義、和平、自由和知識等價值。血的教訓不應遺忘，沉痛的歷史亦當須銘記，此乃顛撲不破的道理。而為他們豎立紀念碑，毋忘過往傷痛，刻劃善惡之間的界線，描繪對新時代的期許與盼望。

　　七十多年前的戰爭，既遠亦近。三年零八個月在香港所發生的事情，顛覆地緣政治版圖。衛港加軍軍人的故事是加港兩地的共同歷史，扣人心弦，就像嘉芙蓮·克里斯蒂中尉（Lieutenant Katherine "Kay" Christie, 1911－1994）在戰後被問及她身陷囹圄時會否感到害怕時，她說：「還有其他人同坐這條船 …… 我並不孤單。」[10]

註釋

1　"Hong Kong Veterans are still suffering 30 years after the war." *Toronto Star*, 22 July, 1975.

2　Veterans Affairs Canada, *Canadians in Hong Kong*, https://www.veterans.gc.ca/eng/remembrance/history/second-world-war/canadians-hong-kong#weremember，瀏覽日期：2023 年 1 月 2 日。

3　"Courage Remembered: Hong Kong veteran remembers hardships as a POW." *Saanich News*, 10 November, 2017.

4　Charles G. Roland, "The ABCs of Survival behind Barbed Wire: Experience in the Far East, 1941-45", *Canadian Bulletin of Medical History*, Vol. 16 (1999), p.11.

5　John T. MacCurdy, *The Structure of Morale* (Cambridge: Cambridge University Press,1943), p.141.

6　萊特·杜爾上士（Sergeant Lloyd Doull, 1916－2005）和盧埃林·杜爾中士（Corporal Llewellyn Doull，1919－2013），見於 "Brothers Captured by Jps." *Montreal Star*, 28 October, 1942。

7　Mark Sakamoto, *Forgiveness: A Gift from My Grandparents* (Toronto: HarperCollins Publishers Ltd, 2015), pp.37-38.

8　"Goldeyes will be on Menu at Manitoba Day in Ottawa." *The Winnipeg Tribune*, 12 December, 1942。報導提及的「第厄普」，位於法國北部。1942 年 8 月 19 日，以加拿大軍隊為主力的盟軍對被德國佔領的第厄普港口進行突擊。超過六千名步兵參與，當中三千六百多人陣亡、受傷或被俘。戰役歷時約六小時，以失敗告終。

9　Allen Levine, *William Lyon Mackenzie King: a Life Guided by the Hand of Destiny* (Toronto: Douglas & McIntyre, 2011), p.22.

10　Veterans Affairs Canada, *Nursing Sister-Kay Christie*, https://www.veterans.gc.ca/eng/remembrance/those-who-served/diaries-letters-stories/second-world-war/my-grandmother/christie，瀏覽日期：2021 年 6 月 4 日。

「東京戰俘營 5-B」管理人員及工地上人員判刑記錄

姓名	機關	出生地	刑期	備註
高橋猛男衛生兵長	◎	福島	十四年九月	
奧田兵一軍屬	◎	新潟	三十二年七個半月	
加藤哲太郎中尉	◎	埼玉	絞首刑	減刑至三十年
內田金益准尉	◎	東京	五年	
穗積榮一主計曹長	◎	千葉	五年	減刑至四年
菅沢清隆衛生軍曹	◎	福島	一年	
佐藤勝易軍屬	◎	新潟	四十年	確認三十四年一個半月
藤田辰郎軍曹	◎	山形	五年	減刑至四年
伊藤四郎治軍曹	◎	福島	十五年	
小島市作軍屬	◎	新潟	無罪	
橫山寬三郎軍屬	◎	大阪	五年	
前田熊一軍屬	◎	新潟	五年	
阿部常衛軍屬	◎	新潟	五年	
坂井清治軍屬	◎	新潟	五年	
大野俊彥所長	＊	宮城	無罪	
西名權太郎製鋼部長	＊	新潟	無罪	
大西総治勤劳部長	＊	新潟	無罪	
南義助鑄造部長	＊	新潟	無罪	
三村徹榮鍛錬部長	＊	新潟	無罪	
白井良榮醫師	＊	新潟	無罪	
瀧沢政治	＊	新潟	無罪	
中山實雄	＊	長野	無罪	
舟木榮作	＊	新潟	無罪	
羽田忠英	＊	新潟	無罪	
原田吉仁	＊	新潟	無罪	

堀作蔵	＊	新潟	無罪	
國兼榮八	＊	新潟	無罪	
中村祿司	＊	新潟	無罪	
須田猛	＊	新潟	十五年	減刑至十四年
山本吉次	＊	新潟	十五年	
佐藤一弘	＊	新潟	十五年	
川口新之助	＊	新潟	七年	
岩波正松	＊	新潟	三年	
小林宏衛	＊	新潟	三年	
大野岩蔵	＊	新潟	兩年	
刈部勇佐右	＊	新潟	兩年	
佐藤巧	＊	新潟	兩年	
小林隆次	＊	新潟	兩年	
清野清司	＊	新潟	一年	
大野竹松	＊	新潟	一年六個月	
松尾久次郎	＊	新潟	一年	
永井芳蔵	＊	新潟	一年	減刑至四個月
佐藤慎一郎	＊	新潟	一年	
伊藤与一	＊	新潟	一年	
倉田倉一	＊	新潟	一年	
石川甚作	▲	新潟	無罪	
島原仁一郎	▲	新潟	無罪	
小川嘉次	▲	新潟	無罪	
渡辺正平	▲	新潟	無罪	
橋本長蔵	⊕	新潟	十五年	
小林森門	＃	新潟	四十年	
野崎健一	＃	新潟	三十五年	
蝦八十一郎	＃	新潟	三十年	
小島市作	＃	新潟	二十五年	
坂井健一	＃	新潟	十年	
保佐野嘉雄	＃	新潟	無罪	
樋口啓治	＃	新潟	無罪	

（資料來源：Internationales Forschungs– und Dokumentationszentrum Kriegsverbrecherprozesse）

＊　新潟鉄工株式會社
＃　新潟海陸運送株式會社
◎　日軍
▲　平民
⊕　新潟臨港

紀念衛港加軍的自然地貌名稱

姓名	部隊	省份	自然地貌名稱
Abel, Frederick J.	WG	曼尼托巴省	Abel Lake
Abgrall, Herve	WG	曼尼托巴省	Abgrall Lake
Adams, John H.	WG	曼尼托巴省	Adams Lake
Agerbak, Tage G.	WG	曼尼托巴省	Agerbak Lake
Aitken, John A.	WG	曼尼托巴省	Aitken Lake
Armstrong, George	WG	曼尼托巴省	Armstrong Rapids
Atkinson, Ronald E.	WG	曼尼托巴省	Ronald Atkinson Lake
Badger, George Charles	WG	薩克其萬省	Badger Lake
Barrett, Wilfred	WG	曼尼托巴省	Barrett Bay
Barron, Oliver A.	WG	曼尼托巴省	Barron Lake
Bazinet, Henry J. P.	WG	曼尼托巴省	Bazinet Lake
Bell, Gordon	WG	曼尼托巴省	Bell Peninsula
Beltz, Charles M.	WG	曼尼托巴省	Beltz Lake
Berzenski, George	WG	曼尼托巴省	Berzenski Lake
Birkett, George Allan	WG	曼尼托巴省	Birkett Lake
Blanchard, Robert	WG	曼尼托巴省	Blanchard Lake
Blank, Elmer W.	RRC	曼尼托巴省	Blank Island
Blueman, Henry K.	WG	曼尼托巴省	Blueman Lake
Boswell, Ernest Arthur	WG	曼尼托巴省	Boswell Lake
Bowes, David W.	WG	曼尼托巴省	Bowes Lake
Bowman, Allan S.	WG	曼尼托巴省	Bowman Island
Boyd, David V.	WG	曼尼托巴省	Boyd Creek
Brady, James	WG	曼尼托巴省	Brady Lake
Bross, Carl J.	WG	曼尼托巴省	Bross Lake
Brown, Alexander	WG	曼尼托巴省	Brown Hill

Carberry, Samuel R.	WG	曼尼托巴省	Carberry Lake
Carcary, William T.	WG	曼尼托巴省	Carcary Lake
Caruso, Frank T.	WG	曼尼托巴省	Caruso Lake
Caswill, Gabriel J.	WG	曼尼托巴省	Caswill Lake
Chaboyer, David J.	WG	曼尼托巴省	Chaboyer Island
Chaboyer, Marcel	WG	曼尼托巴省	Chaboyer Lake
Chapman, James E.	WG	曼尼托巴省	Chapman Rapids
Charuk, Nicholas J.	WG	曼尼托巴省	Charuk Lake
Chewter, George W.	WG	曼尼托巴省	Chewter Lake
Colvin, Frederick J.	WG	曼尼托巴省	Colvin Lake
Cooper, Kenneth S.	WG	曼尼托巴省	Cooper Island
Danyliuk, William	WG	曼尼托巴省	Danyliuk Lake
David, James A. V.	WG	曼尼托巴省	David Bay
Davis, Albert H.	WG	曼尼托巴省	Davis Island
Davis, John J.	WG	曼尼托巴省	John Davis Rapids
Delorme, George D.	WG	曼尼托巴省	Delorme Lake
Deslaurier, Leon	WG	曼尼托巴省	Deslaurier Lake
Donovan, Valentine A.	WG	曼尼托巴省	Donovan Island
Dumaine, J. A Gerard	WG	曼尼托巴省	Dumaine Lake
Dunsford, Edward C.	WG	曼尼托巴省	Dunsford Lake
Eastholm, Eric E.	WG	曼尼托巴省	Eastholm Lake
Eccles, Norman C.	WG	曼尼托巴省	Eccles Lake
Edgley, Charles R.	WG	曼尼托巴省	Edgley Lake
Ellis, Percy J.	WG	曼尼托巴省	Ellis Island
Evans, Robert D.	WG	曼尼托巴省	Evans Rapids
Faulconer, George M.	WG	曼尼托巴省	Faulconer Lake
Ferguson, Charles E.	WG	曼尼托巴省	Ferguson Peninsula
Fifer, Roy V.	WG	曼尼托巴省	Fifer Lake
Folster, Herbert T.	WG	曼尼托巴省	Folster Island
Folster, Donald Hector	WG	曼尼托巴省	Folster Point
Foord, Frank M.	WG	曼尼托巴省	Foord Lake
Forbes, James P.	WG	曼尼托巴省	Forbes Lake
Foster, Russell M.	WG	曼尼托巴省	Foster Bay
Foster, Stanley P.	WG	曼尼托巴省	Foster Peninsula
Foxall, Reginald	WG	曼尼托巴省	Foxall Lake
Freeman, Edward J. A.	WG	曼尼托巴省	Freeman Bay
French, Charles D.	WG	曼尼托巴省	French Island

Friesen, Johann U.	WG	曼尼托巴省	Friesen Lake
Frobisher, Donald	WG	曼尼托巴省	Frobisher Lake
Fryatt, Walter B.	WG	曼尼托巴省	Fryatt Lake
Furey, Joseph	WG	曼尼托巴省	Furey Island
Gard, James P.	WG	曼尼托巴省	Gard Lake
Geekie, Victor	WG	曼尼托巴省	Geekie Lake
Gemmell, David	WG	曼尼托巴省	Gemmell Creek
Goodman, Oscar	WG	曼尼托巴省	Goodman Island
Grace, Robert W.	WG	曼尼托巴省	Grace Island
Grainger, William A.	WG	曼尼托巴省	Grainger Lake
Grantham, William O.	WG	曼尼托巴省	Grantham Lake
Gray, John A.	WG	曼尼托巴省	John Gray Lake
Green, Albert R.	WG	曼尼托巴省	Green Point
Gresham, Albert B.	WG	曼尼托巴省	Gresham Lake
Grierson, Hugh L.	WG	曼尼托巴省	Grierson Lake
Gunn, John J.	WG	曼尼托巴省	Gunn Rapids
Hallett, Lawrence G.	WG	曼尼托巴省	Hallett Lake
Hallett, Lloyd M.	WG	曼尼托巴省	Hallett Island
Hamelin, Francois F.	WG	曼尼托巴省	Hamelin Island
Hardisty, William L.	WG	曼尼托巴省	Hardisty Point
Hargreaves, John	WG	曼尼托巴省	Hargreaves Lake
Harkness, William	WG	曼尼托巴省	Harkness Lake
Harrison, Edwin	RRC	育空地區	Harrison Creek
Hawes, Malcolm J.	WG	曼尼托巴省	Hawes Bay
Hawkes, Douglas	WG	曼尼托巴省	Hawkes Lake
Hendry, David	WG	曼尼托巴省	Hendry Island
Heuft, Ernest	WG	曼尼托巴省	Heuft Lake
Holmstrom, Stuart	WG	曼尼托巴省	Holmstrom Island
Hook, Harry W.	WG	曼尼托巴省	Hook Island
Hooper, Ronald J.	WG	曼尼托巴省	Hooper Bay
Howard, Harry S.	WG	曼尼托巴省	Howard Bay
Hull, Herbert J.	WG	曼尼托巴省	Hull Lake
Hunter, Stanley H.	WG	曼尼托巴省	Hunter Bay
Iles, Percy J.	WG	曼尼托巴省	Iles Lake
Irwin, Roy R.	WG	曼尼托巴省	Irwin Point
Iverach, John A.	WG	曼尼托巴省	Iverach Creek
Johnston, David	WG	曼尼托巴省	David Johnston Lake

Johnson, Cecil H. J.	WG	曼尼托巴省	Johnson Narrows
Johnson, Edward T.	WG	曼尼托巴省	Johnson Point
Johnson, Harvey	WG	曼尼托巴省	Harvey Johnson Lake
Jones, Harold B.	WG	曼尼托巴省	Jones Hill
Jonsson, Theodore	WG	曼尼托巴省	Jonsson Creek
Kasijan, Michael	WG	曼尼托巴省	Kasijan Lake
Kellas, William A.	WG	曼尼托巴省	Kellas Lake
Kelly, Lawrence B. J.	WG	曼尼托巴省	Kelly Island
Kelso, Henry	WG	曼尼托巴省	Kelso Lake
Kelso, John R.	WG	曼尼托巴省	
Kilfoyle, Weskey N.	WG	曼尼托巴省	Kilfoyle Lake
Kirk, Roy L.	WG	曼尼托巴省	Kirk River
Kitteringham, John H.	WG	曼尼托巴省	Kitteringham Lake
Laplante, Romain J.	WG	曼尼托巴省	Laplante Lake
Lariviere, Ernest	WG	曼尼托巴省	Lariviere Lake
Larsen, Robert E. A.	WG	曼尼托巴省	Larsen Island
Latimer, Lorne Rayburn	RRC	愛德華王子島	Latimer Lake
Lavallee, Ernest	WG	曼尼托巴省	Lavallee Channel
			Lavallee Island
Lavarie, Cecil F.	WG	曼尼托巴省	Lavarie Island
Law, George	WG	曼尼托巴省	Law Bay
Lawrie, Keith R.	WG	曼尼托巴省	Lawrie Island
LePlante, Gabriel	WG	曼尼托巴省	LePlante Lake
Lewis, Joseph M.	WG	曼尼托巴省	Lewis Rapids
Little, Francis	WG	曼尼托巴省	Little Island
Long, John	WG	曼尼托巴省	Long Peninsula
Lousier, Ernie J.	WG	曼尼托巴省	Lousier Lake
Lovell, Roy	WG	曼尼托巴省	Lovell Lake
Lowe, George A.	WG	曼尼托巴省	Lowe Point
Lyons, William J.	WG	曼尼托巴省	Lyons Creek
Mabb, Herbert H.	WG	曼尼托巴省	Mabb Lake
MacFarlane, George W.	WG	曼尼托巴省	MacFarlane Island
Maltese, James	WG	曼尼托巴省	Maltese Lake
Mandzuk, Mike	RRC	曼尼托巴省	Mandzuk Lake
Mannell, John W.	WG	曼尼托巴省	Mannell Lake
Marsh, Clifford J.	WG	曼尼托巴省	Marsh Rapids
Matte, Thomas	WG	曼尼托巴省	Matte Bay

Matthews, Denis C.	WG	曼尼托巴省	West Matthews Lake
Matthews, Norman C.	WG	曼尼托巴省	East Matthews Lake
Maxwell, Ralph C.	WG	曼尼托巴省	Maxwell Lake
McBride, William F.	WG	曼尼托巴省	McBride Bay
McCorrister, Mervin S.	WG	曼尼托巴省	McCorrister Lake
McGorman, Harvey A.	RRC	曼尼托巴省	McGorman Lake
McGowan, Robert C.	WG	曼尼托巴省	McGowan Bay
McKillop, Orville W.	WG	曼尼托巴省	McKillop Lake
McLaughlin, George R.	WG	曼尼托巴省	McLaughlin Lake
McLellan, Earl	WG	曼尼托巴省	McLellan Island
McLeod, Robert	WG	曼尼托巴省	McLeod Point
McRae, George William	RRC	愛德華王子島	McRae Lake
		西北領地	McRae Lake
Meades, Raymond A.	WG	曼尼托巴省	Meades Lake
Mitchell, Eric L.	WG	曼尼托巴省	Mitchell Esker
Mitchell, W. Vaughan	WG	曼尼托巴省	Mitchell Island
Moffatt, John A.	WG	曼尼托巴省	Moffatt Rapids
Moore, Bertrand C.	WG	曼尼托巴省	Moore Point
Moore, Douglas H.	WG	曼尼托巴省	Moore Island
Moore, Wilfred S.	WG	曼尼托巴省	Moore Narrows
Morgan, Albert W.	WG	曼尼托巴省	Morgan Bay
Morris, John I.	WG	曼尼托巴省	Morris Peninsula
Morrisseau, Edward J.	WG	曼尼托巴省	Morrisseau Lake
Newfeld, Benjamin	WG	曼尼托巴省	Newfeld Lake
Nichol, David S.	WG	曼尼托巴省	Nichol Lake
O'Neill, Dori J.	WG	曼尼托巴省	O'Neill Island
Oige, Joseph H.	WG	曼尼托巴省	Oige Lake
Olafson, Budvar P.	WG	曼尼托巴省	Olafson Lake
Orvis, Harry	WG	曼尼托巴省	Orvis Lake
Osadchuk, Nicholas A.	WG	曼尼托巴省	Osadchuk Lake
Osborn, John R.	WG	曼尼托巴省	John Osborn Lake
			Osborn Creek
Ouelette, Joseph P. A.	WG	曼尼托巴省	Ouelette Lake
Owen, Richard	WG	曼尼托巴省	Owen Lake
Panco, Michael	WG	曼尼托巴省	Panco Lake
Paré, Gabriel J.	WG	曼尼托巴省	Paré Lake
Paterson, George H.	WG	曼尼托巴省	Paterson Rapids

Paul, Ernest J.	WG	曼尼托巴省	Paul Island
Payne, John	WG	曼尼托巴省	Payne Lake
Pearson, Douglas E.	WG	曼尼托巴省	Pearson Island
Peppin, Louis	WG	曼尼托巴省	Peppin Lake
Piasta, Henry	WG	曼尼托巴省	Piasta Lake
Pontius, Ira W.	WG	曼尼托巴省	Pontius Lake
Pott, Norman A. H.	WG	曼尼托巴省	Pott Lake
Poulsen, Aage L. P.	WG	曼尼托巴省	Poulsen Lake
Procinsky, Peter	WG	曼尼托巴省	Procinsky Lake
Proulx, Ernest	WG	曼尼托巴省	Proulx Bay
Raites, Edward	WG	曼尼托巴省	Raites Lake
Rees, Ralph C.	WG	曼尼托巴省	Rees Lake
Robertson, Gilbert A.	WG	曼尼托巴省	Robertson Falls
Robidoux, Marcel E. J.	WG	曼尼托巴省	Robidoux Lake
Robinson, Henry	WG	曼尼托巴省	Henry Robinson Lake
Rodd, Orville G.	WG	曼尼托巴省	Rodd Lake
Rodgers, Edward H.	WG	曼尼托巴省	Rodgers Peninsula
Rutherford, Archibald R.	WG	曼尼托巴省	Rutherford Lake
Rutherford, George A.	WG	曼尼托巴省	Rutherford Island
Samson, Albert S.	WG	曼尼托巴省	Samson Lake
Sanderson, Issac	WG	曼尼托巴省	Sanderson Lake
Shatford, Howard E.	WG	曼尼托巴省	Shatford Island
Shayler, Harry A.	WG	曼尼托巴省	Shayler Lake
Shkolny, Max	WG	曼尼托巴省	Shkolny Lake
Shore, William C.	WG	曼尼托巴省	Shore Lake
Silkey, Samuel	WG	曼尼托巴省	Silkey Lake
Simpson, Kenneth	WG	曼尼托巴省	Simpson Rapids
Singleton, Benjamin W.	WG	曼尼托巴省	Singleton Lake
Sioux, J. J. Anthony	WG	曼尼托巴省	Sioux Lake
Skene, William J.	WG	曼尼托巴省	Skene Lake
Smelts, Edgar C.	WG	曼尼托巴省	Smelts Lake
Smith, Cecil E.	WG	曼尼托巴省	Cecil Smith Lake
Smith, John S.	WG	曼尼托巴省	John Smith Bay
Smith, Victor G.	WG	曼尼托巴省	Victor Smith Lake
Smith, W. A. Rule	WG	曼尼托巴省	Smith Lake
Sokalski, George	WG	曼尼托巴省	Sokalski Lake
Specht, William J.	WG	曼尼托巴省	Specht Lake

Starrett, Ewart G.	WG	曼尼托巴省	Starrett Island
Starrett, William J.	WG	曼尼托巴省	Starrett Lake
Stodgell, Stanley	WG	曼尼托巴省	Stodgell Islands
Stodgell, Garnett J.	WG	曼尼托巴省	Stodgell Lake
Sumner, William J.	WG	曼尼托巴省	Sumner Lake
Sutchliffe, John Louis R.	WG	曼尼托巴省	Sutchliffe Lake
Swanson, Edwin	WG	曼尼托巴省	Swanson Island
Tarbuth, Lyle T.	WG	曼尼托巴省	Tarbuth Creek
Teasdale, Gowan C.	WG	曼尼托巴省	Teasdale Bay
Thomas, Clifford	WG	曼尼托巴省	Thomas Point
Thomasson, Thomas	WG	曼尼托巴省	Thomasson Lake
Till, Earl B.	WG	曼尼托巴省	Till Lake
Tompkins, John E.	WG	曼尼托巴省	Tompkins Lake
Townsend, George H.	WG	曼尼托巴省	Townsend Lake
Vickers, Jack F.	WG	曼尼托巴省	Vickers Island
Walker, Norman G.	WG	曼尼托巴省	Walker Island
Webster, Robert W.	WG	曼尼托巴省	Webster Lake
Whalen, Bernard B.	WG	曼尼托巴省	Whalen Creek
Whillier, Walter C.	WG	曼尼托巴省	Whillier Island
White, Thomas C.	WG	曼尼托巴省	White Narrows
Whiteside, Edwin E.	WG	曼尼托巴省	Whiteside Lake
Wiebe, Henry	WG	曼尼托巴省	Wiebe Lake
Williams, Jack	WG	曼尼托巴省	Jack Williams Lake
Wilson, William J.	WG	曼尼托巴省	William Wilson Lake
Willis, Charles	WG	曼尼托巴省	Willis Rapids
Wojnarsky, John	WG	曼尼托巴省	Wojnarsky Lake
Woods, Albert T.	WG	曼尼托巴省	Albert Wood Lake
Woodward, Cyril S.	WG	曼尼托巴省	Woodward Island
Woytowich, Frank	WG	曼尼托巴省	Woytowich Lake
Wright, Roland F.	WG	曼尼托巴省	Wright Rapids
Young, Hugh J.	WG	曼尼托巴省	Young Peninsula
Zedan, Michael	WG	曼尼托巴省	Zedan Lake

（資料來源：Geographical Names Board of Canada: Canada's Commemorative Map）

RRC 皇家加拿大來福槍營
WG 溫尼伯榴彈營

參考書目

中文書籍

蘇紹興：《加拿大太平洋鐵路華工建路史實》（多倫多：紀念加拿大鐵路華工基金會，1987）。

劉偉森：《孫中山與美洲華僑》（臺北：近代中國出版社，1999）。

中文論文

唐德成：〈現代醫學中被遺忘的疾病：維生素 B1 缺乏導致腳氣病（beri-beri）〉，（未刊稿，台北榮民總醫院內科部腎臟科）。

日文書籍

日本外務省：《日米第二次交換ニ關ニス件》，（昭和十八年 7 月 26 日）。

北山節郎：《ラジオ・トウキョウ：全記録～戰時体制下日本の対外放送：「大東亜」への道》（東京：田畑書店，1987）。

田中宏、內海愛子、石飛仁合編：《資料・中国人強制連行》（東京：明石書店，1987）。

「架け橋、いまだ遥か」編集委員会：《架け橋、いまだ遥か：新潟市を中心とする捕虜収容所の軌跡》（新潟市：「架け橋、いまだ遥か」編集委員会，1999）。

新潟県編：《新潟県史：通史編 9 近世 4》（新潟：新潟県，1981）。

日文論文

木村昭雄：〈東京第 5 分所（新潟海陸運送・日本通運）・東京第 15 分所（新潟鉄

工）〉，（未刊稿，POW 研究会）。

田村安興：〈日米開戦前の御前会議と帷幄上奏に関する書誌的研究〉，《高知論叢》，第 107 号（2013 年 7 月 20 日）。

池田徳眞：《日の丸アワー：対米謀略放送物語》（東京：中央公論社，1979）。

高橋伸一、若林良和：〈炭鉱労働者の移動 と旧産炭地の社会変動〉，《社会学研究所紀要》，1990 年 11 期（1990 年 3 月）。

笹本妙子：〈仙台第 1 分所（湯本・常磐炭礦）〉，（未刊稿，POW 研究会）。

英文書籍

Aiken, Alice B. and Belanger, Stephanie A. H. (eds.), *Shaping the Future: Military and Veteran Health Research* (Kingston, Ont.: Canadian Defence Academy Press, 2011).

Baird, Major Kenneth G., *Letters to Harvelyn: From Japanese POW Camps – A Father's Letters to His Young Daughter During World War II* (Toronto: HarperCollins, 2002).

Banham, Tony, *The Sinking of the Lisbon Maru: Britain's Forgotten Wartime Tragedy* (Hong Kong: Hong Kong University Press, 2006).

Brown & Associates Planning Group and Urban Design Associates, *Currie Barracks: A Neighbourhood Land Use Plan* (Calgary: Brown & Associates Planning Group and Urban Design Associates, 2014).

Bryden, John, *Best-Kept Secret: Canadian Secret Intelligence in the Second World War* (Toronto: Ontario Lester Publishing, 1993).

Cambon, Kenneth, *Guest of Hirohito* (Vancouver: PW Press, c1990).

Cambray, P. G. and Briggs, G. G. B., *Red Cross and St. John. The official record of the humanitarian services of the War Orqanisation of the British Red Cross Society and Order of St. John of Jerusalem, 1939 – 1947* (Eastbourne: Sumfield and Day Ltd., 1949).

Clarkson, Adrienne, *Heart Matters* (Toronto: Penguin, 2006).

Corrigan, Leonard B., *The Diary of Lieut. Leonard B. Corrigan, Winnipeg Grenadiers, C Force: Prisoner-of-War in Hong Kong, 1941-1945* (s.l: s.n, c2008).

Deer Lodge Centre, *Welcome to Deer Lodge Centre Resident Information Booklet* (Winnipeg: Deer Lodge Centre, 2019).

Department of State, United States, *Foreign Relations of the United States: Diplomatic Papers, 1942, General; The British Commonwealth; The Far East, Volume I* (Washington, D.C.: Government Printing Office, 1960).

------, *Foreign Relations of the United States: Diplomatic Papers, 1943, General; The British Commonwealth; East Europe; The Far East, Volume III* (Washington, D.C.: Government Printing Office, 1963).

Duff, Lyman P., *Report on the Canadian Expeditionary Force to the Crown Colony of Hong Kong* (Ottawa: King's Printer, 1942).

Durflinger, Serge Marc, *Veterans with a Vision: Canada's War Blinded in Peace and War* (Vancouver: UBS Press, 2010).

Emerson, Geoffrey Charles, *Hong Kong Internment, 1942-1945: Life in the Japanese Civilian Camp at Stanley* (Hong Kong: Hong Kong University Press, 2008).

Gittins, Jean, *Behind Barbed Wire* (Hong Kong: Hong Kong University Press, 1982).

Greenhous, Brereton, *"C" force to Hong Kong: a Canadian catastrophe, 1941-1945* (Toronto: Buffalo, NY: Dundurn Press, 1997).

Hong Kong Veterans Association of Canada, *The Royal Rifles of Canada in Hong Kong, 1941-1945* (Sherbrooke, Quebec: Progressive Publications, 1980).

Jones, Edgar, *Morale, Psychological Wellbeing of UK Armed Forces and Entertainment: A Report for The British Forces Foundation* (London: Institute of Psychiatry, King's College, 2012).

Jones, Esyllt W., Friesen, Gerald (ed.), *Prairie Metropolis: New Essays on Winnipeg Social History* (Winnipeg: University of Manitoba Press, 2009).

Levine, Allen, *William Lyon Mackenzie King: a Life Guided by the Hand of Destiny* (Toronto: Douglas & McIntyre, 2011).

Lindsay, Oliver, *At the Going Down of the Sun: Hong Kong and South-East Asia*, 1941-1945 (London: Hamish Hamilton, 1981).

------, *The Battle for Hong Kong, 1941-1945: Hostage to Fortune* (Hong Kong: Hong Kong University Press, 2005).

Linton, Suzannah, *Hong Kong's War Crimes Trials* (Oxford: Oxford University Press, 2013).

MacCurdy, John T., *The Structure of Morale* (Cambridge: Cambridge University Press, 1943).

MacDonnell, George S., *The Soldier's Story (1939-1945)* (Nepean, Ontario: Hong Kong

Veterans Commemorative Association, 2000).

Mason, W. Wynne, *Prisoner of War* (Wellington, New Zealand: War History Branch, Department of Internal Affairs, 1954).

Melson, Commodore P. J., ed, *White Ensign – Red Dragon: The History of the Royal Navy in Hong Kong 1841 – 1997* (Hong Kong: Edinburgh Financial Publishing (Asia) Ltd., 1997).

Neary, Peter and Granatstein, Jack L. (ed.), *The Veterans Charter and Post-World War II Canada* (Montreal & Kingston: University of Calgary Press, 1998).

Palmer, Michael, *Dark Side of the Sun: George Palmer and Canadian POWs in Hong Kong and the Omine Camp* (Ottawa: Borealis Press Ltd., 2009).

Palmieri, Daniel, ed., *Minutes from meetings of the International Prisoner-of-War Agency* (Geneva: International Committee of the Red Cross, c1988).

Penny, D. Burke, *Beyond the Call* (Nepean, Ontario: Hong Kong Veterans Commemorative Association, 2009).

Perrun, Jody, *The Patriotic Consensus: Unity, Morale, and the Second World War in Winnipeg* (Winnipeg: University of Manitoba Press, 2014).

Reid, Jonathon, *The Captain Was a Doctor: The Long War and Uneasy Peace of POW John Reid* (Toronto: Dundurn, 2020).

Richardson, H. J., *Report of a Study of Disabilities and Problems of Hong Kong Veterans* (Ottawa: Canadian Pension Commission, 1965).

Roland, Charles G., *Long Night's Journey into Day: Prisoners of War in Hong Kong and Japan, 1941-1945* (Waterloo, Ont.: Wilfrid Laurier University Press, 2001).

Roper, Michael, *The Secret Battle: Emotional Survival in the Great War* (Manchester: Manchester University Press, 2009).

Sakamoto, Mark, *Forgiveness: A Gift from My Grandparents* (Toronto: HarperCollins Publishers Ltd, 2015).

Saskatchewan Provincial Command of The Royal Canadian Legion, *Military Service Recognition Book* (Regina: Saskatchewan Provincial Command of The Royal Canadian Legion, 2012).

Stewart, Evan, *Hong Kong Volunteers in Battle* (Hong Kong: Blacksmith Books, 2005).

Stewart, Evan George, *Hong Kong Volunteers in battle: a record of the actions of the Hongkong Volunteer Defence Corps in the battle for Hong Kong December 1941* (Hong Kong: RHKR The

Volunteers Association Ltd, 2005).

The United States Strategic Bombing Survey, *The Japanese Wartime Standard of Living and Utilization of Manpower* (Washington, DC: Manpower, Food and Civilian Supplies Division, 1947).

University of Toronto, *Torontonensis Yearbook 1950* (Toronto: University of Toronto, 1950).

Urquhart, Alistair, *Forgotten Highlander* (London, UK: Abacus, 2000).

Varcoe, Sidney, *Oriental Odyssey* (Canada: s.n., 1946).

Verreault, George, *Diary of a Prisoner of War in Japan 1941-1945* (Quebec: VERO, 1995).

Veterans Administration, United States. Office of Program Planning and Evaluation, *Study of Former Prisoners of War* (Washington, D.C.: Office of Program Planning and Evaluation, 1980).

Ward, G. Kingsley, Gibson, T. A. Edwin, *Courage Remembered: The Story Behind the Construction and Maintenance of the Commonwealth's Military Cemeteries and Memorials of the Wars of 1914-1918 and 1939-1945* (Toronto: McClelland & Stewart, 1989).

Ward, Norman (ed.), *A Party Politician: The Memoirs of Chubby Power* (Toronto: Macmillan, 1966).

Weisbord, Merrily and Moir, Merilyn Simonds, *The Valour and the Horror* (Toronto: Harper Collins, 1991)

Wilford, Timothy, *Canada's Road to the Pacific War* (Vancouver: UBC Press, 2011).

Willmott, H. P., *Grave of a Dozen Schemes: British naval planning and the war against Japan. 1943-1945* (Annapolis, Md.: Naval Institute Press, 1996).

Wong, Marjorie, *The Dragon and the Maple Leaf : Chinese Canadians in World War II* (London, Ont.: Pirie Pub., 1994).

Yeend, Peter, *Compensation (Japanese Internment) Bill 2001* (Canberra: Department of the Parliamentary Library, 2001).

英文論文

Alexander, Michael Ryan, "Correctional Recreation: An Overview", *Integrated Studies*, Vol.2 (2017).

Bowie, Donald C., "Captive Surgeon in Hong Kong: The Story of the British Military Hospital, Hong Kong 1942-1945", *Journal of the Hong Kong Branch of the Royal Asiatic Society*, Vol. 15 (1975).

Baybutt, Michelle, Ritter, Catherine, Stöver, Heino, "Tobacco use in prison settings: a need for policy implementation", in *Prisons and health. Report by chapters* (Copenhagen: WHO Regional Office for Europe, 2014).

Bryce, Graham, "Dr Kenneth Cambon 1923–2007", *BC Medical Journal*, Vol. 49, No. 8 (2007).

Christie, Kathleen G., "Report by Miss Kathleen G. Christie, Nurse with the Canadian Forces at Hong Kong, as Given on Board the SS Gripsholm November 1943", *Canadian Military History* (Volume 10, Issue4, 2001).

Crawford, J. N., "A Medical Officer in Hong Kong", *Manitoba Medical Review*, Vol. 26, no.2 (1946).

Doria, Corinne, ""From the darkness to the light" Memoirs of blind Canadian veterans of the First and Second World Wars", *Canadian Journal of Disability Studies*, Vol. 7, No. 3 (2018).

Fukubayashi, Toru, translated by Ibuki, Yuka "POW Camps in Japan Proper" (unpublished research paper, Hong Kong Veterans Commemorative Association).

Jones, Edgar, Bhui, Kamaldeep and Engelbrecht, Alberta, "The return of the traumatized army veteran: a qualitative study of UK ex-servicemen in the aftermath of war, 1945 to 2000", *International Review of Psychiatry*, Vol. 35, 1995 (1997).

Keltner, D., Gruenfeld, D. H., & Anderson, C., "Power, Approach, and Inhibition", *Psychological Review*, Vol.111 (2003).

Klonoff, H., Clark, C., Horgan, J., Kramer, P. and McDougall, G., "The MMPI profile of prisoners of war", *Journal of Clinical Psychology*, Vol.32, Issue 3. (1976).

Kral, V. A., Pazder, L. H., Wigdor, B. T., "Long-term effects of a prolonged stress experience", *The Canadian Journal of Psychiatry*, Vol.12, Issue 2. (1967).

Leach, John, " 'Give-up-itis' revisited: Neuropathology of extremis" (unpublished research paper, University of Portsmouth, 2018).

Lindeijer, Dr. E. W., "With the publication of my father's diary" (unpublished conference paper, NIOD Institute for War, Holocaust and Genocide Studies "Gedeelde geschiedenis in de Nederlandse Oost Indië, en onze toekomst", 27 July 2000).

Makkar, Ravinder P S, Arora, Anju, Monga, Amitabh, Gupta, Ajay Kr and Mukhopadhyay, Surabhi, "Burning feet syndrome: A clinical review", *Australian Family Physician*, Vol. 31, No. 12, (December 2002).

Riley, Lieutenant-General Jonathon, "The Royal Welch Fusiliers and the Great Christmas Truce, 1914", *Transactions of the Honourable Society of Cymmrodorion*, Vol. 26, 2016 (2016).

Roland, Charles G., "The ABCs of Survival behind Barbed Wire: Experience in the Far East, 1941-45", *Canadian Bulletin of Medical History*, Vol. 16 (1999).

Vandegrif, Amy, "Oregon led the fight against TB with the first State Hospital" (unpublished reference paper, Willamette Heritage Center, 2 September 2012).

Veterans Affairs Canada – Canadian Forces Advisory Council, "The Origins and Evolution of Veterans Benefits in Canada 1914-2004" (published Reference Paper, Veterans Affairs Canada, 2004).

加拿大聯邦議會記錄

Dennis Wallace (Assistant Deputy Minister, Veterans Services, Department of Veterans Affairs), "Standing Committee on foreign Affairs and International Trade", House of Commons of Canada, 35th Parliament, 2nd Session (11 March 1997).

Gilbert Laurin (Deputy Director, Legal Operations Division, Department of Foreign Affairs and International Trade), "Examination of compensation for Canadian Far East Prisoners of War during World War II", House of Commons of Canada, 35th Parliament, 2nd Session (11 March 1997).

Peter Goldring (Edmonton East, Ref.), "Committees of the House, Foreign Affairs and International Trade", House of Commons of Canada, 36th Parliament, 1st Session (2 June 1998).

Vivienne Poy, "Hong Kong Veterans Memorial Wall", Senate of Canada, 40th Parliament, Volume, 2nd Session (8 December 2009).

加拿大政府文書

Canada Gazette, 12/LXXXI, (1 October 1947).

香港政府文書及刊物

政務司司長辦公室:《人口政策:策略與措施》(香港:政府物流服務署,2015 年 1 月)。

Administration Reports For the Year 1938: Report of the Director of Public Works For the Year 1938 (Hong Kong: Hong Kong Government, 1938).

美國地方政府文書

三藩市公共衛生局：《痢疾桿菌感染（細菌性痢疾）常見問題解答》（2021 年 7 月 21 日）。

檔案

加拿大

Canadian War Museum Archives

Arthur Ray Squires, Diary, 1942-1945 (Fonds/Collection: 58A 1 214.10).

Delbert Louis William Welsh, Diary. 1941-1942 (Fonds/Collection: 58A 1 24.5).

Donald Geraghty, Diary, 1940-1945 (Fonds/Collection: 58A 1 22.11).

Douglas B. Rees Fonds (Fonds/Collection: R5323-0-6-E).

Harry L. White, Diary, 1941-1945 (Fonds/Collection: 58A 1 24.4).

James C. W. MacMillan, Diary, 1941-1945. (Fonds/Collection: 58A 1 271.2).

Lloyd Cissell Doull Fonds, 1942-1945 (Fonds/Collection: 58A 1 6.14).

Peter Louis MacDougall, Notes and Letters, 1941-1945 (Fonds/Collection: 58A 1 29.6).

Raymond W. Elliott, Diary, 1940-1945 (Fonds/Collection: 58A 1 17.10).

Directorate of History and Heritage

Report on Canadian War Graves – Pacific Theatre (Fonds/Collection: 593.013 (D10))

Library and Archives of Canada

Francis Denis Ford Martyn, Diary, 1941-1945 (Fonds/Collection: MG30-E324, R2097-0-5-E).

Geoffrey C. Marston Fonds. 1942, 1970 (Fonds/Collection: MG31-G7, R5057-0-2-E).

James Layton Ralston fonds (Fonds/Collection: MG 27 III B11).

Thomas Smith Forsyth Fonds (Fonds/Collection: MG-E181, R2463-0-8-E).

英國

Air Ministry

J.L.P.C. paper No.(45)23: Aid to Allied Prisoners of War and Internees on the Capitulation of Japan (Fonds/Collection: AIR40/3208).

War Office

Colonel H. J. Phillimore, Historical Monograph: The Second World War 1939-1945, Army Prisoners of war (Fonds/Collection: WO366/26).

Imperial Prisoner of War Committee Summary of action taken relating to prisoners of war Summary number 36 (Fonds/Collection: WO165/59).

澳洲

Australian War Memorial

Service and casualty ... Reception Camp and British PW Reception Camp (Series: AWM54, 329/11/1).

War Crimes and Trials. Affidavits and sworn statements. William James McGrath (Series: AWM54 - 1010/4/100).

National Archives of Australia

Memorandum, "Recovery of Australian prisoners of war held by Japan", statement prepared for Frank Forde, Minister for the Army, 26 August 1945 (Series: A816, 54/301/294).

美國

Yale Divinity Library

Howard Galt, American Board of Commissioners for Foreign Missions Material (Fonds/Collection: RG08, Box 70).

橫濱軍事法庭記錄

United States of America vs Chogo Hashimoto, 〔1948〕Military Commission of the U.S. 8th Army 139.

United States of America vs Chuta Sasazawa, 〔 1947 〕 Military Commission of the U.S. 8th Army 091.

United States of America vs Horikado Kobayashi, 〔 1949 〕 Military Commission of the U.S. 8th Army 314.

United States of America vs Itchisaku Kojima, 〔 1949 〕 Military Commission of the U.S. 8th Army 314.

United States of America vs Kanemasu Uchida, 〔 1949 〕 Military Commission of the U.S. 8th Army 117.

United States of America vs Masao Uwamori, 〔 1947 〕 Military Commission of the U.S. 8th Army 133.

United States of America vs Katsuyasu Sato, 〔 1948 〕 Military Commission of the U.S. 8th Army 069.

United States of America vs Kazuo Sato, 〔 1949 〕 Military Commission of the U.S. 8th Army 299.

United States of America vs Keichi Sakai, 〔 1949 〕 Military Commission of the U.S. 8th Army 314.

United States of America vs Keiji Higuchi, 〔 1949 〕 Military Commission of the U.S. 8th Army 314.

United States of America vs Kenichi Nozaki, 〔 1949 〕 Military Commission of the U.S. 8th Army 314.

United States of America vs Masaharu Ozawa, [1948] Military Commission of the U.S. 8th Army 225.

United States of America vs Masao Uwamori, 〔 1947 〕 Military Commission of the U.S. 8th Army 133.

United States of America vs Miki Tarodachi, 〔 1947 〕 Military Commission of the U.S. 8th Army 147.

United States of America vs Nagayasu Kawabe, 〔 1947 〕 Military Commission of the U.S. 8th Army 132.

United States of America vs Rimpei Kato, 〔 1949 〕 Military Commission of the U.S. 8th Army 361.

United States of America vs Sannojo Fujii, 〔 1948 〕 Military Commission of the U.S. 8th Army 090.

United States of America vs Tarokichi Nakayama, 〔 1947 〕 Military Commission of the U.S. 8th Army 147.

United States of America vs Tsunee Abe, 〔 1948 〕 *Military Commission of the U.S. 8th Army 334.*

United States of America vs Yoshio Hosano, 〔 1949 〕 Military Commission of the U.S. 8th Army 314.

United States of America vs Yosoichi Ebi, 〔 1949 〕 *Military Commission of the U.S. 8th Army 314.*

報刊、雜誌

《文匯報》

Daily Colonist

Edmonton Journal

Globe and Mail

Montreal Gazette

Montreal Star

New York Times

Ottawa Journal

Port Hope Evening Guide

Saanich News

St. Catharines Standard

The Free Press

Toronto Star

Vancouver Sun

Winnipeg Evening Tribune

Winnipeg Tribune

口述歷史

Donald MacPherson, interview by Chow Ka Kin Kelvin, 3 May 1996, File Name: MPD, Hong

Kong Museum of History Collection.

Donald Nelson, interview by Chow Ka Kin Kelvin, 7 May 1996, File Name: NDN, Hong Kong Museum of History Collection.

John Pollock, interview by Chow Ka Kin Kelvin, 2 December 1995, File Name: PJN, Hong Kong Museum of History Collection.

錄像

Cameron MacIntosh, "Canadian PoWs' song from Japanese camp gave hope during WW II." *CBC News*. Canadian Broadcasting Corporation, 28 May, 2014.

Ka'nhehsí:io Deer. "Remembering a Mi'kmaw soldier who spent years as a prisoner of war." *CBC News*, 8 November, 2019.

Steve Paikin. "WW2: The Canadians Who Fought for Hong Kong." *The Agenda*. TVO, 13 December, 2021.

"War veterans being failed by PTSD treatment, new research has found." *Royal College of Psychiatrists Online News*, 28 June, 2019.

網頁

東部石炭懇話会,《磐城炭砿・入山採炭の合併に関する資料》, https://www.jyoban-coalfield.com/public/magazine/magazine2/, 瀏覽日期: 2022 年 5 月 20 日。

香港特別行政區政府衞生署衞生防護中心,《桿菌痢疾》, https://www.chp.gov.hk/tc/healthtopics/content/24/14.html, 瀏覽日期: 2021 年 7 月 21 日。

國際紅十字會《關於戰俘待遇的日內瓦公約》, https://www.icrc.org/zh/doc/resources/documents/misc/convention-pow-27071929.htm, 瀏覽日期: 2022 年 12 月 8 日。

康樂及文化事務署,《香港公園:簡介》, https://www.lcsd.gov.hk/tc/parks/hkp/background.html, 瀏覽日期: 2022 年 8 月 23 日。

簡陽市中醫醫院,《糙皮病》, http://www.jyszyyy.com/disease/show1616/, 瀏覽日期: 2021 年 7 月 2 日。

香港特別行政區衞生署衞生防護中心,《白喉》, https://www.chp.gov.hk/tc/healthtopics/content/24/20.html, 瀏覽日期: 2021 年 7 月 22 日。

Baron Byng High School Museum, *William Allister (BBHS '36)*, http://www.baronbynghighschool.ca/alumni/william-allister/，瀏覽日期：2022 年 9 月 8 日。

BFBS, *What is the background to smoking in the military?*, https://www.forces.net/heritage/history/what-background-smoking-military?fbclid=IwAR0P26cPat9JuAcHIlMxlLTVKbKHgyu0RSWsqkWtTHEPaBumcbDgldK7go8，瀏覽日期：2021 年 10 月 31 日。

Business Intelligence For B.C., *Smattering of applause for trading partner's apology*, https://biv.com/article/2012/01/smattering-of-applause-for-trading-partners-apolog，瀏覽日期：2022 年 9 月 8 日。

CBC, *Canada accepts Japan's apology for Hong Kong PoWs*, https://www.cbc.ca/news/canada/canada-accepts-japan-s-apology-for-hong-kong-pows-1.986950，瀏覽日期：2021 年 11 月 11 日。

------, *Remembering a Mi'kmaw soldier who spent years as a prisoner of war*, https://www.cbc.ca/news/indigenous/mi-kmaw-pow-second-world-war-1.5351532?fbclid=IwAR3gcXEKwnLt5U6myb_2HlUKWPlOco7KoiaK5Qg4imELzNw1Cv0USZfQBYU，瀏覽日期：2021 年 11 月 11 日。

------, *Veteran won't accept Japan's apology to PoWs*, https://www.cbc.ca/news/canada/nova-scotia/veteran-won-t-accept-japan-s-apology-to-pows-1.1099196，瀏覽日期：2021 年 11 月 11 日。

------, *Winnipeg's Arden 7 honoured for service in Battle of Hong Kong*, https://www.cbc.ca/news/canada/manitoba/winnipeg-s-arden-7-honoured-for-service-in-battle-of-hong-kong-1.2705134，瀏覽日期：2022 年 8 月 23 日。

CBC News, *'Much loved' Newfoundland dog Sergeant Gander honoured with statue*, https://www.cbc.ca/news/canada/newfoundland-labrador/much-loved-newfoundland-dog-sergeant-gander-honoured-with-statue-1.3166092，瀏覽日期：2021 年 11 月 28 日。

Canadian War Museum, *Canada and the War - Politics and Government: Conscription*, http://www.warmuseum.ca/cwm/exhibitions/newspapers/canadawar/conscription_e.shtml，瀏覽日期：2013 年 10 月 10 日。

Commissionaires, *About Us*, https://commissionaires.ca/en/about-us/，瀏覽日期：2022 年 10 月 29 日。

DorianneArt, *William Allister – The East Weds West Collection*, https://williamallister.com/，瀏覽日期：2022 年 9 月 8 日。

Free Library, *Forgiveness out of suffering: the last words of Wim Lindeijer's mother led him to seek reconciliation with the Japanese. He tells his story to Michael Henderson*, https://www.thefreelibrary.

com/Forgiveness+out+of+suffering%3a+the+last+words+of+Wim+Lindeijer%27s...
-a098468574，瀏覽日期：2022 年 6 月 12 日。

Government of Manitoba, *A Place of Honour: Manitoba's War Dead Commemorated in its Geography*, https://www.gov.mb.ca/forest/pubs/geo_names/sample-e.pdf，瀏覽日期：2021 年 12 月 31 日。

------, *Manitoba Geographical Names Program*, https://www.manitoba.ca/forest/land-management/geographical_names/index.html，瀏覽日期：2021 年 12 月 31 日。

Her Majesty's Stationery Office, *Statutory Instruments: The Japanese Treaty of Peace Order, 1952*, https://www.legislation.gov.uk/uksi/1952/862/made/data.xht?view=snippet&wrap=true，瀏覽日期：2022 年 1 月 14 日。

Hong Kong Veterans Commemorative Association, *Anna May Waters*, http://www.hkvca.ca/submissions/Waters/AMW_biography.htm，瀏覽日期：2021 年 1 月 17 日。

------, *B31782 James Mitchell*, https://www.hkvca.ca/cforcedata/indivreport/indivdetailed.php?regtno=B31782，瀏覽日期：2022 年 10 月 29 日。

------, *Biography - Anna May Waters*, https://www.hkvca.ca/submissions/Waters/index.php，瀏覽日期：2022 年 10 月 29 日。

------, *C Force Reports and Stats - Hellships*, https://www.hkvca.ca/cforcedata/static_reports/hellships.php，瀏覽日期：2021 年 10 月 5 日。

------, *'C' Force – The Hong Kong Story*, https://www.hkvca.ca/submissions/NMM/Panel%209.pdf，瀏覽日期：2021 年 12 月 29 日。

------, *Frank Christensen*, http://www.hkvca.ca/historical/accounts/christensen.php，瀏覽日期：2021 年 7 月 26 日。

------, *Individual Report: E29846 Alvin Davidson*, https://www.hkvca.ca/cforcedata/indivreport/indivdetailed.php?regtno=E29846，瀏覽日期：2022 年 10 月 29 日。

------, *Individual Report: E30079 Bliss Cole*, https://www.hkvca.ca/cforcedata/indivreport/indivdetailed.php?regtno=E30079，瀏覽日期：2022 年 10 月 29 日。

------, *Individual Report: E30255 Arley Enright*, https://www.hkvca.ca/cforcedata/indivreport/indivdetailed.php?regtno=E30255，瀏覽日期：2022 年 10 月 29 日。

------, *Individual Report: E30579 John Webb*, https://www.hkvca.ca/cforcedata/indivreport/indivdetailed.php?regtno=E30579，瀏覽日期：2022 年 10 月 29 日。

------, *Individual Report: H6264 William Nicholson*, https://www.hkvca.ca/cforcedata/

indivreport/indivdetailed.php?regtno=H6264，瀏覽日期：2022 年 10 月 29 日。

------, *Individual Report: H6461 Arthur Schwartz*, https://www.hkvca.ca/cforcedata/ indivreport/indivdetailed.php?regtno=H6730，瀏覽日期：2022 年 10 月 29 日。

------, *Individual Report: H6502 Frederick Adams*, https://www.hkvca.ca/cforcedata/ indivreport/indivdetailed.php?regtno=H6502，瀏覽日期：2022 年 10 月 29 日。

------, *Individual Report: H6618 George Belcour*t, https://www.hkvca.ca/cforcedata/ indivreport/indivdetailed.php?regtno=H6618，瀏覽日期：2022 年 10 月 29 日。

------, *Individual Report: H6730 John Hodgkinson*, https://www.hkvca.ca/cforcedata/ext_ files/links/H6461.jpg，瀏覽日期：2022 年 10 月 29 日。

------, *Individual Report: H20604 Frank Christensen*, https://www.hkvca.ca/cforcedata/ indivreport/indivdetailed.php?regtno=H20604，瀏覽日期：2022 年 10 月 29 日。

------, *Individual Report: H20649 Stanley Edgar*, https://www.hkvca.ca/cforcedata/ indivreport/indivdetailed.php?regtno=H20649，瀏覽日期：2022 年 10 月 29 日。

------, *Individual Report: H20688 Andrew Poquet*, https://www.hkvca.ca/cforcedata/ indivreport/indivdetailed.php?regtno=H20688，瀏覽日期：2022 年 10 月 29 日。

------, *Individual Report: H26072 Reginald Kerr*, https://www.hkvca.ca/cforcedata/ indivreport/indivdetailed.php?regtno=H26072，瀏覽日期：2022 年 10 月 29 日。

------, *Individual Report: L22237 Adam Schnell*, https://www.hkvca.ca/cforcedata/ indivreport/indivdetailed.php?regtno=L22237，瀏覽日期：2022 年 10 月 29 日。

------, *L41354 Joseph Michalkow*, https://www.hkvca.ca/cforcedata/indivreport/indivdetailed. php?regtno=L41354，瀏覽日期：2022 年 10 月 29 日。

------, *X36 William Bradley*, https://www.hkvca.ca/cforcedata/indivreport/indivdetailed. php?regtno=X36，瀏覽日期：2022 年 10 月 29 日。

------, *Individual Report: X38 Railton Campbell*, https://www.hkvca.ca/cforcedata/ indivreport/indivdetailed.php?regtno=X38，瀏覽日期：2022 年 10 月 29 日。

------, *Individual Report: X87 John Crawford*, https://www.hkvca.ca/cforcedata/indivreport/ indivdetailed.php?regtno=X87，瀏覽日期：2022 年 10 月 29 日。

------, *Kay Christie*, https://www.hkvca.ca/historical/accounts/christie.php，瀏覽日期：2021 年 6 月 4 日。

------, *Personal Accounts: William Bell's Story*, https://www.hkvca.ca/williambell/chapter4.

php，瀏覽日期：2022 年 1 月 17 日。

------, *William Bell's Story*, https://www.hkvca.ca/williambell/chapter5.php，瀏覽日期：2021 年 3 月 15 日。

Hong Kong War Diary, *Hong Kong War Diary - October 2021*, http://www.hongkongwardiary.com/，瀏覽日期：2021 年 10 月 5 日。

Humanitarianism and Human Rights, *Exchange Ships: A Paradigm in Global Diplomacy*, https://hhr.hypotheses.org/1686，瀏覽日期：2021 年 6 月 4 日。

International Churchill Society, P*reparation–Liberation–Assault – Canadian Parliament, 30 December 1941*, https://winstonchurchill.org/publications/finest-hour/finest-hour-154/preparationliberationassault-canadian-parliament-30-december-1941/，瀏覽日期：2020 年 12 月 30 日。

Legislative Assembly of Alberta, *On Behalf of the Crown –The Role of the Lieutenant Governor*, http://www.assembly.ab.ca/lao/library/lt-gov/PDF/role.pdf，瀏覽日期：2013 年 8 月 12 日。

Manitoba Historical Society, Manitoba History: The Remarkable Career of David A. Golden, http://www.mhs.mb.ca/docs/mb_history/67/golden_da.shtml，瀏覽日期：2021 年 7 月 20 日。

Mount Pleasant Group, Lieutenant Kathleen (Kay) Christie, https://www.mountpleasantgroup.com/en-CA/General-Information/Our%20Monthly%20Story/story-archives/toronto-necropolis/lt-kay-christie.aspx，瀏覽日期：2021 年 6 月 4 日。

Quillette, *On Remembrance Day, Celebrating Two Canadian Prisoners Who Took Down an Entire Shipyard*, https://quillette.com/2020/11/11/on-remembrance-day-celebrating-two-canadian-prisoners-who-took-down-an-entire-shipyard/amp/?fbclid=IwAR0FkznxNy52vQbnjuNIrrNtI5dZ22ylfAls0GPRO5mXXgK0S4oWobj79r0，瀏覽日期：2021 年 12 月 25 日。

Royal College of Psychiatrists, *Post-traumatic stress disorder (PTSD)*, https://www.rcpsych.ac.uk/mental-health/problems-disorders/post-traumatic-stress-disorder，瀏覽日期：2020 年 12 月 4 日。

The Linked Parliamentary Data Project, University of Toronto, *January 21, 1942 (19th Parliament, 2nd Session)*, https://www.lipad.ca/full/permalink/1253457/，瀏覽日期：2021 年 10 月 7 日。

U.S. National Library of Medicine, *Beriberi*, https://medlineplus.gov/ency/article/000339.htm，瀏覽日期：2021 年 7 月 2 日。

Veterans Affairs Canada, *10 Quick Facts on... The Second World War*, https://www.veterans. gc.ca/eng/remembrance/information-for/educators/quick-facts/second-world-war，瀏覽日期：2022 年 8 月 22 日。

------, *Back to "Civvy" Street: Post-War Veteran Re-Establishment*, https://www.veterans.gc.ca/ eng/remembrance/history/historical-sheets/civvy，瀏覽日期：2020 年 12 月 5 日。

------, *Canadians in Hong Kong*, https://www.veterans.gc.ca/eng/remembrance/history/ second-world-war/canadians-hong-kong#aftermath，瀏覽日期：2022 年 7 月 17 日。

------, *Canadians in Hong Kong*, https://www.veterans.gc.ca/eng/remembrance/history/ second-world-war/canadians-hong-kong#weremember，瀏覽日期：2023 年 1 月 2 日。

------, *Canadian Virtual War Memorial - Private Ernest Arthur Boswell*, https://www.veterans. gc.ca/eng/remembrance/memorials/canadian-virtual-war-memorial/detail/2220802?fbclid=IwA R2pw4aTeuZmo3lsGelUAjy0RVR_lhtYf-k4S3rVZWipWuKE07tmji7KzjY，瀏覽日期：2022 年 1 月 2 日。

------, *Defense of Hong Kong Memorial Plaque*, https://www.veterans.gc.ca/eng/ remembrance/memorials/national-inventory-canadian-memorials/details/6141，瀏覽日期： 2023 年 1 月 1 日。

------, *Nursing Sister - Kay Christie*, https://www.veterans.gc.ca/eng/remembrance/those-who-served/diaries-letters-stories/second-world-war/my-grandmother/christie，瀏覽日期：2021 年 6 月 4 日。

------, *Post-traumatic stress disorder (PTSD) and war-related stress*, Post-Traumatic Stress Disorder (PTSD) and war-related stress - Veterans Affairs Canada，瀏覽日期：2020 年 12 月 4 日。

------, *The War Begins*, https://www.veterans.gc.ca/eng/remembrance/history/second-world-war/canada-and-the-second-world-war/warbeg，瀏覽日期：2020 年 12 月 12 日。

------, *Understanding mental health*, https://www.veterans.gc.ca/eng/health-support/mental-health-and-wellness/understanding-mental-health，瀏覽日期：2020 年 12 月 4 日。

West-Point.Org, *Chart of POW Camps and Related Sites in Japan*, https://www.west-point.org/ family/japanese-pow/POWSites-Japan，瀏覽日期：2021 年 9 月 6 日。

William G. Hillman, *Hillman WWII Scrapbook - HMCS Prince Robert: Hong Kong 1945*, http://www.hillmanweb.com/rcn/prstory07.html，瀏覽日期：2021 年 1 月 22 日。

------, *Martin McGregor, V-24365, Telegraphist Trained Operator*, http://www.hillmanweb.com/ rcn/mcgregor.html，瀏覽日期：2021 年 1 月 22 日。

------, *Tales of the Prince Robert: Ronald B. Suddick*, http://www.hillmanweb.com/rcn/suddick. html,瀏覽日期：2021 年 1 月 22 日。

WW2Talk, *Arson at Yokohama Shipyard*, http://ww2talk.com/index.php?threads/arson-at-yokohama-shipyard.36881/，瀏覽日期：2021 年 12 月 10 日。

後記

The freedoms that we have are because of the commitment and
sacrifice the people that came before us made.

~ Gareth Southgate ~

　　衛港加軍的研究，始於 1995 年在香港歷史博物館服務期間，有幸接觸這個課題之餘，亦有機會於加拿大和香港兩地訪問百多位衛港加軍，包括艾蒙‧赫德上尉、當奴‧麥法誠下士、約翰‧普洛克、當奴‧尼爾遜、威廉‧亞里士打，以及堅尼夫‧甘邦等老兵。2012 年 3 月 24 日，筆者獲邀前往香港海防博物館主講「榮歸君國：加拿大部隊與保衛香港之戰 1941-1945」課題，而「榮歸君國」一詞，取自於衛港加軍常說的 "For King and Country"。

　　第二次世界大戰是二十世紀最後一場全球實體戰爭，傷亡人數以百萬計。對衛港加軍而言，前來香港協防，原是一項簡單的防守任務，卻不幸演變成直接在戰場上與敵交鋒。研究香港戰役，不論是任何目的，都必須持平客觀，尊重史實，畢竟親身經歷者皆是血肉之軀，為信念而面對殘酷的戰鬥和磨難。他們的悲痛，不只停留在戰場和戰俘營內，而影響之深遠，亦不限於一眾老兵身上。

　　《舊唐書‧魏徵傳》有云：「以銅為鏡，可以正衣冠；以古為鏡，可以知興替；以人為鏡，可以明得失。」鑑古知今，瞭解事情的過去，才能從容面對未來。從衛港加軍身上，學到是人的韌性。他們在戰場上遭到日軍的沉重打擊，及後在戰俘營內過着如履薄冰的生活，每天吞聲忍語地面對強權威嚇，在前景堪虞的狀況下，憑意志和互助來渡過重重難關。復元後，縱使面對的困惑和不安，亦能透過重建人生來改變社會和貢獻國家。十八天的香港戰役，時間雖短，所蘊藏的教訓卻是永恆。透過閱讀老兵的故事，作為人生的借鏡，從中得到啟迪。

本書得以完成，有賴各方好友支持和鼓勵。此外，由衷感謝提供協助的師友和機構，包括劉潤和博士、鄺智文博士、高添強先生、劉國偉先生、何焯琪小姐、匯理科研、香港大學孔安道紀念圖書館、加拿大西安大略大學圖書館、加拿大曼尼托巴大學圖書館、加拿大多倫多大學圖書館、加拿大魁北克國家圖書館和檔案館、德國馬爾堡大學戰爭罪行審判國際研究和文獻中心、英國林肯大學圖書館、紐西蘭惠靈頓維多利亞大學圖書館、日本外務省外交史料館，以及日本防衛省防衛研究所。此書原定於 2021 年出版，因筆者身體抱恙而延誤多年，在此感謝三聯書店梁偉基博士的諒解和鼎力襄助，使本書能順利付梓。

最後，必須感謝內子潔婷無私的支持和體諒，儘管荊棘滿途，拙作仍能安穩完成。

書中錯漏失誤之處，乃筆者學有不逮所致，尚請讀者不吝賜教。

周家建
2023 年冬
卑詩省本拿比市